새로운 도서, 다양한 자료 동양북스 홈페이지에서 만나보세요!

www.dongyangbooks.com
m.dongyangbooks.com

홈페이지 도서 자료실에서 학습자료 및 MP3 무료 다운로드

PC

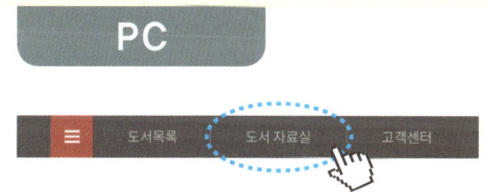

❶ 홈페이지 접속 후 **도서 자료실** 클릭
❷ **하단 검색 창**에 검색어 입력
❸ MP3, 정답과 해설, 부가자료 등 첨부파일 다운로드
* 원하는 자료가 없는 경우 '요청하기' 클릭!

MOBILE

* 반드시 '인터넷, Safari, Chrome' App을 이용하여 홈페이지에 접속해주세요. (네이버, 다음 App 이용 시 첨부파일의 확장자명이 변경되어 저장되는 오류가 발생할 수 있습니다.)

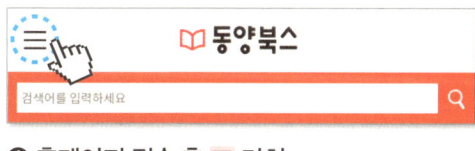

❶ 홈페이지 접속 후 ☰ 터치

❷ 도서 자료실 터치

❸ **하단 검색창**에 검색어 입력
❹ MP3, 정답과 해설, 부가자료 등 첨부파일 다운로드
* 압축 해제 방법은 '다운로드 Tip' 참고

미래와 통하는 책

가장 쉬운 독학
일본어 첫걸음
14,000원

버전업! 굿모닝
독학 일본어 첫걸음
14,500원

일단 합격하고 오겠습니다
JLPT 일본어능력시험 N3
26,000원

일본어 100문장 암기하고
왕초보 탈출하기
13,500원

가장 쉬운 독학
중국어 첫걸음
14,000원

가장 쉬운 중국어
첫걸음의 모든 것
14,500원

일단 합격 新HSK
한 권이면 끝! 4급
24,000원

중국어
지금 시작해
14,500원

영어를 해석하지 않고
읽는 법
15,500원

미국식
영작문 수업
14,500원

세상에서 제일 쉬운
10문장 영어회화
13,500원

영어회화
순간패턴 200
14,500원

가장 쉬운 독학
베트남어 첫걸음
15,000원

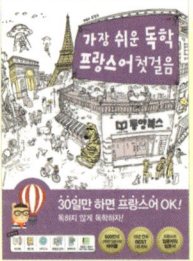

가장 쉬운 독학
프랑스어 첫걸음
16,500원

가장 쉬운 독학
스페인어 첫걸음
15,000원

가장 쉬운 독학
독일어 첫걸음
17,000원

동양북스 베스트 도서

THE
GOAL 1
22,000원

인스타
브레인
15,000원

직장인, 100만 원으로
주식투자 하기
17,500원

당신의 어린 시절이
울고 있다
13,800원

놀면서 스마트해지는 두뇌 자극
플레이북 딴짓거리 EASY
12,500원

죽기 전까지
병원 갈 일 없는 스트레칭
13,500원

가장 쉬운 독학
이세돌 바둑 첫걸음
16,500원

누가 봐도 괜찮은 손글씨 쓰는
법을 하나씩 하나씩 알기 쉽게
13,500원

가장 쉬운 초등 필수 파닉스
하루 한 장의 기적
14,000원

가장 쉬운 알파벳 쓰기
하루 한 장의 기적
12,000원

가장 쉬운 영어 발음기호
하루 한 장의 기적
12,500원

가장 쉬운 초등한자 따라쓰기
하루 한 장의 기적
9,500원

세상에서 제일 쉬운
엄마표 생활영어
12,500원

세상에서 제일 쉬운
엄마표 영어놀이
13,500원

창의쑥쑥 환이맘의
엄마표 놀이육아
14,500원

 동양북스
www.dongyangbooks.com
m.dongyangbooks.com

YouTube 동양북스 🔍 를 검색하세요

https://www.youtube.com/channel/UC3VPg0Hbtxz7squ78S16i1g

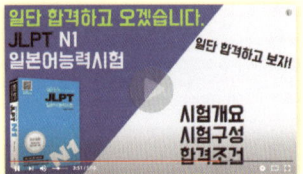

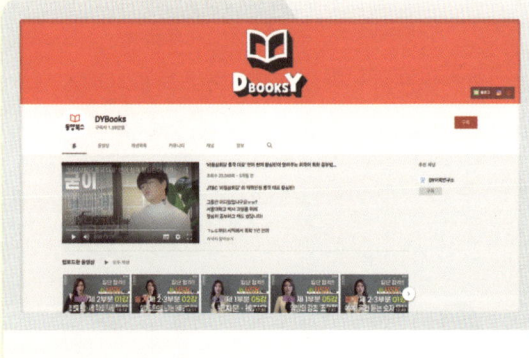

JLPT

HSK

제2
외국어

동양북스는 모든 외국어 강의영상을 무료로 제공하고 있습니다.
동양북스를 구독하시고 여러가지 강의 영상 혜택을 받으세요.

https://m.post.naver.com/my.nhn?memberNo=856655

NAVER 동양북스 포스트
를 팔로잉하세요

동양북스 포스트에서 다양한 도서 이벤트와
흥미로운 콘텐츠를 독자분들에게 제공합니다.

일본어뱅크 테마 별로 배우는

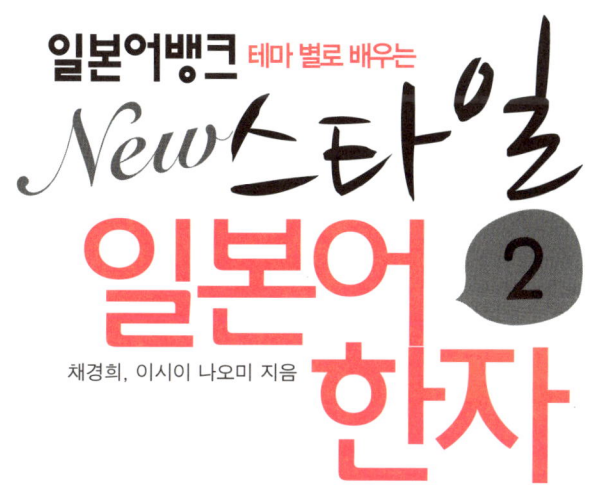

New스타일

일본어 2

한자

채경희, 이시이 나오미 지음

동양북스

초판 3쇄 | 2022년 9월 10일

지은이 | 채경희, 이시이 나오미
발행인 | 김태웅
편집 | 길혜진, 이선민
일러스트 | 배현혜
디자인 | 남은혜, 신효선
마케팅 | 나재승
제작 | 현대순

발 행 처 | (주)동양북스
등   록 | 제 2014-000055호(2014년 2월 7일)
주   소 | 서울시 마포구 동교로22길 14 (04030)
구입 문의 | 전화 (02)337-1737 팩스 (02)334-6624
내용 문의 | 전화 (02)337-1762 dybooks2@gmail.com

ISBN 978-89-98914-88-2 14730
ISBN 978-89-98914-43-1 14730(세트)

이 도서의 국립중앙도서관 출판시도서목록(CIP)은 서지정보유통지원시스템 홈페이지(http://seoji.go.kr)와
국가자료공동목록시스템(http://www.nl.go.kr/kolisnet)에서 이용하실 수 있습니다.
(CIP제어번호:CIP2014005271)

머리말

일본에서 주로 사용되고 있는 문자에는 「히라가나, 가타카나, 한자, 로마자」 등이 있으며, 일본어 문자교육 분야에서는 한자교육을 특히 중요시 하고 있습니다.

일본어 학습자를 대상으로 한 일본어 학습의식 조사에 따르면 한국인이 가장 어려워하는 부분은 한자이며, 그 중 가장 어려워하는 부분은 한자읽기로 나타났습니다.

일반적으로 한국인이 일본어를 학습할 때 유리한 점은 문법구조가 같으며 양국이 동일 한자문화권에 속한다는 것입니다. 일본어 학습자는 자신의 한자지식 수준을 높지 않게 평가하고 있으나, 한자지식이 일본어 학습에 도움이 된다는 사실에 대해서 긍정적으로 평가하고 있습니다. 그렇지만 난해한 일본어 한자 읽기에 부닥치면 낙담하거나 학습의욕이 저하되는 것 또한 사실입니다. 흔히 일본어 학습은 '웃으면서 들어가서 울면서 나온다'라는 비유도 이러한 사실에 기인합니다.

본 교재의 집필목적은 한자의 형(形)·음(音)·의(義)에 대한 종합적인 이해와 운용능력을 배양하는 데 있습니다. 이를 위해 일본어 학습자가 한자를 학습할 때 유의해야할 자체(字体)의 상이점, 한자읽기, 동형이의어의 오용 등에 대하여 한국인 학습자가 쉽게 습득할 수 있는 부분과 그렇지 못한 부분을 명확하게 파악하여 일본어 학습자에게 적합하도록 학습내용과 학습방법을 고안하였으며, 이를 통해 학습효과가 극대화되도록 하였습니다. 또한 본 교재의 가장 큰 특징으로 지금까지의 한자교재들과는 달리 'JF일본어교육스탠다드' 체재를 도입하여 교재를 구성하였다는 사실입니다.

일본의 경우, 초등학교 과정에서 배우는 한자 수가 1006자인데 이를 '교육한자'라고 합니다. 교육한자는 사회에서 사용되는 빈도가 매우 높은 한자로서 신문이나 잡지의 경우 90% 이상 적용되고 있습니다. 따라서 교육한자를 잘 학습하면 인쇄매체 이해력이 높아집니다. 이에 본 교재에서는 일본 교육한자 1006자 중 일본어 한자Ⅰ에서 학습 1단계로 익힌 447자(교육한자 446자 + '韓')를 제외한 초등학교 4학년, 5학년, 6학년을 학습대상으로 한 560자를 학습 2단계 대상 한자로 선정하였습니다.

본 저자들은 일본어 학습자들이 일본어 한자에 대해 부담감을 내려놓고 좀 더 쉽고 재미있게 배울 수 있는 교재를 개발하고자 심혈을 기울였습니다. 일본어 한자를 익히고자 하는 여러분들께 본 교재가 많은 도움이 되기를 바랍니다.

저자 채경희, 이시이 나오미

이 책의 구성

워밍업

각 과의 시작에는 학습 목표를 설정하고 학습 한자에 관련되는 주제로 워밍업 활동을 할 수 있도록 준비했습니다.

학습 한자

각 과에서 배울 학습 한자에는 부수, 한국 한자와의 비교 음·훈 읽기, 총획수 및 필순을 정리했습니다. 한자를 낱자 단위로 쓸 수 있는 연습 공간도 있습니다. 또한, 출현 빈도수가 높은 어휘 및 관용구를 제시함으로써 어휘 및 표현의 확장을 시도했습니다.

한자 기초력 UP

각 과에서 배운 한자를 읽기, 쓰기로 나눠서 기본 연습 문제를 구성했습니다. 문제를 풀기 전에 각 학습 한자와 같이 나왔던 한자 단어를 연습해 두면 더 효과적입니다.

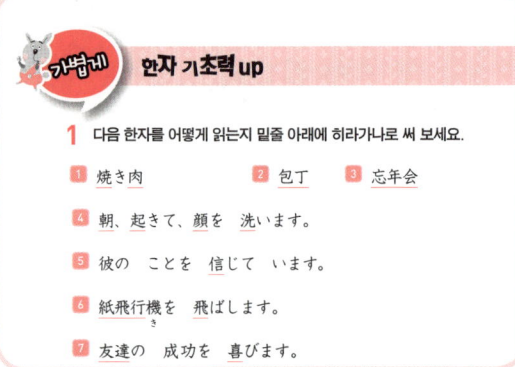

한자 응용력 UP

한자의 응용력을 키울 수 있는 다양한 연습 문제로 한자 실력을 한층 더 업그레이드할 수 있습니다.

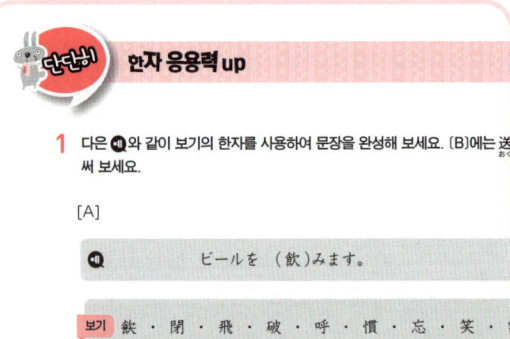

한자 이모저모

일본어 한자의 쓰임, 표현, 역사 등을 정리하여 한자에 대한 많은 정보와 흥미를 가질 수 있도록 구성했습니다.

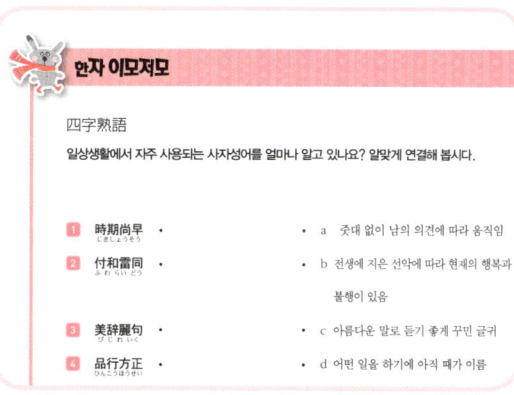

미니 칼럼

각 과의 내용과 관련해서 알면 도움이 되는 알찬 내용을 담았습니다.

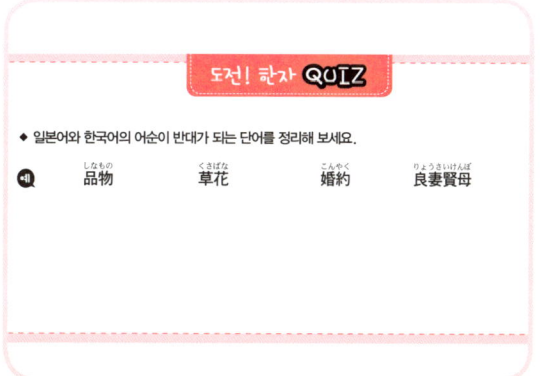

도전! 한자 QUIZ

퀴즈를 통해 학습 한자의 확장을 시도하며 한자 실력을 한단계 더 업그레이드 할 수 있습니다.

〈부록〉 정답 노트

각 과의 연습 문제 정답과 학습 한자를 한 눈에 확인할 수 있는 일람으로 구성되어 있습니다. 또 휴대하면서 학습이 가능하도록 본 책과 분리해서 사용할 수 있습니다.

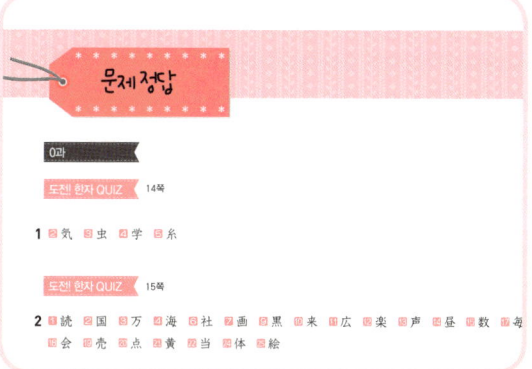

차례

Contents

이 책의 학습 구성표

과	학습 목표	학습 한자
들어가기 전에 일본어와 한자 0-1 통용자체와 약자 표기 0-2 교과서체와 명조체	한자 학습을 위한 지식을 확인할 수 있다.	일본어 한자 I 에서 학습한 한자의 약자표기
chapter 01 한자로 표현해 봅시다 1-1 학습한 표현에 적용하기 1-2 학습한 단어를 확인하기	이미 배운 표현이나 자주 구사하는 단어에 쓰이는 한자를 알 수 있다.	001-040 初, 願, 久, 変, 昨, 晩, 飯, 達, 机, 窓, 鏡, 財, 布, 貸, 借, 吸, 働, 降, 枚, 冊, 例, 案, 英, 映, 解, 幹, 紀, 均, 己, 紅, 刻, 司, 辞, 貿, 授, 席, 宅, 的, 民, 無
chapter 02 거주 환경 2-1 집을 알아보기 2-2 형용사를 만드는 한자	거주 환경에 관련된 한자를 구사할 수 있다.	041-080 周, 囲, 位, 置, 居, 郵, 便, 防, 署, 庁, 停, 徒, 以, 往, 復, 片, 賃, 設, 備, 完, 最, 側, 浅, 厚, 危, 冷, 激, 低, 欲, 貧, 難, 良, 若, 静, 好, 利, 清, 潔, 快, 適
chapter 03 생활 속의 일상 3-1 사람의 일생 3-2 생활 속의 동사	일상 생활에 관련된 한자를 구사할 수 있다.	081-120 誕, 留, 卒, 就, 職, 退, 結, 産, 亡, 墓, 妻, 夫, 婦, 祖, 孫, 幼, 児, 老, 孝, 愛, 洗, 祝, 飼, 暮, 閉, 信, 過, 捨, 包, 届, 飛, 泣, 慣, 焼, 破, 呼, 喜, 忘, 笑, 割
chapter 04 한자의 字体 4-1 약자 4-2 닮은꼴 한자에 주의하기	한자의 字体 및 닮은꼴 한자의 세부적 차이를 이해할 수 있다.	121-160 巻, 器, 誤, 徳, 著, 派, 径, 効, 従, 精, 続, 蔵, 独, 応, 仮, 旧, 処, 権, 並, 宝, 末, 未, 士, 兆, 各, 永, 干, 氏, 底, 沿, 浴, 述, 迷, 困, 因, 券, 専, 博, 堂, 覚
chapter 05 건강 5-1 신체를 나타내는 말 5-2 식생활	몸이나 식생활 등 건강과 연관된 한자를 구사할 수 있다.	161-200 胃, 液, 型, 傷, 筋, 舌, 視, 背, 臓, 腸, 脳, 肺, 腹, 骨, 脈, 胸, 眼, 保, 険, 痛, 健, 康, 栄, 養, 肥, 満, 毒, 砂, 糖, 塩, 果, 菜, 乳, 卵, 穀, 弁, 輪, 値, 段, 費
chapter 06 대학 생활 6-1 일본의 대학생활 6-2 「する」가 붙는 동사	대학 생활에 관련된 한자를 구사할 수 있다.	201-240 講, 義, 補, 試, 験, 査, 成, 績, 評, 価, 討, 論, 課, 編, 規, 則, 導, 舎, 共, 修, 印, 刷, 寄, 付, 希, 望, 構, 混, 乱, 参, 加, 承, 認, 準, 操, 尊, 敬, 貯, 約, 束
chapter 07 여가 생활 7-1 자유시간과 오락 7-2 「な」형용사 한자어	여가 활동에 관련된 한자를 구사할 수 있다.	241-280 演, 奏, 芸, 術, 劇, 団, 雑, 誌, 詞, 属, 唱, 将, 創, 造, 探, 訪, 展, 示, 覧, 朗, 可, 能, 確, 簡, 単, 厳, 格, 複, 残, 念, 誠, 純, 忠, 特, 別, 必, 要, 豊, 富, 余

이 책을 사용하는 선생님께

★ 이 책을 이용한 수업의 흐름 예시

1. 각 과에서 배우는 한자의 배경, 정보, 그림 등을 시작 페이지를 이용해서 워밍업하며 흥미를 유도합니다.

2. 학습 한자를 낱자 단위로 설명합니다. 한국 한자와 비교할 수 있는 한자, 예외 발음으로 표기된 한자는 따로 설명하도록 합니다.

3. 학습 한자를 낱자 단위로 쓰기 연습을 하도록 유도합니다.

4. 학습 한자를 어휘 단위로 쓰기 연습을 하도록 유도합니다.

5. '한자 기초력 up' 문제를 풀게 합니다.

6. '한자 응용력 up' 문제를 풀게 합니다.

7. 시간적인 여유가 있으면, '미니칼럼'이나 '한자 이모저모'를 이용해서 한자에 대한 추가 정보를 제공하며 수업의 마무리를 합니다.

★ 이 책을 이용한 한자 연습 과제

이 책에는 낱자 단위로 7칸씩 쓰기 연습을 할 수 있는 공간을 준비했습니다. 하지만 이어지는 '한자 기초력 up'이나 '한자 응용력 up'을 풀기 위해서는 낱자 연습뿐만 아니라 어휘 단위의 연습이 필요하기 때문에 따로 공책을 준비해서 기본 한자와 같이 나오는 한자 어휘를 쓰게 하는 연습이 반드시 필요합니다. 이 한자 어휘 연습을 과제로 내서 충분히 연습을 시킨 후, 다음 단계인 '한자 기초력 up'이나 '한자 응용력 up'을 진행시켜 주시기 바랍니다.

기본 한자(표) 기호 설명

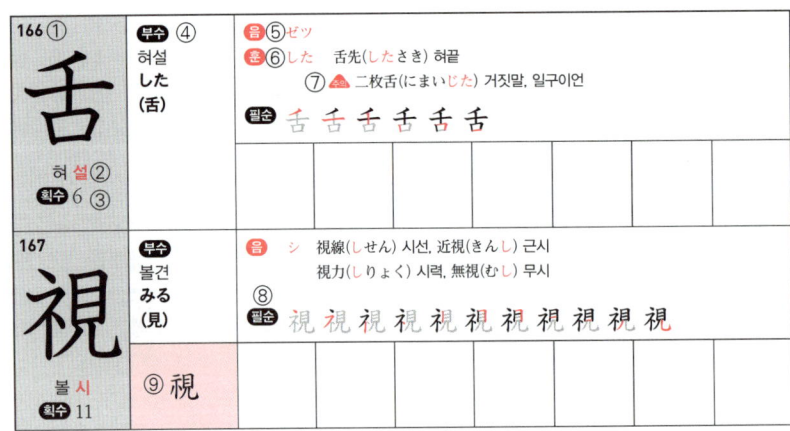

① 한자 일련 번호
② 한국어 음훈 읽기
③ 총획수
④ 부수
⑤ 음(音) 읽기
⑥ 훈(訓) 읽기
⑦ 한자 읽기의 변화 및 특수 발음
⑧ 필순
⑨ 한국어 한자

* 예문이 없는 한자 읽기는 빈도수가 낮은 것입니다.

일본어와 한자

0-1 통용자체와 약자 표기

• 通用字体
통 용 자 체

통용자체란, '당용한자자체표'에 채택된 字体로 '상용한자표', '인명용한자별표'에도 채용된 字体이다. 통용자체에는 약자가 많고 1946년에 발표된 '당용한자표'의 1850字 중 131字의 간략자체가 채택되었다. 1947년에는 '활자자체정비안'을 발표, 1850字 중 774字의 明朝体 자체가 정해졌다. '당용한자자체표(1949)'는 이 둘을 받아들여 인쇄자체와 필사체의 일치를 지향한 것으로 이것이 '상용한자표(1981)'에도 그대로 이어진다.

일본의 상용한자는 2136字(2010. 10. 30 개정, 新상용한자 지정안)이며, 여기에 포함된 초등학교 과정에서 배우게 되는 1006字의 한자를 교육한자라고 한다.

• 略字와 異体字
약 자   이 체 자

이체자 중에서 正字보다 점획이 적은 것을 略字라고 한다.

異体字의 대부분은 속사 등의 목적으로 생겨났기 때문에 正字보다 간략한 字形을 가진다. 당나라 때출간된 『干禄字書(774)』에서는 이들 字体를 正(저술 문장 비문 등에 사용된 字体)·俗(장부 문안 계약서 등에 사용된 字体)·通(문서나 서간 등에 사용된 字体)의 三体로 분류하였으며, 이들 字体 중 俗体, 通体에는 略字로 볼 수 있는 것이 많이 포함된다. 지금까지 사용되어 온 많은 異体字 중 현재 正字(正体)로 여겨지는 것은 康熙字典体로, 淸代에 만들어진 『康熙字典(1716)』 표제자의 字体가 표준 자체로 존중되었다.

• 약자

1 약자(略字) 표기 1

초등학교 1학년 대상의 교육한자 80字 중 '상용한자표'에 표기되어 있는 약자는 다음의 5字 이다. '상용한자표'에는 개개 한자의 자체(字体)를 明朝体活字 중 한 예를 사용하여 표기하고 있다. 활자의 설계상 표현의 차이, 즉 디자인의 차이를 字体上에서 문제 삼을 필요는 없다고 한다.

약자		약자	
円	둥글 원(圓)	学	배울 학(學)
気	기운 기(氣)	糸	실 사(絲)
虫	벌레 충(蟲)		

2 약자(略字) 표기 2

초등학교 2학년 대상의 교육한자 160字 중 '상용한자표'에 표기되어 있는 약자는 다음과 같다.

약자		약자	
読	읽을 독(讀)	昼	낮 주(晝)
国	나라 국(國)	数	헤아릴 수(數)
万	일만 만(萬)	麦	보리 맥(麥)
海	바다 해(海)	毎	매양 매(每)
図	그림 도(圖)	会	모을 회(會)
社	모일 사(社)	売	팔 매(賣)
画	그림 화(畫)	点	점 점(點)
歩	걸음 보(步)	黄	누를 황(黃)
黒	검을 흑(黑)	当	마땅할 당(當)
来	올 래(來)	帰	돌아갈 귀(歸)
黄	넓을 광(廣)	体	몸 체(體)
楽	풍류 악(樂)	絵	그림 회(繪)
声	소리 성(聲)	台	집 대(臺)

3 약자(略字) 표기 3

초등학교 3학년 대상의 교육한자 200字 중 '상용한자표'에 표기되어 있는 약자는 다음과 같다.

약자		약자	
悪	악할 악(惡)	医	의원 의(醫)
駅	역마 역(驛)	横	가로 횡(橫)
温	따뜻할 온(溫)	漢	한나라 한(漢)
区	구역 구(區)	軽	가벼울 경(輕)
研	갈 연(研)	県	고을 현(縣)
号	부르짖을 호(號)	歯	이 치(齒)
実	열매 실(實)	写	쓸 사(寫)
者	놈 자(者)	署	더위 서(署)
乗	탈 승(乘)	神	귀신 신(神)
真	참 진(眞)	対	대할 대(對)
鉄	쇠 철(鐵)	転	구를 전(轉)
都	도읍 도(都)	発	필 발(發)
福	복 복(福)	勉	힘쓸 면(勉)
薬	약 약(藥)	予	미리 예(豫)
様	모양 양(樣)	両	두 량(兩)
緑	푸를 록(綠)	礼	예도 례(禮)
練	익힐 련(練)		

다음 빈칸에 알맞은 약자를 써 보세요.

1 약자(略字) 표기 1 : 小学校 1학년 대상의 교육한자 80字 중 '상용한자표'에 표기되어 있는 약자는
다음과 같다.

		약자			약자
1	둥글 원(圓)	円	4	배울 학(學)	
2	기운 기(氣)		5	실 사(絲)	
3	벌레 충(蟲)				

약자(略字) 표기

'상용한자표'에는 개개 한자의 자체(字体)를 明朝体活字 중 한 예를 사용하여 표기하고 있다. 활자의
설계상 표현의 차이, 즉 디자인의 차이를 字体上에서 문제 삼을 필요는 없다.

2 약자(略字) 표기 2 : 小学校 2학년 대상의 교육한자 160字 중 '상용한자표'에 표기되어 있는 약자는 다음과 같다.

		약자			약자
1	읽을 독(讀)		14	낮 주(晝)	
2	나라 국(國)		15	헤아릴 수(數)	
3	일만 만(萬)		16	보리 맥(麥)	麦
4	바다 해(海)		17	매양 매(每)	
5	그림 도(圖)	図	18	모을 회(會)	
6	모일 사(社)		19	팔 매(賣)	
7	그림 화(畫)		20	점 점(點)	
8	걸음 보(步)	歩	21	누를 황(黃)	
9	검을 흑(黑)		22	마땅할 당(當)	
10	올 래(來)		23	돌아갈 귀(歸)	帰
11	넓을 광(廣)		24	몸 체(體)	
12	풍류 악(樂)		25	그림 회(繪)	
13	소리 성(聲)		26	집 대(臺)	台

3 약자(略字) 표기 3 : 小学校 3학년 대상의 교육한자 200字 중 '상용한자표'에 표기되어 있는 약자는
다음과 같다.

		약자			약자
1	악할 악(惡)		18	의원 의(醫)	医
2	역마 역(驛)		19	가로 횡(橫)	
3	따뜻할 온(溫)		20	한나라 한(漢)	
4	구역 구(區)	区	21	가벼울 경(輕)	
5	갈 연(研)		22	고을 현(縣)	県
6	부르짖을 호(號)		23	이 치(齒)	
7	열매 실(實)		24	쓸 사(寫)	写
8	놈 자(者)		25	더위 서(暑)	
9	탈 승(乘)		26	귀신 신(神)	
10	참 진(眞)		27	대할 대(對)	
11	쇠 철(鐵)	鉄	28	구를 전(轉)	
12	도읍 도(都)		29	필 발(發)	
13	복 복(福)		30	힘쓸 면(勉)	
14	약 약(藥)		31	미리 예(豫)	予
15	모양 양(樣)	様	32	두 량(兩)	
16	푸를 록(綠)		33	예도 례(禮)	
17	익힐 련(練)				

일본의 교과서체와 명조체

명조체(明朝体) 활자와 필사(筆写)시에 사용하는 계서(楷書)의 모양에는 차이점이 있다. 교과서체(教科書体)는 필사 시에 사용하는 계서(楷書)를 일컫는다. 명조체와 교과서체의 차이는 인쇄와 필사의 차이로 볼 수 있으며, 명조체와 교과서체의 자체(字体)는 동일한 것으로 간주한다.

일본 한자 교육 현장에서의 자체의 문제점은?

명조체활자(明朝体活字)와 교과서체활자(教科書体活字)는 일본인 학습자와 지도자조차도 이러한 자체(字体)에 대한 인식이 명확하지 못하고, 명조체인 活字体와 교과서체인 筆記体의 차이에 대한 인식이 애매하다. 이것은 일본의 초등학교 과정에서 사용되는 서체(書体)는 교과서체(教科書体)이며, 중·고교에서 사용하는 서체(書体)는 명조체(明朝体)인 것에 기인한다. 명조체는 읽기 기능을 가지며, 쓰기 기능을 가진 계서(楷書)에 근접한 서체(書体)이다.

다음의 〈令〉과 〈令〉은 일본 상용한자(常用漢字) 입장에서는 자체(字体) 표현상의 차이로 간주한다. 일본의 교육한자 1,006字 중에 명조체와 교과서체의 자형(字形)의 차이가 두드러지는 대표적인 것은 다음과 같다.

	교과서체활자 (教科書体活字)	명조체활자 (明朝体活字)	예
1 실 사(糸) 그룹	糸	糸	糸 紙 組 線 絵 등
2 하여금 령(令) 그룹	令	令	令 冷 등
3 견줄 비(比) 그룹	比	比	比 批 등
4 연안 연(沿) 그룹	沿	沿	沿 船(* 分) 등
5 그 외	北, 備, 留, 收 등	北, 備, 留, 收 등	

교육 현장에서는 한자 쓰기 지도는 교과서체를 기준으로 기초부터 차근차근 다져나가는 것이 바람직하다. 한편, 일상 문자생활에서는 명조체가 널리 사용되고 있는 사실도 간과해서는 안 될 것이다.

◆ 筆順(필순)

필순의 기본은 左에서 右로, 上에서 下이다.
〈十〉은 橫에서 縱으로,
〈田〉, 〈王〉의 가운데에 제시되는 〈十〉은 縱에서 橫으로 쓴다.

〈小〉, 〈藥〉은 中心에서 左右로,
〈同〉은 外에서 內로,
〈女〉, 〈中〉과 같이 字전체를 관통하는 획은 마지막에 쓴다.

〈左〉는 橫부터,
〈右〉는 左의 내려빼기부터 쓴다.

◆ 筆順(획순)에 주의하면서 써 보세요.

1 十

2 田

3 小

4 同

5 中

6 左

7 右

1-1 학습한 표현에 적용하기

 다음 밑줄 친 부분에 알맞은 한자를 보기에서 골라 밑줄 아래에 써 보세요.

보기
久・初・飯・願・書・食・晩・例・

友達 ・ 昨日 ・ 明日 ・ 元気 ・ 大変

1 はじめまして。キムです。どうぞ、よろしく　おねがいします。

2 おひさしぶりです。おげんきでしたか。

3 れいのように　かいてください。

4 あした、テストですか。たいへんですね。

5 きのうは、ともだちと　いっしょに　ばんごはんを　たべました。

001 初 처음 초 획수 7	부수 칼도방 かたな (刀)	음	ショ	初級(しょきゅう) 초급, 初心(しょしん) 초심
				最初(さいしょ) 최초, 初歩(しょほ) 초보
		훈	はじ(め)	初(はじ)めまして 처음 뵙겠습니다
			はじ(めて)	初(はじ)めて 처음
			はつ	初恋(はつこい) 첫사랑, 初雪(はつゆき) 첫눈
			そ(める)/うい	

필순 初 初 初 初 初 初 初

002 願 원한 원 획수 19	부수 머리혈방 おおがい (頁)	음	ガン	願書(がんしょ) 원서, 願望(がんぼう) 소원
				志願(しがん) 지원, 念願(ねんがん) 염원
		훈	ねが(う)	神(かみ)に願(ねが)う 신에게 빌다
				お願(ねが)いする 부탁하다

필순 願 願 願 願 願 願 願 願 願 願 願 願 願 願 願 願 願 願 願

003 久 오랠 구 획수 3	부수 삐침별 はらいぼう (ノ)	음	キュウ ク	永久(えいきゅう) 영구, 持久力(じきゅうりょく) 지구력
		훈	ひさ(しい)	お久(ひさ)しぶりです 오랜만입니다

필순 久 久 久

004 変 변할 변 획수 9	부수 천천히걸을쇠발 すいにょう ふゆがしら (夂)	음	ヘン	変動(へんどう) 변동, 大変(たいへん) 큰일
				変化(へんか) 변화, 変更(へんこう) 변경
		훈	か(わる)	季節(きせつ)が変(か)わる 계절이 변하다
			か(える)	すがたを変(か)える 모습을 바꾸다

필순 変 変 変 変 変 変 変 変 変

變

005 昨 어제 작 획수 9	부수 날일변 ひへん (日)	음 サク 昨年(さくねん) 작년, 昨夜(さくや) 어젯밤 一昨日(いっさくじつ) 그저께 주의 昨今(さっこん) 작금
		필순 昨 昨 昨 昨 昨 昨 昨 昨 昨

006 晩 늦을 만 획수 12	부수 날일변 ひへん (日)	음 バン 今晩(こんばん) 오늘 밤, 毎晩(まいばん) 매일 밤 昨晩(さくばん) 어젯밤, 晩年(ばんねん) 만년, 노년
		필순 晩 晩 晩 晩 晩 晩 晩 晩 晩 晩 晩 晩
	晩							

007 飯 밥 반 획수 12	부수 밥식변 しょくへん (食)	음 ハン 赤飯(せきはん) 팥밥, 夕飯(ゆうはん) 저녁밥 晩(ばん)ご飯(はん) 저녁밥 훈 めし 朝飯(あさめし) 아침밥
		필순 飯 飯 飯 飯 飯 飯 飯 飯 飯 飯 飯 飯

008 達 통달할 달 획수 12	부수 책받침 しんにょう しんにゅう (辶)	음 タツ 達人(たつじん) 달인, 伝達(でんたつ) 전달 훈 たっ 達観(たっかん) 달관 たち 주의 友達(ともだち) 친구
		필순 達 達 達 達 達 達 達 達 達 達 達
	達							

009 机 책상 궤 획수 6	부수 나무목변 きへん (木)	음 キ 훈 つくえ 机(つくえ) 책상 주의 勉強机(べんきょうづくえ) 공부 책상
		필순 机 机 机 机 机 机

010 窓 창 창 획수 11	부수 구멍혈 あなかんむり (穴)	음 ソウ 車窓(しゃそう) 차창, 同窓会(どうそうかい) 동창회 훈 まど 窓口(まどぐち) 창구
		필순 窓窓窓窓窓窓窓窓窓窓窓

011 鏡 거울 경 획수 19	부수 쇠금변 かねへん (金)	음 キョウ 鏡台(きょうだい) 경대, 화장대 望遠鏡(ぼうえんきょう) 망원경 훈 かがみ 鏡(かがみ) 거울
		필순 鏡鏡鏡鏡鏡鏡鏡鏡鏡鏡鏡鏡鏡鏡 鏡鏡鏡鏡鏡

012 財 재물 재 획수 10	부수 조개패변 かいへん (貝)	음 ザイ 財産(ざいさん) 재산, 文化財(ぶんかざい) 문화재 サイ 財布(さいふ) 지갑
		필순 財財財財財財財財財財

013 布 베 포 획수 5	부수 수건건 はば (巾)	음 フ 毛布(もうふ) 담요, 財布(さいふ) 지갑 훈 ぬの 布地(ぬのじ) 천
		필순 布布布布布

014 貸 빌릴 대 획수 12	부수 조개패 かい こがい (貝)	음 タイ 賃貸(ちんたい) 임대 훈 か(す) 図書館(としょかん)の本(ほん)を貸(か)し出(だ)す 도서관의 책을 대출하다
		필순 貸貸貸貸貸貸貸貸貸貸貸貸

015 借 빌 **차** 획수 10	부수 사람인변 **にんべん** (イ)	음 シャク 借地(しゃくち) 빌린 땅, 借用(しゃくよう) 차용 주의 借金(しゃっきん) 빚 훈 か(りる) 本(ほん)を借(か)りる 책을 빌리다

필순 借 借 借 借 借 借 借 借 借 借

016 吸 마실 **흡** 획수 6	부수 입구변 **くち** (口)	음 キュウ 吸入(きゅうにゅう) 흡입, 呼吸(こきゅう) 호흡 훈 す(う) たばこを吸(す)う 담배를 피우다 息(いき)を吸(す)う 숨을 들이쉬다

필순 吸 吸 吸 吸 吸 吸

017 働 일할 **동** 획수 13	부수 사람인변 **にんべん** (イ)	음 ドウ 労働(ろうどう) 노동 훈 はたら(く) 会社(かいしゃ)で働(はたら)く 회사에서 일하다 주의 共働(ともばたら)き 맞벌이

필순 働 働 働 働 働 働 働 働 働 働 働 働 働

018 降 내릴 **강** 획수 10	부수 좌부변 언덕부변 **こざとへん** (阝)	음 コウ 下降(かこう) 하강 훈 お(りる) 汽車(きしゃ)から降(お)りる 기차에서 내리다 お(ろす) あげた手(て)を降(お)ろす 들었던 손을 내리다 ふ(る) 雨(あめ)が降(ふ)る 비가 오다

필순 降 降 降 降 降 降 降 降 降 降

019 枚 낱 **매** 획수 8	부수 나무목변 **きへん** (木)	음 マイ 枚数(まいすう) 장수, 二枚目(にまいめ) 두 장째, 미남

필순 枚 枚 枚 枚 枚 枚 枚 枚

020 冊 책 **책** 획수 5	**부수** 멀경 **どうがまえ けいがまえ まきがまえ (冂)**	**음** サツ　別冊(べっさつ) 별책 **주의** 冊数(さっすう) 책 수 **필순** 冊 冊 冊 冊 冊					
021 例 본보기 **례** 획수 8	**부수** 사람인변 **にんべん (亻)**	**음** レイ　例示(れいじ) 예시, 例文(れいぶん) 예문, 実例(じつれい) 실례 　　　比例(ひれい) 비례 **훈** たと(える)　例(たと)え話(ばなし) 비유 　　　花(はな)に例(たと)える 꽃에 비유하다 **필순** 例 例 例 例 例 例 例 例					

あて字란?
(じ)

의미와는 관계없이 읽기에 적용시키는 한자이다.

예　珈琲(コーヒー) 커피, 麦酒(ビール) 맥주
　　目出度(めでた)い 경사스럽다, 無茶苦茶(むちゃくちゃ) 엉망, 誤魔化(ごまか)す 속이다
　　亜米利加(アメリカ) 미국, 印度(インド) 인도, 仏蘭西(フランス) 프랑스

1 다음 한자를 어떻게 읽는지 밑줄 아래에 히라가나로 써 보세요.

1 勉強机　　**2** 初雪　　　**3** 文化財

4 次の　駅で　降りて　ください。

5 切手の　枚数を　数えて　ください。

6 五月一日は　労働者の　お祭りです。

7 願書は　あちらの　窓口に　お願いします。

8 春から　夏へと　季節が　変わります。
　　　　　　　　　き　せつ

9 お金を　借りることを　「借金する」と　言います。

10 昨晩、高校の　同窓会が　あって、久しぶりに　友達に　会いました。

11 大きく　息を　吸って！　深呼吸して　ください。

12 寒く　なってきたので　新しい　毛布を　買いました。

13 私の　家は、両親が　共働きで、一人で　ご飯を　食べることが

多かったです。

14 図書館の　本は　3冊まで、貸し出し期間は　一週間です。

2 다음 □ 안에 들어갈 알맞은 한자를 써 보세요.

1 □
かがみ

2 □
つくえ

3 □
まど

4 □□
さく ねん

5 □□
さい ふ

6 □□
れい ぶん

7 お金の □ し □ り
　　かね　　　か　　　か

8 □□ の □□
　 じ だい　　へん か

9 □ から □ まで □ きます。
　あさ　　　ばん　　　はたら

10 □ が □ って います。
　あめ　　ふ

11 □ めまして。よろしく お □ いします。
　はじ　　　　　　　　　　　ねが

QUIZ 다음 **예**와 같이 그림에 맞는 한자 읽기와 한자를 알맞게 연결해 보세요.

예	1	2	3	4	5

えいご　　えいが　　やきゅう　　じしょ　　しんかんせん　こうちゃ

野球　　　新幹線　　　辞書　　　映画　　　紅茶　　　英語

022 案 초잡을 **안** 획수 10	부수 나무목 **き** (木)	음 アン 案内(あんない) 안내, 答案(とうあん) 답안 　　母(はは)の病気(びょうき)を案(あん)じる 어머니의 병을 걱정하다 필순 案 案 案 案 案 案 案 案 案 案						

023 英 꽃부리 **영** 획수 8	부수 초두머리 **くさかんむり** (艹)	음 エイ 英語(えいご) 영어, 英国(えいこく) 영국 　　英才(えいさい) 영재, 英和(えいわ) 영일 필순 英 英 英 英 英 英 英 英						

024 映 비칠 **영** 획수 9	부수 날일변 **ひへん** (日)	음 エイ 映画(えいが) 영화, 反映(はんえい) 반영 훈 うつ(す) 鏡(かがみ)に映(うつ)す 거울에 비추다 　　うつ(る) 鏡(かがみ)に映(うつ)る 거울에 비치다 　　は(える) 필순 映 映 映 映 映 映 映 映 映						

025 解 풀 **해** 획수 13	부수 뿔각변 **つのへん** (角)	음 カイ 解決(かいけつ) 해결, 解説(かいせつ) 해설 　　理解(りかい) 이해, 見解(けんかい) 견해 　　ゲ 훈 と(く) 問題(もんだい)を解(と)く 문제를 풀다 　　と(かす)/と(ける) 필순 解 解 解 解 解 解 解 解 解 解 解 解 解						

026 幹 줄기 **간** 획수 13	부수 방패간 **いちじゅうかん** (干)	음 カン 幹部(かんぶ) 간부, 新幹線(しんかんせん) 신칸센 훈 みき 木(き)の幹(みき) 나무줄기 필순 幹 幹 幹 幹 幹 幹 幹 幹 幹 幹 幹 幹 幹						

027 紀	부수 실사변 いとへん (糸)	음	キ 紀元(きげん) 기원, 紀行(きこう) 기행, 世紀(せいき) 세기
		필순	紀 紀 紀 紀 紀 紀 紀 紀 紀
벼리 기 획수 9			

028 均	부수 흙토변 つちへん (土)	음	キン 平均(へいきん) 평균, 均一(きんいつ) 균일
		필순	均 均 均 均 均 均 均
고를 균 획수 7			

029 己	부수 몸기 おのれ (己)	음	コ 自己紹介(じこしょうかい) 자기소개, 利己的(りこてき) 이기적 キ/おのれ
		필순	己 己 己
몸 기 획수 3			

030 紅	부수 실사변 いとへん (糸)	음	コウ 紅白(こうはく) 홍백, 紅茶(こうちゃ) 홍차, 紅葉(こうよう) 단풍 ク
		훈	べに 口紅(くちべに) 입술연지 くれない
		필순	紅 紅 紅 紅 紅 紅 紅 紅 紅
붉을 홍 획수 9			

031 刻	부수 선칼도방 りっとう (刂)	음	コク 深刻(しんこく) 심각, 時刻(じこく) 시각, 遅刻(ちこく) 지각
		훈	きざ(む) 文字(もじ)を刻(きざ)む 글자를 새기다
		필순	刻 刻 刻 刻 刻 刻 刻 刻
새길 각 획수 8			

032 **司** 맡을 **사** 획수 5	**부수** 입구 **くち** (口)	**음** シ 司会(しかい) 사회, 上司(じょうし) 상사 **필순** 司 司 司 司 司

033 **辞** 말씀 **사** 획수 13	**부수** 매울신 **からい** (辛)	**음** ジ 辞書(じしょ) 사전, 辞令(じれい) 사령 お世辞(せじ) 아첨 **훈** や(める) 会社(かいしゃ)を辞(や)める 회사를 그만두다 **필순** 辞 辞 辞 辞 辞 辞 辞 辞 辞 辞 辞 辞 辞

034 **質** 바탕 **질** 획수 15	**부수** 조개패 **かい** **こがい** (貝)	**음** シツ 質問(しつもん) 질문, 品質(ひんしつ) 품질 シチ/チ **필순** 質 質 質 質 質 質 質 質 質 質 質 質 質 質 質

035 **授** 줄 **수** 획수 11	**부수** 재방변 **てへん** (扌)	**음** ジュ 授業(じゅぎょう) 수업, 教授(きょうじゅ) 교수 **훈** さず(ける)/さず(かる) **필순** 授 授 授 授 授 授 授 授 授 授 授

036 **席** 자리 **석** 획수 10	**부수** 수건건 **はば** (巾)	**음** セキ 出席(しゅっせき) 출석, 欠席(けっせき) 결석 着席(ちゃくせき) 착석, 座席(ざせき) 좌석 **필순** 席 席 席 席 席 席 席 席 席 席

037 宅 집 택 획수 6	부수 갓머리 うかんむり (宀)	음 タク 宅地(たくち) 택지, 住宅(じゅうたく) 주택 自宅(じたく) 자택 필순 宅宅宅宅宅宅

038 的 적실할 적 획수 8	부수 흰백변 しろ (白)	음 テキ 目的(もくてき) 목적, 一方的(いっぽうてき) 일방적 的確(てきかく)な質問(しつもん) 정확한 질문 훈 まと 的外(まとはず)れな質問(しつもん) 빗나간 질문 필순 的 的 的 的 的 的 的 的

039 民 백성 민 획수 5	부수 각시씨 うじ (氏)	음 ミン 国民(こくみん) 국민, 住民(じゅうみん) 주민 民主主義(みんしゅしゅぎ) 민주주의 훈 たみ 필순 民民民民民

040 無 없을 무 획수 12	부수 연화발 れんが れっか (灬)	음 ム 無口(むくち) 말수가 적음, 無理(むり) 무리, 無料(むりょう) 무료 ブ 無事(ぶじ) 무사, 無礼(ぶれい) 무례 훈 な(い) 自信(じしん)が無(な)い 자신이 없다 な(くす) ノートを無(な)くす 노트를 잃다 な(くなる) 財布(さいふ)が無(な)くなる 지갑이 없어지다 필순 無無無無無無無無無無無無

1 다음 한자를 어떻게 읽는지 밑줄 아래에 히라가나로 써 보세요.

1. 自己紹介します。
   しょうかい

2. 国民年金に 入りました。

3. テストの 平均点は 何点でしたか。

4. 英語の 辞書を 買いました。

5. 日本の 友達に ソウルを 案内しました。

6. この 授業は 出席を とります。

7. あの 会社の レンズは 品質が いいことで、有名です。

8. 湖に 紅葉した 山が きれいに 映っていました。

9. 紀元前の 古代エジプトでは、石に 文字を 刻みました。

10. もしもし。田中先生の お宅でしょうか。

11. 無理な スケジュールじゃないかと 思いましたが、無事に

    帰ってくることが できました。

 낱말과 표현

出席(しゅっせき)をとる 출석을 부르다 | レンズ 렌즈 | エジプト 이집트 | スケジュール 스케줄, 일정

2 다음 ☐ 안에 들어갈 알맞은 한자를 써 보세요.

1 ☐☐
じゅう みん

2 ☐☐
こう ちゃ

3 ☐☐
じ こく

4 21☐☐
せい き

5 ☐☐☐☐
とう あん よう し

6 ☐☐☐
し かい しゃ

7 ☐☐☐☐の☐
ひゃく えん きん いつ みせ

8 ☐☐を☐って☐びましょう。
もく てき も まな

9 インターネットで☐☐☐の☐を とります。
しん かん せん せき

10 ☐☐で☐☐が 見られる サイトが あります。
む りょう えい が み

11 ☐☐の☐☐を☐きます。
すう がく もん だい と

 낱말과 표현

とる 잡다 ┃ とく 풀다

한자 응용력 up

1 다음 **예**와 같이 ( )에 공통으로 들어갈 한자를 써 보세요.

> **예** 妹は (大)学1年生です。 / 水を (大)切に しましょう。

> **보기** 夫 ・ 変 ・ 例 ・ 紅 ・ 的 ・ 辞

1 実( )を あげます。 / yは xに 比( )します。
ひ

2 お世( )を 言います。 /
会社から ( )令を もらいました。

3 ( )葉が きれいですね。 / 口( )を ぬります。

4 目( )を 持って 行動します。 /
矢を ( )に 当てます。

5 時代の ( )化を 感じます。 /
ヘアスタイルを ( )えました。

2 다음 (　)에 들어갈 한자를 골라서 送りがな와 같이 써 보세요.
　　　　　　　　　　　　　おく

> **예**　おふろに　（　入り　）ます。

| 보기 | 入 ・ 働 ・ 貸 ・ 願 ・ 辞 ・ 変 ・ 降 ・ 解 |

1 平和を　（　　　　）ます。

2 難しい　問題を　（　　　　）ます。

3 バスを　（　　　　）ます。

4 友だちに　ノートを　（　　　　）ます。

5 デパートで　（　　　　）ます。

6 山の　天気は　すぐ　（　　　　）ます。

平和(へいわ) 평화 ▎ 天気(てんき) 날씨 ▎ すぐ 바로

3 다음 예와 같이 □ 안에 「な」 혹은 「の」를 알맞게 써 보세요.

> 예 これは　大切 な 　ノートです。

1　あの　社長さんは　無口 □ 　人ですね。

2　無理 □ 　計画は　やめたほうが　いいですよ。

3　あそこに　無料 □ 　コーヒーが　あります。

4　彼は　利己的 □ 　考え方を　しますね。

5　とても　大変 □ 　仕事でした。

6　彼は　いつも　的確 □ 　質問を　します。

7　今日は　初めて □ 　デートです。

8　最初 □ 　一歩が　大切です。

社長(しゃちょう) 사장(님) ┃ 計画(けいかく) 계획 ┃ やめる 그만두다 ┃ ～たほうがいい ～하는 게 좋다 ┃
考(かんが)え方(かた) 사고방식 ┃ 一歩(いっぽ) 한걸음

4 다음 와 같이 □ 안에 들어갈 알맞은 한자를 써 보세요.

>  東西 南 北

1 □ 主主義

2 労 □ 組合

3 自 □ 紹介

4 入学 □ 書

5 □ 才教育

6 □ 行文学

7 時々 □ 々

8 □ 心者運転

Hint

南 ・ 己 ・ 民 ・ 願 ・ 初 ・ 紀 ・ 刻 ・ 英 ・ 働

한자의 な형용사

'な형용사'는 한국어 표현에서는 '~은/는', 즉 관형격 'ㄴ'이 오는 것이다.

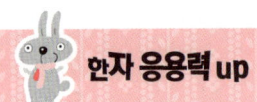

5 다음 글의 ( )에 들어갈 알맞은 한자를 써 보세요.

> 예 午(後)は 自(宅)に います。

> 보기 後・宅・案・英・映・降・財・辞・変・枚・例・刻

一昨日は、 **1** (）作文のテストでした。朝から雨が **2** (）っていて、 **3** 遅(ち ）した人もいました。

作文のトピックは、「韓国を **4** (）内する」でした。 **5** (）えば、韓国の **6** 文化(）、韓国の **7** (）画や歌などです。

8 (）書を使ってもいいテストでしたが、1時間にA4用紙で **9** 2

(）書きますから、時間がなくて **10** 大(）でした。

トピック 주제 | ～など ～등 | ～ってもいい ～해도 되다 | A4用紙(ようし) A4용지

chapter
02 거주 환경

학습 목표 : 거주 환경에 관련된 한자를 구사할 수 있다.

2-1 집을 알아보기

 무슨 전단지(チラシ)일까요?

<JR山手線>

品川駅　徒歩　6分　ワンルーム
　　　　　　　　　　　（2階　南側）

家賃　8万円(礼金　1ヶ月、敷金　1ヶ月)
　　　　　　　　　れいきん　　　　　しききん
築　8年
ちく

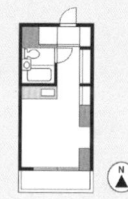

・バス停まで　徒歩　2分。コンビニ、郵便局まで　5分。
　エアコン、インターネット、オートロック　完備。

礼金(れいきん) 집주인에게 감사의 뜻으로 전달하는 금액 ┃ 敷金(しききん) 집이 훼손될 경우를 대비한 수리 보증금 ┃
築○年(ちく○ねん) 건축 ○년

041 周 두루 주 획수 8	부수 입구 くち (口)	음 シュウ 周期(しゅうき) 주기, 周囲(しゅうい) 주위 周辺(しゅうへん) 주변 훈 まわ(り) 池(いけ)の周(まわ)り 연못 둘레 필순 周 周 周 周 周 周 周 周						

042 囲 에울 위 획수 7	부수 큰입구몸 くにがまえ (口)	음 イ 周囲(しゅうい) 주위 훈 かこ(む) 線(せん)で囲(かこ)む 선으로 둘러싸다 かこ(う) 필순 囲 囲 囲 囲 囲 囲 囲						

043 位 자리 위 획수 7	부수 사람인변 にんべん (イ)	음 イ 位置(いち) 위치, 順位(じゅんい) 순위 単位(たんい) 단위, 학점, 地位(ちい) 지위 훈 くらい 位(くらい)が高(たか)い 지위가 높다 필순 位 位 位 位 位 位 位						

044 置 둘 치 획수 13	부수 그물망 あみがしら あみめ よこめ (罒)	음 チ 位置(いち) 위치, 配置(はいち) 배치 훈 お(く) ものを置(お)く 물건을 두다 物置(ものおき) 헛간, 置物(おきもの) 장식품 필순 置 置 置 置 置 置 置 置 置 置 置 置 置						

045 居 살 거 획수 8	부수 주검시엄 しかばね かばね (尸)	음 キョ 住居(じゅうきょ) 주거, 同居(どうきょ) 동거 훈 い(る) 居間(いま) 거실, 居眠(いねむ)りする 졸다 필순 居 居 居 居 居 居 居 居						

046 郵 역마 **우** 획수 11	**부수** 우부방 고을읍방 **おおざと** (阝)	**음** ユウ 郵便(ゆうびん) 우편, 郵送(ゆうそう) 우송 郵便局(ゆうびんきょく) 우체국 **필순** 郵 郵 郵 郵 郵 郵 郵 郵 郵 郵 郵

047 便 오줌 **변** 편할 **편** 획수 9	**부수** 사람인변 **にんべん** (イ)	**음** ベン 便所(べんじょ) 변소, 不便(ふべん) 불편 交通(こうつう)の便(べん) 교통편 ビン 航空便(こうくうびん) 항공편 **훈** たよ(り) 花(はな)の便(たよ)り 꽃소식 **필순** 便 便 便 便 便 便 便 便 便

048 防 막을 **방** 획수 7	**부수** 좌부변 언덕부변 **こざとへん** (阝)	**음** ボウ 防寒(ぼうかん) 방한, 防火(ぼうか) 방화 防止(ぼうし) 방지, 予防(よぼう) 예방 **훈** ふせ(ぐ) 敵(てき)を防(ふせ)ぐ 적을 막다 **필순** 防 防 防 防 防 防 防

049 署 마을 **서** 획수 13	**부수** 그물망 **あみがしら** **あみめ** **よこめ** (罒) 署	**음** ショ 部署(ぶしょ) 부서, 署名(しょめい) 서명 消防署(しょうぼうしょ) 소방서 **필순** 署 署 署 署 署 署 署 署 署 署 署 署 署

050 庁 집 **청** 획수 5 廳	**부수** 엄호 **まだれ** (广)	**음** チョウ 官庁(かんちょう) 관청, 県庁(けんちょう) 현청 **필순** 庁 庁 庁 庁 庁

051 停 머무를 정 획수 11	부수 사람인변 にんべん (イ)	음 テイ 停学(ていがく) 정학, 停車(ていしゃ) 정차, 停電(ていでん) 정전 停年(ていねん) 정년, バス停(てい) 버스정류소 필순 停停停停停停停停停停

052 徒 무리 도 획수 10	부수 두인변 ぎょうにんべん (イ)	음 ト 徒歩(とほ) 도보, 生徒(せいと) 학생(중, 고교) 필순 徒徒徒徒徒徒徒徒徒徒

053 以 써 이 획수 5	부수 사람인 ひと (人)	음 イ 以下(いか) 이하, 以外(いがい) 이외, 以上(いじょう) 이상 以内(いない) 이내, 以前(いぜん) 이전, 以降(いこう) 이후 필순 以以以以以

054 往 갈 왕 획수 8	부수 두인변 ぎょうにんべん (イ)	음 オウ 往復(おうふく) 왕복, 往来(おうらい) 왕래 필순 往往往往往往往往

055 復 다시 부 회복할 복 획수 12	부수 두인변 ぎょうにんべん (イ)	음 フク 回復(かいふく) 회복, 復習(ふくしゅう) 복습 주의 復活(ふっかつ) 부활 필순 復復復復復復復復復復復

056 片 조각 편	부수 조각편 かたへん (片)	음 ヘン
		훈 かた 片方(かたほう) 한쪽, 片道(かたみち) 편도 部屋(へや)を片付(かたづ)ける 방을 치우다
		필순 片 片 片 片
획수 4		

057 賃 품삯 임	부수 조개패 かい こがい (貝)	음 チン 賃金(ちんぎん) 임금, 運賃(うんちん) 운임, 家賃(やちん) 집세
		필순 賃 賃 賃 賃 賃 賃 賃 賃 賃 賃 賃 賃 賃
획수 13		

058 設 베풀 설	부수 말씀언변 ごんべん (言)	음 セツ 設立(せつりつ) 설립, 設備(せつび) 설비 주의 設計(せっけい) 설계
		훈 もう(ける) 場(ば)を設(もう)ける 장을 마련하다
		필순 設 設 設 設 設 設 設 設 設 設 設
획수 11		

059 備 갖출 비	부수 사람인변 にんべん (亻)	음 ビ 準備(じゅんび) 준비, 予備(よび) 예비
		훈 そな(える) 万一(まんいち)に備(そな)える 만일에 대비하다 そな(わる)
		필순 備 備 備 備 備 備 備 備 備 備 備
획수 12		

060 完 완전할 완	부수 갓머리 うかんむり (宀)	음 カン 完成(かんせい) 완성, 完全(かんぜん) 완전, 完了(かんりょう) 완료
		필순 完 完 完 完 完 完 完
획수 7		

061 最 가장 최 획수 12	부수 가로왈 ひらび いわく (日)	음 サイ 最悪(さいあく) 최악, 最後(さいご) 최후, 最初(さいしょ) 최초 最近(さいきん) 최근, 最高(さいこう) 최고 훈 もっと(も) 最(もっと)も高(たか)い山(やま) 가장 높은 산
		필순 最 最 最 最 最 最 最 最 最 最 最 最

062 側 곁 측 획수 11	부수 사람인변 にんべん (亻)	음 ソク 側面(そくめん) 측면 側近(そっきん) 측근 훈 かわ 内側(うちがわ) 내측, 両側(りょうがわ) 양측
		필순 側 側 側 側 側 側 側 側 側 側 側

한자 이모저모

숙어의 구성 I - ①

1 2자 숙어 만들기

① 반대 대립의 의미자를 병렬한 것

「○↔○」형：大小　長短　前後　左右　勝敗

② 같은 의미자를 병렬한 것

「○＝○」형：出発(出る＝発する)　道路　河川　寒冷　温暖

③ 전자가 후자를 수식하는 것

「○→○」형：体力(体の力)　体重　海底　山頂　高山　低地

1 다음 한자를 어떻게 읽는지 밑줄 아래에 히라가나로 써 보세요.

1 署名   2 生徒   3 復習

4 あと　少しで　完成します。　5 台風で　停電に　なりました。

6 机の　上には　ペンと　ケシゴム　以外は　置かないで　ください。

7 池の　周りを　金網で　囲みました。
　　　　　　　かなあみ

8 新しい　住居には　広い　居間が　あります。

9 危ないですから、白線の　内側に　下がって　ください。

10 日本は　韓国の　東に　位置して　います。

11 悪い　病気に　なるのを　防ぐため、しっかり　予防しましょう。

12 新しい　大学を　設立する　準備の　ために　話し合いの　場が
　設けられました。

13 東京までの　片道の　運賃は　4,000円ですが、往復なら　6,000
　円に　なります。

14 この　アパートの　最も　気に　入っている　点は、交通の　便が
　いい　ことです。

あと 앞으로 ┃ 金網(かなあみ) 철망 ┃ しっかり 확실히 ┃ ～ため(に) ～을/를 위해서 ┃ ～なら ～(이)라면

 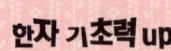

2 다음 □ 안에 들어갈 알맞은 한자를 써 보세요.

1 □□
　ち　い

2 □□
　や　ちん

3 □□□
ゆう　びん　きょく

4 □□□
しょう　ぽう　しょ

5 □ は □ と □□ していて、□□ で □いて います。
あに　　おや　どう きょ　　　　けん ちょう　はたら

6 バス□ まで □□ 10分□□ です。
てい　　　と ほ　　　　い　ない

7 □□ の 環境も □□ の □□ も □□ です。
しゅう い　　かんきょう　へ や　せつ び　さい こう

 낱말과 표현

環境(かんきょう) 환경

46

2-2 형용사를 만드는 한자

QUIZ 당신의 방은 어떤 방입니까? 해당되는 사항을 체크해 보세요.

1	広いです。	
2	せまいです。	
3	明るいです。	
4	暗いです。	
5	新しくて、きれいです。	
6	古いですが、清潔です。 せいけつ	
7	そうじをしませんから、きれいでは ありません。	
8	静かです。 しず	
9	周りに お店が 多くて、うるさいです。	
10	近くに 駅や お店が あって、便利です。 べんり	
11	静かですが、 夜は 危ないです。 しず あぶ	
12	人の 出入りが 激しいです。 でい はげ	
13	家賃が 高いです。	

 낱말과 표현

清潔(せいけつ)だ 청결하다 ┃ 静(しず)かだ 조용하다 ┃ うるさい 시끄럽다 ┃ 便利(べんり)だ 편리하다 ┃
危(あぶ)ない 위험하다 ┃ 出入(でい)り 출입 ┃ 激(はげ)しい 빈번하다

063 浅 얕을 **천** (획수) 9	(부수) 삼수변 **さんずい** (氵)	(음) セン (훈) あさ(い)　日(ひ)が浅(あさ)い 시작한지 얼마 되지 않다 　　　　浅(あさ)い海(うみ) 얕은 바다 (필순) 浅 浅 浅 浅 浅 浅 浅 浅 浅
	淺								

064 厚 두터울 **후** (획수) 9	(부수) 민엄호 **がんだれ** (厂)	(음) コウ (훈) あつ(い)　厚(あつ)い本(ほん) 두꺼운 책 　　　　厚着(あつぎ) 옷을 많이 껴입음 (필순) 厚 厚 厚 厚 厚 厚 厚 厚 厚

065 危 위태로울 **위** (획수) 6	(부수) 병부절 **ふしづくり** **わりふ** (卩)	(음) キ　　危険(きけん) 위험 (훈) あぶ(ない)　命(いのち)が危(あぶ)ない 생명이 위태롭다 　　　あや(うい)/あや(ぶむ) (필순) 危 危 危 危 危 危

066 冷 찰 **랭** (획수) 7	(부수) 이수변 **にすい** (冫)	(음) レイ　　冷静(れいせい) 냉정, 冷房(れいぼう) 냉방 (훈) つめ(たい)　冷(つめ)たい風(かぜ) 쌀쌀한 바람 　　　ひ(える)　　体(からだ)が冷(ひ)える 몸이 얼다 　　　ひ(やす)　　ビールを冷(ひ)やす 맥주를 차게 하다 　　　ひ(や)/ひ(やかす) 　　　さ(める)　　湯(ゆ)が冷(さ)める 더운 물이 식다 　　　さ(ます)　　湯(ゆ)を冷(さ)ます 더운 물을 식히다 (필순) 冷 冷 冷 冷 冷 冷 冷
	冷								

48

067 激 격동할 격 획수 16	부수 삼수변 **さんずい** (氵)	음 ゲキ　　急激(きゅうげき) 급격
		훈 はげ(しい)　激(はげ)しい雨(あめ) 폭우
		人(ひと)の出入(でい)りが激(はげ)しい 사람의 출입이 빈번하다
		필순 激激激激激激激激激激激激激激 激激

068 低 낮을 저 획수 7	부수 사람인변 **にんべん** (亻)	음 テイ　　最低(さいてい) 최저, 低下(ていか) 저하
		훈 ひく(い)　体温(たいおん)が低(ひく)い 체온이 낮다
		ひく(める)　声(こえ)を低(ひく)める 목소리를 낮추다
		ひく(まる)
		필순 低低低低低低低

069 欲 욕심 욕 획수 11	부수 하품흠 **あくび** (欠)	음 ヨク　　意欲(いよく) 의욕, 食欲(しょくよく) 식욕
		주의 欲求(よっきゅう) 욕구
		훈 ほ(しい)　水(みず)が欲(ほ)しい 물을 마시고 싶다
		カメラを欲(ほ)しがる 카메라를 갖고 싶어하다
		ほっ(する)
		필순 欲欲欲欲欲欲欲欲欲欲欲

070 貧 가난할 빈 획수 11	부수 조개패 **かい こがい** (貝)	음 ビン　　貧乏(びんぼう) 가난
		ヒン　　貧血(ひんけつ) 빈혈
		훈 まず(しい)　貧(まず)しい暮(く)らし 가난한 생활
		필순 貧貧貧貧貧貧貧貧貧貧貧

071 難 어려울 난 획수 18	부수 새추 ふるとり (隹)	음 ナン　　　難問(なんもん) 난문, 災難(さいなん) 재난 훈 むずか(しい)　難(むずか)しい 어렵다 필순 難 難 難 難 難 難 難 難 難 難 難 難 難 難 難 難 難 難
	難	

072 良 어질 량 획수 7	부수 그칠간 ねづくり こんづくり (艮)	음 リョウ　良好(りょうこう) 양호, 良心(りょうしん) 양심 훈 よ(い)　良(よ)い機会(きかい) 좋은 기회, 仲良(なかよ)くする 사이좋게 지내다 필순 良 良 良 良 良 良 良

073 若 같을 약 획수 8	부수 초두머리 くさかんむり (艹)	음 ジャク/ニャク 훈 わか(い)　　若(わか)い 젊다, 若者(わかもの) 젊은이 　も(しくは) 필순 若 若 若 若 若 若 若 若

074 静 고요할 정 획수 14	부수 푸를청 あお (青)	음 セイ　　　平静(へいせい) 평정, 冷静(れいせい) 냉정 　ジョウ 훈 しず 　しず(か)　　静(しず)かな寺(てら) 조용한 절 　しず(まる)　気(き)が静(しず)まる 마음이 진정되다 　しず(める)　気(き)を静(しず)める 마음을 가라앉히다 필순 静 静 静 静 静 静 静 静 静 静 静 静 静 静
	静	

075 好 좋을 호 획수 6	부수 계집녀변 おんなへん (女)	음 コウ 好意(こうい) 호의, 友好(ゆうこう) 우호 すてきな格好(かっこう) 멋진 모습 훈 この(む) 文学(ぶんがく)を好(この)む 문학을 좋아하다 す(く) 好(す)き嫌(きら)い 편식, 선호				
		필순 好 好 好 好 好 好				

076 利 이로울 리 획수 7	부수 선칼도방 りっとう (刂)	음 リ 利子(りし) 이자, 利用(りよう) 이용 便利(べんり) 편리, 有利(ゆうり) 유리 훈 き(く) 左利(ひだり き)き 왼손잡이				
		필순 利 利 利 利 利 利 利				

077 清 맑을 청 획수 11	부수 삼수변 さんずい (氵)	음 セイ 清書(せいしょ) 정서, 清潔(せいけつ) 청결 ショウ 훈 きよ(い) 清(きよ)い流(なが)れ 맑은 시내 きよ(まる)/きよ(める)				
		필순 清 清 清 清 清 清 清 清 清 清 清				
	清					

078 潔 맑을 결 획수 15	부수 삼수변 さんずい (氵)	음 ケツ 清潔(せいけつ) 청결, 簡潔(かんけつ) 간결 주의 潔白(けっぱく) 결백 훈 いさぎよ(い)				
		필순 潔 潔 潔 潔 潔 潔 潔 潔 潔 潔 潔 潔 潔 潔 潔				

079 快 쾌할 **쾌** 획수 7	**부수** 마음심변 りっしんべん (忄)	**음** カイ　　　快適(かいてき) 쾌적, 不快(ふかい) 불쾌 **훈** こころよ(い)　快(こころよ)い風(かぜ) 상쾌한 바람 **필순** 快 快 快 快 快 快 快					

080 適 맞은 **적** 획수 14	**부수** 책받침 しんにょう しんにゅう (辶)	**음** テキ　適当(てきとう) 적당, 適切(てきせつ) 적절 　　　適応(てきおう) 적응 **필순** 適 適 適 適 適 適 適 適 適 適 適 適 適 適					
	適						

한자 이모저모

숙어의 구성 I - ②

1 2자 숙어 만들기

④ 전자가 동사로 후자가 목적어 또는 보어가 되어있는 것
　(후자에서 전자로 역으로 읽으면 의미를 잘 알 수 있는 것)
　　「○←○」형 : 登山(山に登る)　読書　作文　写真　有名

⑤ 부정의 의미를 나타내는 전자가 후자의 의미를 부정하는 것
　　「×→○」형 : 不足　無休　非常　否認　未知

⑥ 후자에 「化」, 「的」, 「性」이 오는 것
　　　　　　 : 強化　私的　病的　良性　悪性

⑦ 동일한자가 반복되는 것
　　「○　○」형 : やる気満々　年々　続々

 **한자 기초력 up**

1 다음 한자를 어떻게 읽는지 밑줄 아래에 히라가나로 써 보세요.

1 危険
　けん
2 食欲
3 静かな 夜

4 貧血を 起こしました。

5 清潔感の ある 人が 好きです。

6 新しい スマホが 欲しいです。

7 家の 近くの 図書館を よく 利用します。

8 野菜を 適当な 大きさに 切って ください。
　さい

9 冷たい 風に 当たると 体が 冷えて しまいますよ。
　　　　　　 あ

10 最近 仕事が ない 若者が 急激に 増えて います。
　　　　　　　　　　　　　　　　　ふ

11 A社とは 良好な 関係を つづけて います。

12 今日の 最低気温は マイナス 15度です。厚い コートを
着て、出かけましょう。

13 快い 風が 吹いて きました。おかげで 不快な 気分も
どこかへ 行きました。

 **낱말과 표현**

スマホ 스마트폰 | 野菜(やさい) 채소 | 当(あ)たる (바람을) 쐬다 | 増(ふ)える 늘다 | つづける 지속하다 |
おかげで 덕분에

2 다음 □ 안에 들어갈 알맞은 한자를 써 보세요.

1 □ い □
　ひく　　やま

2 □ い □
　あさ　　うみ

3 □ しい □□
　むずか　　もん だい

4 □ ない □
　あぶ　　みち

5 □ しい □
　はげ　　あめ

6 もう一□ 、□□に □えて ください。
　　　　ど　　れい せい　　かんが

7 私の 家は バス停の 近くで □□です。
　　　　　　　　　　　　　　べん り

8 □ きな □□ は だれですか。
　す　　か しゅ

9 □ と □ は いなかで □□ な □□ を □ って
　ちち　はは　　　　　　かい てき　　せい かつ　　おく

　います。

1 다음 예와 같이 반대가 되는 형용사를 보기에서 골라 써 보세요.

> 예 大きい ⇔ 小さい

> 보기 大きい・小さい・浅い・厚い・熱い・うすい・うるさい・
> きらいな・静かな・好きな・高い・冷たい・低い・深い・
> 不便な・良い・便利な・悪い

1	_____ ⇔ _____	2	_____ ⇔ _____
3	_____ ⇔ _____	4	_____ ⇔ _____
5	_____ ⇔ _____	6	_____ ⇔ _____
7	_____ ⇔ _____	8	_____ ⇔ _____

2 다음 예와 같이 밑줄 친 부분의 한자 읽기가 다른 것을 하나 골라 ○표 하세요.

> 예 (学)校・大学・学生

1 不便・便所・航空便

2 側近・内側・右側

3 設立・設計・設備

4 回復・復習・復活

5 清潔・簡潔・潔白

6 欲求・意欲・食欲

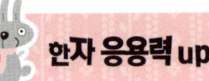

3 다음 예와 같이 알맞은 것끼리 연결해 보세요.

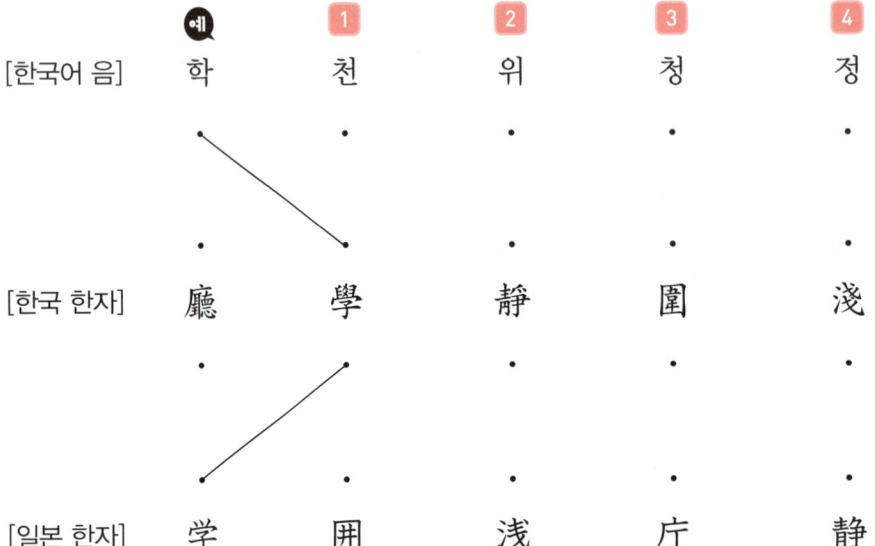

	예	1	2	3	4
[한국어 음]	학	천	위	청	정
[한국 한자]	廳	學	靜	圍	淺
[일본 한자]	学	囲	浅	庁	靜

4 다음 전단지를 읽어 보세요.

<JR山手線>

新宿駅から　バスで　10分
マンション（6階　1LDK）

家賃　6万円　（礼金　1ヶ月、敷金　なし）
　　　　　れいきん　　　　しききん
築　1年
ちく

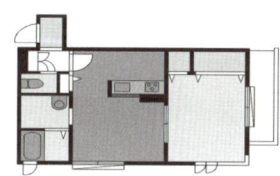

＊バス停まで徒歩10分。
　交通は少し不便ですが、静かで快適なお部屋です。
　新しいマンションです。若い方、学生さんにおすすめです。
　設備：エアコン、インターネット（WiFi）あります。

<地下鉄　浅草線>

浅草駅　徒歩　3分　ワンルーム
　　　　　　　　　　（2階　西側）

家賃　5.2万円　（礼金　2ヶ月、敷金　2ヶ月）
　　　　　　れいきん　　　　しききん
築　17年
ちく

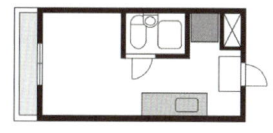

＊東口からすぐです。消防署のとなりです。
　駅の近くですから、危なくありません。安全です。
　古いですが、清潔なお部屋です。

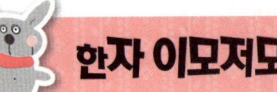

숙어의 구성 2

1 3자 숙어 만들기

① 「1字 + 1字 + 1字」형 : 衣食住(衣 + 食 + 主) 松竹梅 上中下
② 「2字 + 1字」형 : 輸入品(輸入 + 品) 專門店 長期化 效果的 人間性
③ 「1字 + 2字」형 : 大都市(大 + 都市) 新発見 未完成 無意味 不完全

2 4자 숙어 만들기

① 「1字 + 1字 + 1字 + 1字」형 : 東西南北(東 + 西 + 南 + 北) 春夏秋冬
② 「2字 + 2字」형 : 多種多樣(多種 + 多樣) 一長一短 海外旅行 正々堂々
③ 「3字 + 1字」형 : 五十音図(五十音 + 図) 未成年者
④ 「1字 + 3字」형 : 七不思議(七 + 不思議) 副委員長 軽自動車

3 5자 숙어 만들기 등 : 国立競技場(国立 + 競技 + 場)

※ 2자 숙어의 위치이동
① 先祖 - 祖先, 材木 - 木材, 感情 - 情感, 女王 - 王女
② 相手 - 手相, 年中 - 中年, 本日 - 日本, 地下 - 下地, 火口 - 口火

숙어 읽기

숙어에는 2자숙어, 3자숙어, 4자숙어가 있다. 숙어읽기는 일반적으로 전자를 音으로 읽으면 후자도 음으로 읽는다. 또는 전자를 訓読하면 후자도 훈독한다.

03 생활 속의 일상

학습 목표 : 일상 생활에 관련된 한자를 구사할 수 있다.

3-1 사람의 일생

 다나카 씨(60세)의 인생입니다. 어떤 내용일까요?

10月1日　誕生

3才：幼稚園　入園

6才：小学校　入学

18才：大学　入学

大学3年：英国留学

卒業 → 会社に就職

28才：結婚 → 出産

57才：孫が産まれる

일본은 나이를 만으로 헤아린다. '평생'은 「一生」를 사용하여 표현한다.
いっしょう

081 誕 태어날 **탄** 획수 15	**부수** 말씀언변 ごんべん (言)	**음** タン 誕生(たんじょう) 탄생, 誕生日(たんじょうび) 생일
		필순 誕 誕 誕 誕 誕 誕 誕 誕 誕 誕 誕 誕 誕 誕 誕

082 留 머무를 **류** 획수 10	**부수** 발전 た (田)	**음** リュウ 留学(りゅうがく) 유학, 停留所(ていりゅうじょ) 정류장 ル 留守(るす) 부재중, 留守番(るすばん)をする 집을 지키다 **훈** と(める) 書留(かきとめ) 등기 と(まる)
		필순 留 留 留 留 留 留 留 留 留 留

083 卒 군사 **졸** 획수 8	**부수** 열십 じゅう (十)	**음** ソツ 卒業(そつぎょう) 졸업, 高卒(こうそつ) 고졸 新卒(しんそつ) 신규 졸업자
		필순 卒 卒 卒 卒 卒 卒 卒 卒

084 就 이룰 **취** 획수 12	**부수** 절름발이왕 だいのまげ あし (尢)	**음** シュウ 就職(しゅうしょく) 취직, 就任(しゅうにん) 취임 ジュ **훈** つ(く)/つ(ける)
		필순 就 就 就 就 就 就 就 就 就 就 就 就

085 職 벼슬 **직** 획수 18	**부수** 귀이변 みみへん (耳)	**음** ショク 職業(しょくぎょう) 직업, 退職(たいしょく) 퇴직 職員(しょくいん) 직원, 職場(しょくば) 직장
		필순 職 職 職 職 職 職 職 職 職 職 職 職 職 職 職 職 職 職

086 退 물러날 **퇴** 획수 9	**부수** 책받침 **しんにょう しんにゅう** (辶)	음 タイ 退院(たいいん) 퇴원, 退学(たいがく) 퇴학, 早退(そうたい) 조퇴 훈 しりぞ(く)/しりぞ(ける)
		필순 退 退 退 退 退 退 退 退 退
	退	

087 結 맺을 **결** 획수 12	**부수** 실사변 **いとへん** (糸)	음 ケツ 結論(けつろん) 결론, 結合(けつごう) 결합 주의 結婚(けっこん) 결혼, 結局(けっきょく) 결국 훈 むす(ぶ) ひもを結(むす)ぶ 끈을 매다 ゆ(う)/ゆ(わえる)
		필순 結 結 結 結 結 結 結 結 結 結 結

088 産 낳을 **산** 획수 11	**부수** 날생 **うまれる** (生)	음 サン 産業(さんぎょう) 산업, 生産(せいさん) 생산 財産(ざいさん) 재산, 出産(しゅっさん) 출산 훈 う(む) 子(こ)を産(う)む 아이를 낳다 う(まれる) 赤(あか)ちゃんが産(う)まれる 아기가 태어나다 う(ぶ)
		필순 産 産 産 産 産 産 産 産 産 産 産

089 亡 망할 **망** 획수 3	**부수** 돼지해머리 **なべぶた けいさんかんむり** (亠)	음 ボウ 亡命(ぼうめい) 망명, 死亡(しぼう) 사망 モウ 훈 な(い) 父親(ちちおや)が亡(な)くなる 아버지가 돌아가시다
		필순 亡 亡 亡

090 墓 무덤 묘 획수 13	부수 흙토 つち (土)	음 ボ 墓地(ぼち) 묘지 훈 はか 墓参(はかまいり)りする 성묘하다 필순 墓 墓 墓 墓 墓 墓 墓 墓 墓 墓 墓 墓 墓

091 妻 아내 처 획수 8	부수 계집녀 おんな (女)	음 サイ 夫妻(ふさい) 부처, 부부 훈 つま 妻(つま) 아내 필순 妻 妻 妻 妻 妻 妻 妻 妻

092 夫 지아비 부 획수 4	부수 큰대 だい (大)	음 フ 夫人(ふじん) 부인 주의 丈夫(じょうぶ) 건강함, 튼튼함, 大丈夫(だいじょうぶ) 괜찮음 フウ 工夫(くふう) 궁리, 夫婦(ふうふ) 부부 훈 おっと 夫(おっと) 남편 필순 夫 夫 夫 夫

093 婦 지어미 부 획수 11	부수 계집녀 おんな (女)	음 フ 婦人(ふじん) 부인, 主婦(しゅふ) 주부 夫婦(ふうふ) 부부, 産婦人科(さんふじんか) 산부인과 필순 婦 婦 婦 婦 婦 婦 婦 婦 婦 婦 婦

094 祖 조상 조 획수 9	부수 보일시변 しめすへん (ネ)	음 ソ 祖先(そせん) 조상, 祖父(そふ) 조부, 祖母(そぼ) 조모 주의 先祖(せんぞ) 선조, 조상 필순 祖 祖 祖 祖 祖 祖 祖 祖
	祖	

| 095 孫 손자 손 획수 10 | 부수 아들자변 こへん (子) | 음 ソン 子孫(しそん) 자손 훈 まご 初孫(はつまご) 첫 손자 |
| | | 필순 孫 孫 孫 孫 孫 孫 孫 孫 孫 孫 |

| 096 幼 어릴 유 획수 5 | 부수 작을요 いとがしら (幺) | 음 ヨウ 幼児(ようじ) 유아, 幼稚園(ようちえん) 유치원 훈 おさな(い) 幼(おさな)いとき 어릴 때 |
| | | 필순 幼 幼 幼 幼 幼 |

097 児 아이 아 획수 7	부수 어진사람인발 ひとあし にんにょう (儿)	음 ジ 児童(じどう) 아동, 育児(いくじ) 육아 ニ 小児科(しょうにか) 소아과
		필순 児 児 児 児 児 児 児
	兒	

| 098 老 늙을 로 획수 6 | 부수 늙을로엄 おいかんむり おいがしら (耂) | 음 ロウ 老後(ろうご) 노후, 過労(かろう) 과로 老人(ろうじん) 노인 훈 お(いる) 年老(としお)いた人(ひと) 나이 든 사람 ふ(ける) |
| | | 필순 老 老 老 老 老 老 |

| 099 孝 효도 효 획수 7 | 부수 아들자 こ (子) | 음 コウ 孝行(こうこう) 효행 親孝行(おやこうこう)する 부모님께 효도하다 |
| | | 필순 孝 孝 孝 孝 孝 孝 孝 |

한자 기초력 up

1 다음 한자를 어떻게 읽는지 밑줄 아래에 히라가나로 써 보세요.

1 誕生日　　**2** 産業　　**3** 結婚
　　　　　　　　　　　　　　こん

4 願書を　書留で　送ります。　**5** 先祖の　墓参りを　します。
　　　　　　　　　　　　　　　　　　　　　　　まい

6 かぜで　早退しました。　　**7** 孫は　幼稚園に　通って　います。
　　　　　　　　　　　　　　　　　　　　　ち

8 最近、育児に　参加する　父親が　増えて　きました。
　　　　　　　　　さんか　　　　　　　ふ

9 老後は　夫婦で　なかよく　暮らしたいです。
　　　　　　　　　　　　　　　く

10 先週、妻が　男の子を　産みました。

11 くつの　ひもを　しっかり　結びました。

12 最近は　新卒の　就職率が　あまり　よく　ありません。
　　　　　　　　　　　りつ

13 子供が　一人で　留守番して　いますから、今日は　早く　帰ります。

14 父の日、母の日には、親孝行したいです。

15 高校時代の　友人が　病気で　亡くなりました。

参加(さんか) 참가 | 増(ふ)える 증가하다, 늘다 | 暮(く)らす 지내다 | ひも 끈 | しっかり 꼭, 꽉 | ～率(りつ) ～율/률 |
あまり 별로

2 다음 □ 안에 들어갈 알맞은 한자를 써 보세요.

1 □□
　りゅう　がく

2 □□
　そつ　ぎょう

3 □□
　たい　しょく

4 □□□
　そ　ふ　ぼ

5 □□□□
　さん　ふ　じん　か

6 □□□
　しょう　に　か

7 小林 □□
　　　ふ　さい

8 □□
　し　そん

9 □□ から □ いますね。
　けつ　ろん　　　　い

10 ヘミングウェイの 『□□ と □』を □ みました。
　　　　　　　　　ろう　じん　　うみ　　　よ

11 昨日の □□ で □ い 兄弟が □□ しました。
　　　　　か　じ　　 おさな　　　　 し　ぼう

![낱말과 표현]

ヘミングウェイ 헤밍웨이

Quiz 다음 **예** 와 같이 보기에서 한자를 골라 그림에 어울리는 동사를 만들어 보세요.

 **예** (食べ ます)

보기   飲・洗・吸・呼・飲・泣

1

(ます)

2

(ます)

3

(ます)

4

(ます)

5

(ます)

100 愛 사랑 애 획수 13	부수 마음심 こころ (心)	음 アイ 愛犬(あいけん) 애견, 友愛(ゆうあい) 우애 恋愛(れんあい) 연애, 愛(あい)する 사랑하다
		필순 愛愛愛愛愛愛愛愛愛愛愛愛愛

101 洗 씻을 세 획수 9	부수 삼수변 さんずい (氵)	음 セン 洗面所(せんめんじょ) 화장실, 水洗式(すいせんしき) 수세식 洗濯(せんたく) 세탁 훈 あら(う) 顔(かお)を洗(あら)う 세수를 하다, お手洗(てあら)い 화장실
		필순 洗洗洗洗洗洗洗洗洗

102 祝 빌 축 획수 9	부수 보일시변 しめすへん (ネ)	음 シュク 祝辞(しゅくじ) 축사, 祝日(しゅくじつ) 축일 シュウ 훈 いわ(う) 入学(にゅうがく)を祝(いわ)う 입학을 축하하다
		필순 祝祝祝祝祝祝祝祝祝
	祝	

103 飼 기를 사 획수 13	부수 밥식변 しょく (食)	음 シ 飼育(しいく) 사육, 飼料(しりょう) 사료 훈 か(う) 犬(いぬ)を飼(か)う 개를 기르다
		필순 飼飼飼飼飼飼飼飼飼飼飼飼飼

104 暮 저물 모 획수 14	부수 날일 ひ (日)	음 ボ 훈 く(れる) 日(ひ)が暮(く)れる 날이 저물다 주의 夕暮(ゆうぐ)れ 해질녘, 황혼 く(らす) 平和(へいわ)に暮(く)らす 평화롭게 지내다
		필순 暮暮暮暮暮暮暮暮暮暮暮暮暮暮

105 閉 닫을 폐 획수 11	부수 문문 もんがまえ (門)	음 ヘイ 開閉(かいへい) 개폐, 閉店(へいてん) 폐점
		훈 と(じる) 門(もん)が閉(と)じる 문이 닫히다
		し(める) 門(もん)を閉(し)める 문을 닫다
		し(まる) 門(もん)が閉(し)まる 문이 닫히다
		と(ざす)
		필순 閉 閉 閉 閉 閉 閉 閉 閉 閉 閉 閉

106 信 믿을 신 획수 9	부수 사람인변 にんべん (亻)	음 シン 信念(しんねん) 신념, 自信(じしん) 자신, 信号(しんごう) 신호
		通信(つうしん) 통신, 無罪(むざい)を信(しん)じる 무죄를 믿다
		필순 信 信 信 信 信 信 信 信 信

107 過 지날 과 획수 12	부수 책받침 しんにょう しんにゅう (辶)	음 カ 通過(つうか) 통과, 過去(かこ) 과거, 過労(かろう) 과로
		훈 す(ぎる) 3年(ねん)が過(す)ぎる 3년이 지나다
		す(ごす) その日(ひ)その日(ひ)を過(す)ごす 그날 그날을 보내다
		あやま(つ)/あやま(ち)
		필순 過 過 過 過 過 過 過 過 過 過 過
	過	

108 捨 버릴 사 획수 11	부수 재방변 てへん (扌)	음 シャ 取捨選択(しゅしゃせんたく) 취사선택
		四捨五入(ししゃごにゅう) 사사오입
		훈 す(てる) ごみを捨(す)てる 쓰레기를 버리다
		필순 捨 捨 捨 捨 捨 捨 捨 捨 捨 捨 捨

109 包 쌀 포 획수 5	부수 쌀포몸 つつみがまえ (勹)	음 ホウ 包囲(ほうい) 포위, 包丁(ほうちょう) 부엌칼
		훈 つつ(む) お金(かね)を包(つつ)む 돈을 싸다 주의 小包(こづつ)み 소포
		필순 包 包 包 包 包

110 届 신고할 **계** 획수 8	**부수** 주검시엄 **しかばね** **かばね** (尸)	**훈** とど(ける) 手紙(てがみ)を届(とど)ける 편지를 보내다 警察(けいさつ)に届(とど)ける 경찰에 신고하다 とど(く) 手紙(てがみ)が届(とど)く 편지가 도착하다
		필순 届 届 届 届 届 届 届 届
		(빈칸)

111 飛 날 **비** 획수 9	**부수** 날비 **とぶ** (飛)	**음** ヒ 飛行機(ひこうき) 비행기 **훈** と(ぶ) 鳥(とり)が飛(と)ぶ 새가 날다 と(ばす) 風船(ふうせん)を飛(と)ばす 풍선을 날리다
		필순 飛 飛 飛 飛 飛 飛 飛 飛 飛
		(빈칸)

112 泣 울 **읍**, **급** 획수 8	**부수** 삼수변 **さんずい** (氵)	**음** キュウ **훈** な(く) 大声(おおごえ)で泣(な)く 큰 소리로 울다, 泣(な)き声(ごえ) 우는 소리
		필순 泣 泣 泣 泣 泣 泣 泣 泣
		(빈칸)

113 慣 버릇 **관** 획수 14	**부수** 마음심변 **りっしんべん** (忄)	**음** カン 習慣(しゅうかん) 습관, 慣用句(かんようく) 관용구 **훈** な(れる) 外国(がいこく)の生活(せいかつ)に慣(な)れる 외국 생활에 익숙해지다 な(らす) 体(からだ)を慣(な)らす 몸을 길들이다
		필순 慣 慣 慣 慣 慣 慣 慣 慣 慣 慣 慣 慣 慣 慣
		(빈칸)

114 焼 불사를 **소** 획수 12	**부수** 불화변 **ひへん** (火)	**음** ショウ 焼失(しょうしつ) 소실, 燃焼(ねんしょう) 연소 **훈** や(く) 焼(や)き肉(にく) 불고기, 魚(さかな)を焼(や)く 생선을 굽다 や(ける) 日焼(ひや)け 햇빛에 그을림, 夕焼(ゆうや)け 석양
		필순 焼 焼 焼 焼 焼 焼 焼 焼 焼 焼 焼 焼
	焼	(빈칸)

115 破 개뜨릴 파 획수 10	부수 돌석변 いしへん (石)	음 ハ 破産(はさん) 파산 훈 やぶ(る) 紙(かみ)を破(やぶ)る 종이를 찢다 やぶ(れる) くつしたが破(やぶ)れる 양말이 떨어지다 필순 破 破 破 破 破 破 破 破 破 破
116 呼 부름 호 획수 8	부수 입구변 くちへん (口)	음 コ 呼吸(こきゅう) 호흡 훈 よ(ぶ) 医者(いしゃ)を呼(よ)ぶ 의사를 부르다 필순 呼 呼 呼 呼 呼 呼 呼 呼
117 喜 기쁠 희 획수 12	부수 입구 くち (口)	음 キ 喜色(きしょく) 희색 훈 よろこ(ぶ) 成功(せいこう)を喜(よろこ)ぶ 성공을 기뻐하다 大喜(おおよろこ)び 크게 기뻐함 필순 喜 喜 喜 喜 喜 喜 喜 喜 喜 喜 喜 喜
118 忘 잊을 망 획수 7	부수 마음심 こころ (心)	음 ボウ 忘年会(ぼうねんかい) 망년회 훈 わす(れる) ものを忘(わす)れる 물건을 잃어버리다 忘(わす)れ物(もの) 분실물 필순 忘 忘 忘 忘 忘 忘 忘
119 笑 웃음 소 획수 10	부수 대죽머리 たけかんむり (竹)	음 ショウ 苦笑(くしょう) 고소, 쓴 웃음 훈 わら(う) 大声(おおごえ)で笑(わら)う 큰 소리로 웃다 え(む) 笑顔(えがお) 웃는 얼굴 필순 笑 笑 笑 笑 笑 笑 笑 笑 笑 笑

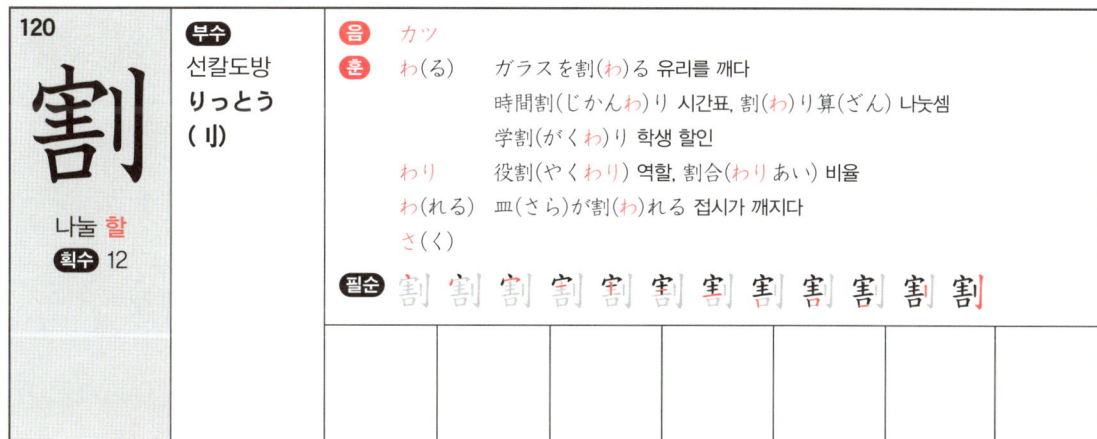

120 割 나눌 **할** 획수 12	부수 선칼도방 **りっとう** (刂)	음 カツ 훈 わ(る) ガラスを割(わ)る 유리를 깨다 　　　 時間割(じかんわ)り 시간표, 割(わ)り算(ざん) 나눗셈 　　　 学割(がくわ)り 학생 할인 　わり 役割(やくわり) 역할, 割合(わりあい) 비율 　わ(れる) 皿(さら)が割(わ)れる 접시가 깨지다 　さ(く) 필순 割 割 割 割 割 割 割 割 割 割 割 割

한어와 화어

漢語(かんご)는 중국에서 전해진 말이다.

이에 반하여 옛부터 일본에서 사용되어 온 고유어를 和語(わご)라고 한다. 한자를 음 읽기 하는 것이 漢語(かんご), 한자로 표기되어 있더라도 훈 읽기를 하는 말은 和語(わご)이다. 漢語(かんご)에는 원래의 중국어인 중국계와 일본에서 만든 일본계가 있다.

예를 들면, 「登山(とざん)」은 漢語(かんご), 和語(わご)에서는 이것을 「山(やま)に登(のぼ)る」라고 한다. 「草原(くさはら)」을 「そうげん」으로 읽으면 漢語(かんご), 「くさはら」으로 읽으면 和語(わご)이다. 같은 의미를 나타내는 말이라도 漢語(かんご)는 딱딱한 느낌이 들고, 和語(わご)는 부드러운 느낌이 난다.

예

漢語	和語
強風(きょうふう)	強(つよ)い風(かぜ)
山海(さんかい)	山(やま)と海(うみ)
米作(べいさく)	米作(こめづく)り
水泳(すいえい)	泳(およ)ぎ

한자 기초력 up

1 다음 한자를 어떻게 읽는지 밑줄 아래에 히라가나로 써 보세요.

1 焼き肉   2 包丁   3 忘年会

4 朝、起きて、顔を 洗います。

5 彼の ことを 信じて います。

6 紙飛行機を 飛ばします。
　　　　　き

7 友達の 成功を 喜びます。
　　　　せいこう

8 元日は 1年の はじめを 祝う 祝日です。

9 その 土地の 暮らしにも 習慣にも 少しずつ 慣れて きました。

10 4年間、泣いたり、笑ったり、いろいろな 事が ありました。

11 ドアを 強く 閉めたら、ガラスが 割れて しまいました。

12 幼い 時から 飼っていた 愛犬が 死んで しまいました。

13 過去を 捨てることは できませんが、忘れたいことが 多いです。

成功(せいこう) 성공 | ～てしまう ～(해) 버리다 | ～たり～たり ～하기도 하고 ～하기도 하고 |
いろいろな 여러 가지

72

1 □□
しん　ごう

2 □□
こ　きゅう

3 □□□
せん　めん　じょ

4 □□□り
じ　かん　わ

5 □□□□
し　しゃ　ご　にゅう

6 □□の □□
こ　ども　え　がお

7 きれいな □に □みます。
かみ　つつ

8 □□が □□します。
でん　しゃ　つう　か

9 あなたを □して います。
あい

10 きれいな □□けですね。
ゆう　や

11 本を □じて ください。
と

12 □□が □きました。
に　もつ　とど

1 다음 **예**와 같이 보기의 한자를 사용하여 문장을 완성해 보세요. 〔B〕에는 送りがな도
써 보세요.

[A]

> **예** ビールを （飲）みます。

> **보기** 飲 ・ 閉 ・ 飛 ・ 破 ・ 呼 ・ 慣 ・ 忘 ・ 笑 ・ 割

1 鳥が　（　　　）びます。　　**2** 人を　（　　　）びます。

3 宿題を　（　　　）れました。　**4** 大きな　声で　（　　　）います。

5 窓を　（　　　）めます。　　　**6** くつしたが　（　　　）れました。

7 体を　（　　　）らします。　　**8** お皿が　（　　　）れました。

[B]

> **예** ビールを　（飲み）ます。

> **보기** 飲 ・ 祝 ・ 結 ・ 焼 ・ 飼 ・ 産 ・ 捨

1 ごみを　（　　　）ます。　　　**2** ネクタイを　（　　　）ます。

3 誕生日を　（　　　）ます。　　**4** 家で　ネコを　（　　　）ます。

5 犬が　子犬を　（　　　）ました。

6 レンジで　魚を　（　　　）ます。

2 다음 **예**와 같이 한자어의 쓰임이 맞으면 ○, 틀리면 ×표를 하세요.

> **예1** 学校で　勉強します。(○)　**예2** 彼は　有名します。(×)

1 彼は　新卒します。(　　　) 　2 長男が　誕生しました。(　　　)

3 孫は　とても　丈夫します。(　　　)

4 シャツを　洗濯します。(　　　)

5 アメリカに　亡命します。(　　　)

6 いそがしくて　過労します。(　　　)

7 海で　日焼けして、赤くなりました。(　　　)

8 父は　姉に　赤ちゃんが　産まれて、大喜びしました。(　　　)

3 다음 **예**와 같이 한국어를 일본어 한자로 바꾸어 한자 읽기를 히라가나로 써 보세요.

> **예** 빨래を　クリーニングに　出します。(洗濯物・せんたくもの)

1 평생の　お願いです。(　　　　・　　　　　　　)

2 書類を　등기で　送ります。(　　　　・　　　　　)
　しょるい

3 イギリスの　友達に　소포を　送りました。(　　　　・　　　　　　)

4 남편は　パイロットです。(　　　　・　　　　　)

5 생일は　いつですか。(　　　　・　　　　　)

6 息子は　취업活動中です。(　　　　・　　　　　)

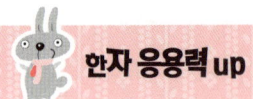

4 다음 예와 같이 [1]~[10] 에 들어갈 한자에 색을 칠해 보세요. 남은 한자를 연결하면 어떤 말이 나타날까요?

> 예   かいしゃを　やめる　こと（⇒ 退職）

1 おじいさん

2 わらった　かお

3 おとしより

4 いきを　すったり、はいたりする　こと

5 おはかが　ある　ところ

6 がくせいなら　やすくなる　システム

7 みせを　しめる　こと

8 まわりを　とりかこむ　こと

9 がいしゅつして　いえに　いない　こと

10 でんわや　ゆうびんなどで　じょうほうを　つたえる　こと

退	墓	通	笑	店
学	職	祖	信	包
吸	式	呼	閉	卒
囲	老	割	顔	父
業	留	人	地	守

답 : [　　　　　　　　　　]

4-1 약자

QUIZ 1 기억하세요? 다음 한자를 일본 한자로 써 보세요.

1 學 (　　　　) 　　2 氣 (　　　　)

3 急 (　　　　) 　　4 者 (　　　　)

5 靑 (　　　　) 　　6 鐵 (　　　　)

QUIZ 2 다음 일본 한자와 한국 한자 중 같은 한자끼리 연결해 보세요.
또 서로 다른 부분이 어딘지 찾아 보세요.

1	2	3	4	5	6	7
誤	淺	德	變	獨	應	卷
浅	誤	応	変	巻	德	独

121 巻 책 권 획수 9	부수 병부절 ふしづくり わりふ	음 かん 巻頭(かんとう) 권두 훈 ま(く) 包帯(ほうたい)を巻(ま)く 붕대를 감다 まき 巻尺(まきじゃく) 줄자 필순 巻巻巻巻巻巻巻巻巻						
	巻							

122 器 그릇 기 획수 15	부수 입구 くち (口)	음 キ 食器(しょっき) 식기, 楽器(がっき) 악기 器用(きよう)な人(ひと) 재주가 좋은 사람 훈 うつわ 器(うつわ)に入(い)れる 그릇에 담다 필순 器器器器器器器器器器器器器器 器						
	器							

123 誤 그릇 오 획수 14	부수 말씀언변 ごんべん (言)	음 ゴ 誤解(ごかい) 오해, 正誤(せいご) 정오, 올바름과 그릇됨 훈 あやま(る) 運転(うんてん)を誤(あやま)る 운전을 잘못하다 필순 誤誤誤誤誤誤誤誤誤誤誤誤誤誤						
	誤							

124 徳 큰 덕 획수 14	부수 두인변 ぎょうにんべん (彳)	음 トク 道徳(どうとく) 도덕 필순 徳徳徳徳徳徳徳徳徳徳徳徳徳						
	徳							

125 著 지을 저 획수 11	부수 초두머리 くさかんむり (艹)	음 チョ 著者(ちょしゃ) 저자, 著書(ちょしょ) 저서 훈 あらわ(す) 本(ほん)を著(あらわ)す 책을 저술하다 いちじる(しい) 著(いちじる)しい進歩(しんぼ) 현저한 진보 필순 著著著著著著著著著著著						
	著							

126 派 나눌 파 획수 9	부수 삼수변 **さんずい** (氵)	음 ハ 特派員(とくはいん) 특파원, 派手(はで)な 服(ふく) 화려한 옷 주의 立派(りっぱ)な 態度(たいど) 훌륭한 태도 필순 派 派 派 派 派 派 派 派 派				
	派					
127 径 지름길 경 획수 8	부수 두인변 **ぎょうにんべん** (彳)	음 ケイ 直径(ちょっけい) 직경, 半径(はんけい) 반경 필순 径 径 径 径 径 径 径 径				
	徑					
128 効 본받을 효 획수 8	부수 힘력방 **ちから** (力)	음 コウ 効果(こうか) 효과, 有効期間(ゆうこうきかん) 유효기간 훈 き(く) 薬(くすり)が効(き)く 약이 잘 듣다 필순 効 効 効 効 効 効 効 効				
	效					
129 従 좇을 종 획수 10	부수 두인변 **ぎょうにんべん** (彳)	음 ジュウ 従事(じゅうじ) 종사, 従来(じゅうらい) 종래 ジョウ/ジュ 훈 したが(う) 法(ほう)に従(したが)う 법을 따르다 したが(える) 필순 従 従 従 従 従 従 従 従 従				
	從					
130 精 정할 정 획수 14	부수 쌀미변 **こめへん** (米)	음 セイ 精神(せいしん) 정신, 精算(せいさん) 정산 ショウ 필순 精 精 精 精 精 精 精 精 精 精 精 精				
	精					

131 **続** 이을 속 획수 13	부수 실사변 **いとへん** (糸)	음	ゾク	接続(せつぞく) 접속, 連続(れんぞく) 연속
				주의 続行(ぞっこう) 속행
		훈	つづ(く)	道(みち)が続(つづ)く 길이 이어지다
			つづ(ける)	マラソンを続(つづ)ける 마라톤을 계속하다
		필순	続 続 続 続 続 続 続 続 続 続 続 続 続	
	續			

132 **蔵** 감출 장 획수 15	부수 초두머리 **くさかんむり** (艹)	음	ゾウ	貯蔵(ちょぞう) 저장, 冷蔵庫(れいぞうこ) 냉장고
		훈	くら	
		필순	蔵 蔵 蔵 蔵 蔵 蔵 蔵 蔵 蔵 蔵 蔵 蔵 蔵 蔵 蔵	
	藏			

133 **独** 홀로 독 획수 9	부수 사슴록변 **けものへん** (犭)	음	ドク	独立(どくりつ) 독립, 独身(どくしん) 독신
		훈	ひと(り)	独(ひと)り言(ごと) 혼잣말
		필순	独 独 独 独 独 独 独 独 独	
	獨			

134 **応** 응할 응 획수 7	부수 마음심 **こころ** (心)	음	オウ	応答(おうとう) 응답, 応用(おうよう) 응용
				質問(しつもん)に応(おう)じる 질문에 응하다
				주의 反応(はんのう) 반응
		필순	応 応 応 応 応 応 応	
	應			

135 **仮** 거짓 가 획수 6	부수 사람인변 **にんべん** (亻)	음	カ ケ	仮定(かてい) 가정, 仮面(かめん) 가면
		훈	かり	仮(かり)に雨(あめ)が降(ふ)っても 만약 비가 오더라도
		필순	仮 仮 仮 仮 仮 仮	
	假			

136 旧 옛 **구** 획수 5	부수 날일 ひ (日)	음 キュウ 新旧(しんきゅう) 신구, 復旧(ふっきゅう) 복구 旧式(きゅうしき) 구식 필순 旧 旧 旧 旧 旧											
	舊												
137 処 곳 **처** 획수 5	부수 안석궤 つくえ (几)	음 ショ 処理(しょり) 처리, 処分(しょぶん) 처분 필순 処 処 処 処 処											
	處												
138 権 권세 **권** 획수 15	부수 나무목변 きへん (木)	음 ケン 権利(けんり) 권리, 権力(けんりょく) 권력 人権(じんけん) 인권, 政権(せいけん) 정권 ゴン 필순 権 権 権 権 権 権 権 権 権 権 権 権 権 権											
	權												
139 並 아우를 **병** 획수 8	부수 한일 いち (一)	음 ヘイ 並行(へいこう) 병행 훈 な(み) 人並(ひとな)み 보통 정도나 상태, 남 만큼, 並(な)み木(き) 가로수 なら(ぶ) 二列(にれつ)に並(なら)ぶ 두 열로 서다 なら(べる) 二列(にれつ)に並(なら)べる 두 열로 늘어놓다 なら(びに) 필순 並 並 並 並 並 並 並 並											
	竝												
140 宝 보배 **보** 획수 8	부수 갓머리 うかんむり (宀)	음 ホウ 宝石(ほうせき) 보석, 宝物(ほうもつ) 보물 훈 たから 宝(たから)くじ 복권, 宝物(たからもの) 보물 필순 宝 宝 宝 宝 宝 宝 宝 宝											
	寶												

1 다음 한자를 어떻게 읽는지 밑줄 아래에 히라가나로 써 보세요.

1 宝石　　2 冷蔵庫　　3 応用問題

4 父の　意見に　従います。　5 それは　全くの　誤解です。

6 足に　包帯を　巻きます。
  たい

7 彼は　仕事の　処理が　おそいです。

8 線路に　並行して　道が　走って　います。

9 事故の　復旧作業に　三日　かかりました。
  こ

10 危ないですから　半径　200メートル以内に　入らないで　ください。

11 本を　著した　人を「著者」と　言います。

12 食器売り場で　器を　選びました。
             えら

13 道徳の　時間に　女性の　人権に　ついて　習いました。
              じょせい

14 彼女は　立派に　特派員の　仕事を　終えました。

15 あまり　効かない　薬だと　思いましたが、続けて　飲んだら、

　効果が　わかりました。

 낱말과 표현

事故(じこ) 사고 ┃ 選(えら)ぶ 고르다 ┃ 女性(じょせい) 여성

82

2 다음 □ 안에 들어갈 알맞은 한자를 써 보세요.

1 □□店
　 がっ　き

2 □□
　 か　めん

3 □□□□
　 ゆう こう き かん

4 □□
　 どく りつ

5 □□の　パソコン
　 きゅう しき

6 □□□
　 せい しん りょく

7 □□の　□□を　見ます。
　 せ けん　　 はん のう

8 二□に　□んで　ください。
　　 れつ　　 なら

9 □□な　□を　□て　いますね。
　 は　で　 ふく　 き

10 □って、お□を　□って　しまいました。
　 あやま　　 さら　 わ

〜てしまう 〜(해) 버리다

QUIZ 1 다음 예와 같이 올바른 한자를 골라서 ○표 하세요.

> 예 しろい ((白い) ・ 百い)

1. どようび （ 土曜日 ・ 士曜日 ）

2. なんぼく （ 南兆 ・ 南北 ）

3. せんえん （ 千円 ・ 干円 ）

4. なまえ （ 名前 ・ 各前 ）

5. しゅうまつ （ 週未 ・ 週末 ）

6. こおり （ 氷 ・ 永 ）

QUIZ 2 다음 한자의 어떤 부분이 다른지 비교해 봅시다.

1. 未 vs 末

2. 土 vs 士

3. 北 vs 兆

4. 千 vs 干

5. 各 vs 名

6. 氷 vs 永

141 末 끝 말 획수 5	부수 나무목 き (木)	음 マツ 末日(まつじつ) 말일, 結末(けつまつ) 결말 週末(しゅうまつ) 주말, 年末(ねんまつ) 연말 バツ 훈 すえ 末(すえ)っ子(こ) 막내 필순 末 末 末 末 末				
142 未 아닐 미 획수 5	부수 나무목 き (木)	음 ミ 未定(みてい) 미정, 未来(みらい) 미래 未完成(みかんせい) 미완성 필순 未 未 未 未 未				
143 士 선비 사 획수 3	부수 선비사 さむらい (士)	음 シ 士官(しかん) 사관, 武士(ぶし) 무사 주의 博士(はかせ/はくし) 박사 필순 一 十 士				
144 兆 일조 조 획수 6	부수 어진사람인발 ひとあし にんにょう (儿)	음 チョウ 兆候(ちょうこう) 징후, 前兆(ぜんちょう) 전조 一兆円(いっちょうえん) 일조 엔 훈 きざ(し)/きざ(す) 필순 兆 兆 兆 兆 兆 兆				
145 各 각각 각 획수 6	부수 입구 くち (口)	음 カク 各自(かくじ) 각자, 各地(かくち) 각지 주의 各国(かっこく) 각국 훈 おのおの 필순 各 各 各 各 各 各				

146 永 길 영 획수 5	부수 물수 みず (水)	음 エイ 永遠(えいえん) 영원, 永住(えいじゅう) 영주 훈 なが(い)
		필순 永 永 永 永 永

147 干 방패 간 획수 3	부수 방패간 いちじゅう (干)	음 カン 干渉(かんしょう) 간섭 훈 ほ(す) 洗濯物(せんたくもの)を干(ほ)す 빨래를 말리다 ひ(る)
		필순 干 干 干

148 氏 성씨 씨 이름 지 획수 4	부수 각시씨 うじ (氏)	음 シ 氏名(しめい) 씨명 훈 うじ
		필순 氏 氏 氏 氏

149 底 밑 저 획수 8	부수 엄호엄 まだれ (广)	음 テイ 底辺(ていへん) 저변, 海底(かいてい) 해저 훈 そこ 底力(そこぢから) 저력 주의 川底(かわぞこ) 강 밑바닥
		필순 底 底 底 底 底 底 底 底

150 沿 물 따라 내려갈 연 획수 8	부수 삼수변 さんずい (氵)	음 エン 沿線(えんせん) (철)길, 沿岸(えんがん) 연안 훈 そ(う) 川(かわ)に沿(そ)って歩(ある)く 강을 따라서 걷다
		필순 沿 沿 沿 沿 沿 沿 沿 沿

| 151 浴 목욕할 욕 획수 10 | 부수
삼수변
さんずい
(氵) | 음 ヨク　海水浴(かいすいよく) 해수욕
훈 あ(びる)　水(みず)を浴(あ)びる 물을 끼얹다
　あ(びせる)
필순 浴 浴 浴 浴 浴 浴 浴 浴 浴 浴 |
| | | |

| 152 述 펼 술 획수 8 | 부수
책받침
しんにょう
しんにゅう
(辶) | 음 ジュツ　記述(きじゅつ) 기술, 述語(じゅつご) 술어
훈 の(べる)　意見(いけん)を述(の)べる 의견을 진술하다
필순 述 述 述 述 述 述 述 述 |
| | 述 | |

| 153 迷 미혹할 미 획수 9 | 부수
책받침
しんにょう
しんにゅう
(辶) | 음 メイ　迷信(めいしん) 미신
훈 まよ(う)　道(みち)に迷(まよ)う 길을 잃다
주의 迷子(まいご) 미아
필순 迷 迷 迷 迷 迷 迷 迷 迷 迷 |
| | 迷 | |

| 154 困 곤할 곤 획수 7 | 부수
큰입구몸
くにがまえ
(囗) | 음 コン　困難(こんなん) 곤란
훈 こま(る)　生活(せいかつ)に困(こま)る 생활이 곤란하다
필순 困 困 困 困 困 困 困 |
| | | |

| 155 因 인할 인 획수 6 | 부수
큰입구몸
くにがまえ
(囗) | 음 イン　原因(げんいん) 원인, 因習(いんしゅう) 인습
훈 よ(る)
필순 因 因 因 因 因 因 |
| | | |

156 券 문서 권 획수 8	부수 칼도 かたな (刀)	음 ケン 食券(しょっけん) 식권, 乗車券(じょうしゃけん) 승차권 入場券(にゅうじょうけん) 입장권 필순 券 券 券 券 券 券 券 券

157 專 오르지 전 획수 9	부수 마디촌 すん (寸)	음 セン 専門(せんもん) 전문, 専攻(せんこう) 전공 훈 もっぱ(ら) 필순 専 専 専 専 専 専 専 専 専
	専	

158 博 넓을 박 획수 12	부수 열십변 じゅうへん (十)	음 ハク 博物館(はくぶつかん) 박물관, 주의 博士(はかせ/はくし) 박사 バク 필순 博 博 博 博 博 博 博 博 博 博 博 博

159 堂 집 당 획수 11	부수 흙토 つち (土)	음 ドウ 食堂(しょくどう) 식당, 国会議事堂(こっかいぎじどう) 국회의사당 正々堂々(せいせいどうどう) 정정당당 필순 堂 堂 堂 堂 堂 堂 堂 堂 堂 堂 堂

160 覚 깨달을 각 획수 12	부수 볼견 みる (見)	음 カク 感覚(かんかく) 감각, 味覚(みかく) 미각 훈 おぼ(える) 漢字(かんじ)を覚(おぼ)える 한자를 외우다 さ(ます) 目(め)を覚(さ)ます 잠을 깨다 주의 目覚(めざ)まし時計(どけい) 자명종 시계 さ(める) 目(め)が覚(さ)める 눈이 뜨이다, 잠이 깨다 필순 覚 覚 覚 覚 覚 覚 覚 覚 覚 覚 覚 覚
	覺	

한자 기초력 up

1 다음 한자를 어떻게 읽는지 밑줄 아래에 히라가나로 써 보세요.

1. <u>博物館</u>
2. <u>士官学校</u>
3. <u>地震</u>の <u>前兆</u>
   じしん
4. <u>予定</u>は <u>未定</u>です。
5. <u>意見</u>を <u>述</u>べます。
6. <u>永遠</u>に あなたを <u>愛</u>します。
7. <u>私</u>は <u>三人兄弟</u>の <u>末</u>っ子です。
8. <u>事故</u>の <u>原因</u>を <u>調</u>べます。
   じこ
9. <u>食堂</u>で <u>食券</u>を <u>買</u>います。
10. <u>川</u>に <u>沿</u>って <u>並木道</u>が <u>続</u>いて います。
11. <u>氏名</u>、<u>住所</u>を <u>明記</u>して、<u>送</u>って ください。
12. <u>子供</u>は <u>親</u>の <u>干渉</u>を いやがる ものです。
13. <u>海水浴場</u>で シャワーを <u>浴</u>びました。
14. <u>世界各国</u>から <u>見</u>た <u>韓国</u>の イメージを まとめました。
15. <u>海底</u>トンネルは <u>海</u>の <u>底</u>を <u>通</u>る トンネルです。
16. <u>朝</u>、<u>目</u>を <u>覚</u>ましたら、<u>手</u>の <u>感覚</u>が なくなって いました。

地震(じしん) 지진 | 事故(じこ) 사고 | いやがる 싫어하다 | 〜ものだ 〜것이다 | まとめる 정리하다

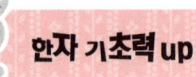

2 다음 □ 안에 들어갈 알맞은 한자를 써 보세요.

1 ☐☐☐
いっ ちょう えん

2 ☐☐
はか せ

3 ☐☐☐
にゅう じょう けん

4 ☐☐ の ☐☐
かく ち　　 てん き

5 ☐ い ☐☐
ふる　　 いん しゅう

6 ☐ せな ☐☐
しあわ　　 けつ まつ

7 ☐☐ に なりました。
まい ご

8 ☐☐ に ☐ ります
せい かつ　 こま

9 シャツを ☐ します。
ほ

10 ☐☐ を ☐ えます。
かん じ　　 おぼ

11 アメリカに ☐☐ します。
えい じゅう

12 ☐☐ を ☐ 攻して います。
えい ご　　 せんこう

1 다음 예와 같이 알맞은 것끼리 선으로 연결해 보세요.

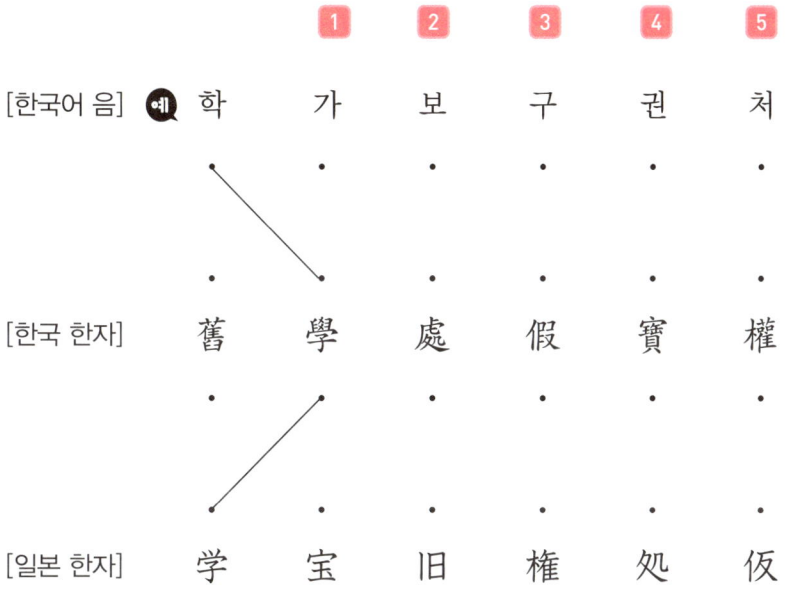

	1	2	3	4	5
[한국어 음] 예 학	가	보	구	권	처
[한국 한자] 舊	學	處	假	寶	權
[일본 한자] 学	宝	旧	権	処	仮

2 다음 한자는 원래 한자와 다릅니다. 어디에 차이가 있는지 찾아 보세요.

1 せん門	2 乗車けん	3 こう果	4 かく自	5 し名
專	券	效	名	氏

한자 응용력up

3 다음 **예**와 같이 보기에서 한자를 골라 문장을 완성해 보세요. 단, 한자는 한 번밖에 사용할 수 없습니다.

> 보기 　飲・述・従・困・干・並・応・巻・覚

> **예** ビールを （飲）みます。

1 リボンを （　　　）きます。

2 お皿を （　　　）べます

3 洗濯物を （　　　）します。

4 両親の　考えに （　　　）います。

5 お金に （　　　）ります。

6 8時に　目が （　　　）めました。

7 質問に （　　　）じます。

8 私の　考えを （　　　）べます。

お皿(さら) 접시 | 洗濯物(せんたくもの) 세탁물 | 考(かんが)え 생각 | 質問(しつもん) 질문

4 다음 예와 같이 보기에서 한자를 골라 숙어를 완성하고, 한국어 해석과 한자 읽기를 히라가나로 써 보세요. 단, 한자는 한 번밖에 사용할 수 없습니다.

보기	風・応・器・権・述・径・蔵・著・独・宝・続・迷

	한자어		한국어	일본어		한자어		한국어	일본어
예	台	風	태풍	たいふう	6		具		
1		者			7	記			
2	反				8		信		
3		身			9	直			
4	政				10	貯			
5		石			11		行		

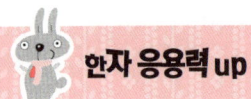

5 다음 예와 같이 올바른 한자를 골라 ◯표 하세요.

> 예 8時に　（　⊙起・題　）きます。

私は、日本の大学院に通っています。 **1**（ 専門 ・ 博門 ）は日本の歴史です。今、日本の **2**（武土 ・ 武士）の生活を調べています。最初は日本の生活に **3**（ 慣 ・ 生 ）れなくて、**4**（ 因 ・ 困 ）ったこともたくさんありました。大学の中で **5**（迷子 ・ 述子）になったこともあったし、言葉ができなくて、**6**（ 語解 ・ 誤解 ）を受けたこともありました。でも、今は **7**（大丈夫 ・ 大夫丈）です。

8（ 体 ・ 休 ）みの日はジョギングをします。ジョギングは韓国にいたころから **9**（ 続 ・ 読 ）けています。家の近くにきれいな **10**（ 並木道 ・ 立木道 ）があります。私はその道に **11**（ 浴 ・ 沿 ）って走っています。

大学院(だいがくいん) 대학원 ┃ 通(かよ)う 다니다 ┃ 言葉(ことば) 말 ┃ ジョギング 조깅 ┃ ころ 때

05 건강

학습 목표 : 몸이나 식생활 등 건강과 연관된 한자를 구사할 수 있다.

5-1 신체를 나타내는 말

 **1** 기억하세요? 다음 빈칸에 알맞은 신체 부위를 히라가나와 한자로 써 보세요.

【 からだ・体 】

1 (　　　·　　　)　　　4 (　　　·　　　)

2 (　　　·　　　)　　　5 (　　　·手)

3 (　　　·　　　)

 **2** 다음을 한국어로는 뭐라고 할까요?

1 (　　　)　　　3 (　　　)

2 (　　　)　　　4 (　　　)

161 **胃** 밥통 위 획수 9	**부수** 고기육 **にく** (肉)	**음** イ 胃弱(いじゃく) 위약, 胃腸(いちょう) 위장 **필순** 胃 胃 胃 胃 胃 胃 胃 胃 胃
162 **液** 진 액 획수 11	**부수** 삼수변 **さんずい** (氵)	**음** エキ 液体(えきたい) 액체, 血液(けつえき) 혈액 **필순** 液 液 液 液 液 液 液 液 液 液 液
163 **型** 모양 형 획수 9	**부수** 흙토 **つち** (土)	**음** ケイ 体型(たいけい) 체형, 典型(てんけい) 전형 **훈** かた 型紙(かたがみ) 종이본 주의 大型(おおがた) 대형, 新型(しんがた) 신형 血液型(けつえきがた) 혈액형 **필순** 型 型 型 型 型 型 型 型 型
164 **傷** 상할 상 획수 13	**부수** 사람인변 **にんべん** (亻)	**음** ショウ 負傷(ふしょう) 부상, 重傷(じゅうしょう) 중상 **훈** きず 無傷(むきず) 흠이 없음 いた(む) りんごが傷(いた)む 사과가 상하다 いた(める) **필순** 傷 傷 傷 傷 傷 傷 傷 傷 傷 傷 傷 傷
165 **筋** 힘줄 근 획수 12	**부수** 대죽머리 **たけかんむり** (竹)	**음** キン 筋肉(きんにく) 근육, 背筋(はいきん) 배근 **훈** すじ 背筋(せすじ) 등골, 筋(すじ)を話(はな)す 줄거리를 이야기하다 **필순** 筋 筋 筋 筋 筋 筋 筋 筋 筋 筋 筋 筋

166 舌 허 설 획수 6	부수 허설 した (舌)	음 ゼツ 훈 した 舌先(したさき) 혀끝 주의 二枚舌(にまいじた) 거짓말, 일구이언 필순 舌 舌 舌 舌 舌 舌						

167 視 볼 시 획수 11	부수 볼견 みる (見)	음 シ 視線(しせん) 시선, 近視(きんし) 근시 視力(しりょく) 시력, 無視(むし) 무시 필순 視 視 視 視 視 視 視 視 視 視 視						
	視							

168 背 등 배 획수 9	부수 고기육 にく (肉)	음 ハイ 背景(はいけい) 배경 훈 せ/せい 背骨(せぼね) 등뼈, 背中(せなか) 등 そむ(く) 命令(めいれい)に背(そむ)く 명령을 어기다 そむ(ける) 필순 背 背 背 背 背 背 背 背 背						

169 臓 오장 장 획수 19	부수 육달월변 にくづき (月)	음 ゾウ 臓器(ぞうき) 장기, 内臓(ないぞう) 내장, 心臓(しんぞう) 심장 필순 臓 臓 臓 臓 臓 臓 臓 臓 臓 臓 臓 臓 臓 臓 臓 臓 臓 臓 臓						
	臓							

170 腸 창자 장 획수 13	부수 육달월변 にくづき (月)	음 チョウ 胃腸(いちょう) 위장, 小腸(しょうちょう) 소장 大腸(だいちょう) 대장, 直腸(ちょくちょう) 직장 필순 腸 腸 腸 腸 腸 腸 腸 腸 腸 腸 腸 腸 腸						

171 脳 머리골 **뇌** 획수 11	**부수** 육달월변 **にくづき** (月)	**음** ノウ　大脳(だいのう) 대뇌, 脳波(のうは) 뇌파
		필순 脳 脳 脳 脳 脳 脳 脳 脳 脳 脳 脳
	脳	

172 肺 허파 **폐** 획수 9	**부수** 육달월변 **にくづき** (月)	**음** ハイ　肺臓(はいぞう) 폐장, 肺呼吸(はいこきゅう) 폐호흡
		필순 肺 肺 肺 肺 肺 肺 肺 肺 肺

173 腹 배 **복** 획수 13	**부수** 육달월변 **にくづき** (月)	**음** フク　腹痛(ふくつう) 복통 　　　주의 腹筋(ふっきん) 복근 **훈** はら　腹痛(はらいた) 복통
		필순 腹 腹 腹 腹 腹 腹 腹 腹 腹 腹 腹 腹 腹

174 骨 뼈 **골** 획수 10	**부수** 뼈골 **ほね** (骨)	**음** コツ　人骨(じんこつ) 인골, 사람 뼈 　　　주의 骨折(こっせつ) 골절 **훈** ほね　骨身(ほねみ)にこたえる 뼈에 사무치다
		필순 骨 骨 骨 骨 骨 骨 骨 骨 骨 骨

175 脈 핏줄기 **맥** 획수 10	**부수** 육달월변 **にくづき** (月)	**음** ミャク　静脈(じょうみゃく) 정맥, 動脈(どうみゃく) 동맥 　　　　　山脈(さんみゃく) 산맥, 文脈(ぶんみゃく) 문맥
		필순 脈 脈 脈 脈 脈 脈 脈 脈 脈 脈

176 胸 가슴 흉 획수 10	부수 육달월변 にくづき (月)	음 キョウ 胸囲(きょうい) 가슴둘레, 度胸(どきょう) 담력, 배짱 훈 むね 胸(むね) 가슴 むな 胸元(むなもと)をねらう 가슴을 겨누다 필순 胸 胸 胸 胸 胸 胸 胸 胸 胸 胸							
177 眼 눈 안 획수 11	부수 눈목변 めへん (目)	음 ガン 肉眼(にくがん) 육안, 眼科(がんか) 안과 近眼(きんがん) 근안, 老眼(ろうがん) 노안 훈 まなこ/め 眼鏡(めがね) 안경 필순 眼 眼 眼 眼 眼 眼 眼 眼 眼 眼 眼							
178 保 보전할 보 획수 9	부수 사람인변 にんべん (イ)	음 ホ 確保(かくほ) 확보, 保健(ほけん) 보건 保証(ほしょう) 보증, 保育園(ほいくえん) 보육원 훈 たも(つ) 温度(おんど)を一定(いってい)に保(たも)つ 온도를 일정하게 유지하다 필순 保 保 保 保 保 保 保 保 保							
179 険 험할 험 획수 11	부수 좌부변 언덕부변 こざとへん (阝)	음 ケン 保険(ほけん) 보험, 危険(きけん) 위험, 冒険(ぼうけん) 모험 훈 けわ(しい) 険(けわ)しい山(やま) 험한 산 필순 険 険 険 険 険 険 険 険 険 険 険							
	険								
180 痛 아플 통 획수 12	부수 병질엄 やまいだれ (疒)	음 ツウ 苦痛(くつう) 고통, 頭痛(ずつう) 두통 훈 いた(い) 歯(は)が痛(いた)い 이가 아프다 いた(む) 傷(きず)が痛(いた)む 상처가 아프다 いた(める) 足(あし)を痛(いた)める 발을 다치다 필순 痛 痛 痛 痛 痛 痛 痛 痛 痛 痛 痛							

다음 빈칸에 알맞은 신체 부위를 한자와 히라가나로 써 보세요.

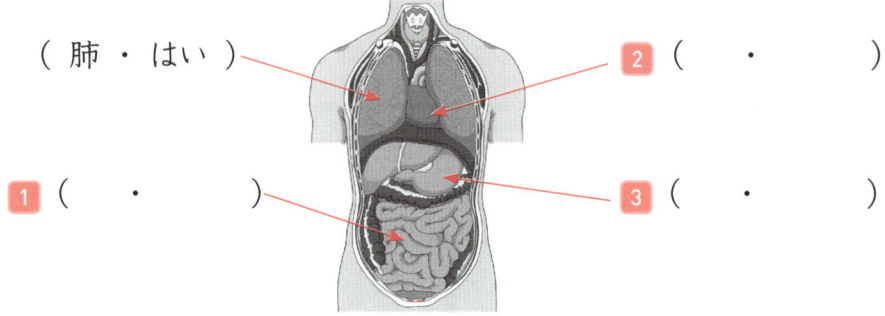

(肺 · はい)

2 (　　·　　)

1 (　　·　　)

3 (　　·　　)

4 (　　·　　)

5 (　　·　　)

(お腹 · おなか)

1 다음 한자를 어떻게 읽는지 밑줄 아래에 히라가나로 써 보세요.

1 眼科　　　　2 液体　　　　3 ヒマラヤ山脈

4 腹痛で　学校を　休みました。　　5 脳波の　検査を　します。
けん

6 妹は　典型的な　B型です。
てん

7 交通事故で　重傷を　負いました。
こ

8 駅で　転んで　骨折しました。
せつ

9 熱い　スープを　飲んで　舌を　やけどしました。

10 最近は　背骨が　曲がっている　子どもが　多いそうです。

11 冬に　険しい　山の　登山を　するのは　危険です。

12 保育園では　いつも　清潔を　保つように　して　います。

13 理科の　宿題で　臓器の　働きを　調べました。

14 たばこを　吸う　人は　肺の　病気に　注意しましょう。

やけど 화상

2 다음 □ 안에 들어갈 알맞은 한자를 써 보세요.

1. □□
きん　にく

2. □□
し　りょく

3. □□□
ほ　けん　しょう

4. □□□
い　ちょう　やく

5. □□□
けつ　えき　がた

6. □□ の ある 人
ど　きょう

7. □ を 測ります。
みゃく　　はか

8. □ が □ いです。
は　　　いた

9. □□ の □□ を □ べます。
じ　けん　　はい　けい　　しら

10. りんごは □ の あるほうが おいしいです。
きず

 다음 빈칸에 들어갈 알맞은 히라가나와 한자를 보기에서 골라 써 보세요.

보기   のみもの(飲み物)・こくもつ(穀物)・くだもの(果物)・やさい(野菜)

예 (のみもの・飲み物)   1 (・   )

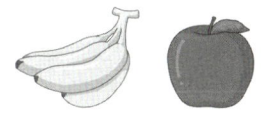

2 (・   )   3 (・   )

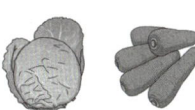

181 健 굳셀 건 획수 11	부수 사람인변 にんべん (イ)	음 ケン 健全(けんぜん) 건전, 保健室(ほけんしつ) 보건실 健康(けんこう) 건강 훈 すこ(やか) 健(すこ)やかに育(そだ)つ 건강하게 자라다
		필순 健健健健健健健健健健

182 康 편안할 강 획수 11	부수 엄호 まだれ (广)	음 コウ 健康(けんこう) 건강, 小康状態(しょうこうじょうたい) 소강상태
		필순 康康康康康康康康康康康

183 栄 영화 영 획수 9	부수 나무목 き (木)	음 エイ 栄光(えいこう) 영광, 栄養(えいよう) 영양 훈 さか(える) 港町(みなとまち)として栄(さか)える 항구 도시로서 번창하다 は(える)/は(える)
		필순 栄栄栄栄栄栄栄栄栄
	榮	

184 養 기를 양 획수 15	부수 밥식 しょく (食)	음 ヨウ 養育(よういく) 양육, 養成(ようせい) 양성 教養(きょうよう) 교양, 栄養(えいよう) 영양 훈 やしな(う) 子(こ)を養(やしな)う 자식을 기르다
		필순 養養養養養養養養養養養養養養 養

185 肥 살찔 비 획수 8	부수 육달월변 にくづき (月)	음 ヒ 肥満(ひまん) 비만, 肥料(ひりょう) 비료 훈 こ(える) 天高(てんたか)く馬肥(うまこ)ゆる秋(あき) 천고마비의 계절 こえ/こ(やす)/こ(やし)
		필순 肥肥肥肥肥肥肥肥

186 満 가득찰 **만** 획수 12	**부수** 삼수변 **さんずい** (氵)	**음** マン　満開(まんかい) 만개, 満足(まんぞく) 만족 未満(みまん) 미만, 満点(まんてん) 만점 **훈** み(ちる)　希望(きぼう)に満(み)ちる 희망으로 가득차다 み(たす)　水(みず)で満(み)たす 물로 채우다 **필순** 満満満満満満満満満満満満							

187 毒 독할 **독** 획수 8	**부수** 어미모 **はは** (母)	**음** ドク　毒物(どくぶつ) 독물, 毒薬(どくやく) 독약 消毒(しょうどく) 소독, 中毒(ちゅうどく) 중독 気(き)の毒(どく)な人(ひと) 딱한 사람 **필순** 毒毒毒毒毒毒毒毒							

188 砂 모래 **사** 획수 9	**부수** 돌석변 **いしへん** (石)	**음** サ　砂糖(さとう) 설탕, 砂漠(さばく) 사막 シャ **훈** すな　砂場(すなば) 모래벌판, 砂浜(すなはま) 모래사장 **필순** 砂砂砂砂砂砂砂砂砂							

189 糖 사탕 **탕** 획수 16	**부수** 쌀미변 **こめへん** (米)	**음** トウ　糖分(とうぶん) 당분, 砂糖(さとう) 설탕 **필순** 糖糖糖糖糖糖糖糖糖糖糖糖糖糖 糖糖							

190 塩 소금 **염** 획수 13	**부수** 흙토변 **つちへん** (土)	**음** エン　塩分(えんぶん) 염분, 食塩(しょくえん) 식염 **훈** しお　塩水(しおみず) 소금물 **필순** 塩塩塩塩塩塩塩塩塩塩塩塩塩							
	鹽								

191 果 실과 **과** 획수 8	**부수** 나무목 **き** (木)	**음** カ 果実(か じつ) 과실, 結果(けっ か) 결과 成果(せい か) 성과, 効果(こう か) 효과 주의 果物(く だ もの) 과일
		훈 はた(す) 目的(もく てき)을 果(は)たす 목적을 달성하다 は(てる)/は(て)
		필순 果 果 果 果 果 果 果 果

192 菜 나물 **채** 획수 11	**부수** 초두머리 **くさかんむり** (艹)	**음** サイ 菜園(さい えん) 채소밭, 山菜(さん さい) 산채 白菜(はく さい) 배추, 野菜(や さい) 채소
		훈 な 菜(な)の花(はな) 유채
		필순 菜 菜 菜 菜 菜 菜 菜 菜 菜 菜 菜

193 乳 젖 **유** 획수 8	**부수** 새을 **おつにょう つくり** (乙)	**음** ニュウ 乳酸(にゅう さん) 유산, 牛乳(ぎゅう にゅう) 우유
		훈 ちち 牛(うし)の乳(ちち) 소젖 ち
		필순 乳 乳 乳 乳 乳 乳 乳 乳

194 卵 알 **란** 획수 7	**부수** 병부절 **ふしづくり わりふ** (卩)	**음** ラン
		훈 たまご 卵焼(たまご や)き 달걀부침, 生卵(なま たまご) 날달걀
		필순 卵 卵 卵 卵 卵 卵 卵

195 穀 곡식 **곡** 획수 14	**부수** 벼화변 **のぎへん** (禾)	**음** コク 穀物(こく もつ) 곡물, 五穀(ご こく) 오곡
		필순 穀 穀 穀 穀 穀 穀 穀 穀 穀 穀 穀 穀 穀
	穀	

196 弁 말잘할 변 획수 5	부수 스물입발 にじゅうはし こまぬき (廾)	음 ベン 弁護士(べんごし) 변호사, 弁解(べんかい) 변명 弁当(べんとう) 도시락, 駅弁(えきべん) 철도역에서 파는 도시락 필순 弁 弁 弁 弁 弁				
	辨					

197 輸 실어낼 수 획수 16	부수 수레거변 くるまへん (車)	음 ユ 輸出(ゆしゅつ) 수출, 輸入(ゆにゅう) 수입 輸送(ゆそう) 수송, 運輸(うんゆ) 운수 필순 輸 輸 輸 輸 輸 輸 輸 輸 輸 輸 輸 輸 輸 輸 輸					
	輸					

198 値 값 치 획수 10	부수 사람인변 にんべん (イ)	음 チ 価値(かち) 가치 훈 ね 値段(ねだん) 값, 値打(ねう)ち 값어치 あたい 人(ひと)の値(あたい) 사람의 값어치 필순 値 値 値 値 値 値 値 値 値 値					

199 段 층계 단 획수 9	부수 갖은등글월 문방 ほこづくり るまた (殳)	음 ダン 手段(しゅだん) 수단, 階段(かいだん) 계단 段階(だんかい) 단계, 段落(だんらく) 단락 필순 段 段 段 段 段 段 段 段 段					

200 費 허비할 비 획수 12	부수 조개패 かい こがい (貝)	음 ヒ 費用(ひよう) 비용, 会費(かいひ) 회비 学費(がくひ) 학비, 消費(しょうひ) 소비 주의 出費(しゅっぴ) 출비 훈 つい(やす) 時間(じかん)を費(つい)やす 시간을 낭비하다 つい(える) 필순 費 費 費 費 費 費 費 費 費 費 費 費					

1 다음 한자를 어떻게 읽는지 밑줄 아래에 히라가나로 써 보세요.

1 保健室   2 穀物   3 サハラ砂漠
_{ばく}

4 傷口を 消毒します。

5 教養を 身に つけます。

6 韓国は 世界中に 車を 輸出して います。

7 階段から 落ちて、足を 痛めました。

8 お弁当を 作るときは 糖分や 塩分に 気を 付けて います。

9 この レポートに たくさんの 時間を 費やしました。

10 子供の 肥満が 社会問題に なって います。

11 いつも 朝ごはんは、パンと 卵と 牛乳、サラダに 果物です。

12 山菜を とりに 行った 山で きれいな 菜の花畑を 見ました。

13 人間の 価値は お金では 決まりません。
_か

2 다음 □ 안에 들어갈 알맞은 한자를 써 보세요.

1 □□
　や　さい

2 □□
　なま　たまご

3 □□□
　ゆ　にゅう　ひん

4 アルコール □□
　　　　　　ちゅう　どく

5 □ の □□
　こめ　　ね　だん

6 □□ と □
　さ　とう　　しお

7 大学の □□
　　　　　がく　ひ

8 テストの □□
　　　　　けっ　か

9 □□ に □□ します。
　けん　こう　ちゅう　い

10 今日の □□ は □□□□ですね。
　　　　しょく　じ　　えい　よう　まん　てん

1 다음 예와 같이 밑줄 친 한자 읽기가 다른 것을 하나 골라 O표 하세요.

> 예 (学)校・学生・大学

1 食塩 ・ 塩分 ・ 塩水　　2 費用 ・ 出費 ・ 会費

3 体型 ・ 大型 ・ 新型　　4 背景 ・ 背筋 ・ 背中

5 砂場 ・ 砂浜 ・ 砂漠　　6 眼鏡 ・ 老眼 ・ 近眼

7 度胸 ・ 胸元 ・ 胸囲　　8 果実 ・ 果物 ・ 効果

2 다음 한국어를 읽고 해당되는 말을 보기에서 골라 쓰세요.

> 예 사람의 목 윗부분에서 머리털이 나 있는 부분 (頭)

> 보기 頭・胃・舌・骨・腸・肺・脳・脈・胸・内臓・血液

1 동물의 몸에서 피가 도는 줄기 (　　　　)

2 동물의 순환 기관을 통해 전신을 흐르는 붉은색의 체액 (　　　　)

3 창자로 음식물을 보내기 전에 일시 저장하며 소화 작용도 한다. (　　　　)

4 척추동물의 살 속에서 몸을 지탱하고 보호하는 단단한 물질 (　　　　)

5 위의 유문(幽門)에서 시작하여 복강 속을 복잡하게 굴곡하여 항문에 이른다. (　　　　)

6 신체의 어깨로부터 시작해 명치에 이르는 부분 (   )

7 두개골 속에 보호되어 있으며, 중추 신경계의 대부분을 차지하고 특정한 다수의
신경 세포가 집합하여 온몸의 신경을 지배하고 있는 부분 (   )

8 육상 동물의 호흡 기관으로 가슴 속에 좌우 한 쌍이 있으며, 위로는 기관지와 연결
되어 있다. (   )

9 척추동물의 가슴이나 뱃속에 있는 기관을 통틀어 이르는 말 (   )

10 동물의 입속 아래쪽에 붙어, 맛을 구별하고 음식을 씹고 삼키는 구실을 하는 기관
(   )

3 다음 ⓔ와 같이 올바른 쪽을 골라 O표 하세요.

> ⓔ （ (教室) · 校室 ）に　入ります。

1 （ 保健所 · 保険所 ）に　行きます。

2 家から　大学まで　（ 往復 · 往腹 ）で　２時間　かかります。

3 話の　（ 節 · 筋 ）を　聞きました。

4 （ 夜体 · 液体 ）洗剤を　使って　います。
せんざい

5 父は　トラックの　（ 輸送 · 輪送 ）を　して　います。

6 妹が　（ 英語課 · 英語科 · 英語果 ）に　います。

洗剤(せんざい) 세제

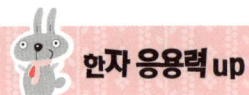

4 다음 와 같이 보기의 한자를 사용하여 문장을 완성해 보세요. 〔B〕에는 送_{おく}りがな도 써 보세요.

[A]

> **예** そんな 話は（ 心臓 ）に よくないです。

> **보기** 心臓 ・ 未満 ・ 手段 ・ 弁解 ・ 消費 ・ 小康

1 入院している 祖父は きのうから（　　　　　）状態_{じょうたい}を 保って います。

2 どんな（　　　　　）を 使っても 目的を 果たしたいです。

3 今回の ミスは（　　　　　）の 余地_{よち}が ありません。

4 （　　　　　）者の 立場に 立って 考えて ください。

5 50点（　　　　　）の 人は、もう一度、テストを します。

낱말과 표현

保(たも)つ 유지하다 | 果(は)たす 달성하다 | 余地(よち) 여지 | 立場(たちば) 입장 | もう一度(いちど) 한번 더

[B]

예 ビールを （ 飲み ）ます。

보기　飮　・　背　・　保　・　養　・　痛　・　栄

1 3人の　子どもを　（　　　　　）て　います。

2 死ぬと　わかって　いましたが、命令に　（　　　　　）ました。

3 横浜は　かつて　港町として　（　　　　　）て　いました。

4 彼女の　言葉を　聞いて、胸が　（　　　　　）ました。

5 部屋は　清潔に　（　　　　　）ましょう。

四字熟語

일상생활에서 자주 사용되는 사자성어를 얼마나 알고 있나요? 알맞게 연결해 봅시다.

1　時期尚早
じ き しょうそう
・

・a　줏대 없이 남의 의견에 따라 움직임

2　付和雷同
ふ わ らいどう
・

・b　전생에 지은 선악에 따라 현재의 행복과
불행이 있음

3　美辞麗句
び じ れいく
・

・c　아름다운 말로 듣기 좋게 꾸민 글귀

4　品行方正
ひんこうほうせい
・

・d　어떤 일을 하기에 아직 때가 이름

5　馬耳東風
ば じ とうふう
・

・e　남의 말을 귀담아듣지 아니하고 지나쳐
흘려버림을 이르는 말

6　因果応報
いんがおうほう
・

・f　품성과 행실이 바르고 단정함

7　清廉潔白
せいれんけっぱく
・

・g　옛것을 익히고 그것을 미루어서 새것을 앎

8　温故知新
おんこ ちしん
・

・h　시행과 착오를 되풀이하다

9　才色兼備
さいしょくけんび
・

・i　마음이 맑고 깨끗하며 탐욕이 없음

10　試行錯誤
しこうさくご
・

・j　여성이 뛰어난 미모와 재능을 함께 갖춤

대학 생활

학습 목표 : 대학 생활에 관련된 한자를 구사할 수 있다.

6-1 일본의 대학생활

 **QUIZ** 다음은 무슨 내용일까요?

夏期　集中講義の　お知らせ

日本語学科では、下記の通り、夏休みの集中講義を行います。

日時 : 7月29日(月) ～ 8月9日(金) 2週間

科目 : 日本文化論

教員氏名 : 山下光一

教室 : 6号館 718

単位 : 2

受付 : 文学部事務室(7月10日まで)

201 講	부수 말씀언변 ごんべん (言)	음 コウ 講習(こうしゅう) 강습, 講演(こうえん) 강연 休講(きゅうこう) 휴강, 講義(こうぎ) 강의, 講堂(こうどう) 강당
월 **강** 획수 17		필순 講 講 講 講 講 講 講 講 講 講 講 講 講 講 講 講

202 義	부수 양양 ひつじ (羊)	음 ギ 意義(いぎ) 의의, 義理(ぎり) 의리, 義務(ぎむ) 의무, 定義(ていぎ) 정의 民主主義(みんしゅしゅぎ) 민주주의
옳을 **의** 획수 13		필순 義 義 義 義 義 義 義 義 義 義 義 義

203 補	부수 옷의변 ころもへん (ネ)	음 ホ 補給(ほきゅう) 보급, 候補(こうほ) 후보 훈 おぎな(う) 赤字(あかじ)を補(おぎな)う 적자를 메우다
기울 **보** 획수 12		필순 補 補 補 補 補 補 補 補 補 補 補 補

204 試	부수 말씀언변 ごんべん (言)	음 シ 試合(しあい) 시합, 試練(しれん) 시련 入試(にゅうし) 입시, 試験(しけん) 시험 훈 こころ(みる) 実験(じっけん)を試(こころ)みる 실험을 시도하다 ため(す) 能力(のうりょく)を試(ため)す 능력을 시험하다
시험할 **시** 획수 13		필순 試 試 試 試 試 試 試 試 試 試 試 試 試

205 験	부수 말마변 うまへん (馬)	음 ケン 経験(けいけん) 경험, 試験(しけん) 시험 受験(じゅけん) 수험, 体験(たいけん) 체험 ゲン
시험할 **험** 획수 18		필순 験 験 験 験 験 験 験 験 験 験 験 験 験 験 験 験 験
	験	

116

206 査 조사할 사 획수 9	부수 나무목 き (木)	음 サ 検査(けんさ) 검사, 調査(ちょうさ) 조사 期末考査(きまつこうさ) 기말고사 필순 査 査 査 査 査 査 査 査 査
207 成 이룰 성 획수 6	부수 창과 **ほこづくり** **ほこがまえ** (戈)	음 セイ 成人(せいじん) 성인, 成長(せいちょう) 성장 成立(せいりつ) 성립, 形成(けいせい) 형성 ジョウ 훈 な(る) 実(み)が成(な)る 열매가 열리다 な(す) 필순 成 成 成 成 成 成
208 績 길쌈 적 획수 17	부수 실사변 **いとへん** (糸)	음 セキ 成績(せいせき) 성적, 業績(ぎょうせき) 업적, 実績(じっせき) 실적 필순 績 績 績 績 績 績 績 績 績 績 績 績 績 績 績 績
209 評 평론할 평 획수 12	부수 말씀언변 **ごんべん** (言)	음 ヒョウ 評判(ひょうばん) 평판, 評価(ひょうか) 평가, 批評(ひひょう) 비평 필순 評 評 評 評 評 評 評 評 評 評 評 評
210 価 값 가 획수 8	부수 사람인변 **にんべん** (亻)	음 カ 価格(かかく) 가격, 価値(かち) 가치, 定価(ていか) 정가, 物価(ぶっか) 물가 훈 あたい 필순 価 価 価 価 価 価 価

211 討 칠 **토** 획수 10	**부수** 말씀언변 ごんべん (言)	**음** トウ　検討(けん**とう**) 검토, 討論(**とう**ろん) 토론 **훈** う(つ)　首(くび)を討(う)つ 목을 치다 **필순** 討 討 討 討 討 討 討 討 討 討

212 論 의논할 **론** 획수 15	**부수** 말씀언변 ごんべん (言)	**음** ロン　言論(げん**ろん**) 언론, 結論(けつ**ろん**) 결론, 議論(ぎ**ろん**) 의논 理論(り**ろん**) 이론, 論(**ろん**)じる 논하다 **필순** 論 論 論 論 論 論 論 論 論 論 論 論 論 論 論

213 課 구실 **과** 획수 15	**부수** 말씀언변 ごんべん (言)	**음** カ　課題(**か**だい) 과제, 課長(**か**ちょう) 과장, 放課後(ほう**か**ご) 방과 후 **필순** 課 課 課 課 課 課 課 課 課 課 課 課 課 課 課

214 編 엮을 **편** 획수 15	**부수** 실사변 いとへん (糸)	**음** ヘン　編集(**へん**しゅう) 편집, 編成(**へん**せい) 편성, 編入(**へん**にゅう) 편입 **훈** あ(む)　セーターを編(あ)む 스웨터를 뜨다 **필순** 編 編 編 編 編 編 編 編 編 編 編 編 編 編 編

215 規 법 **규** 획수 11	**부수** 볼견 みる (見)	**음** キ　規則(**き**そく) 규칙, 規模(**き**ぼ) 규모 **주의** 定規(じょう**ぎ**) 자 **필순** 規 規 規 規 規 規 規 規 規 規 規

216 則 법칙 칙, 즉 획수 9	부수 선칼도방 りっとう (刂)	음 ソク　規則(きそく) 규칙, 原則(げんそく) 원칙 　　　　反則(はんそく) 반칙, 法則(ほうそく) 법칙
		필순 則 則 則 則 則 則 則 則 則

217 導 인도할 도 획수 15	부수 마디촌 すん (寸)	음 ドウ　　指導(しどう) 지도, 導入(どうにゅう) 도입 훈 みちび(く)　学生(がくせい)を導(みちび)く 학생을 지도하다
		필순 導 導 導 導 導 導 導 導 導 導 導 導 導 導

218 舍 집 사 획수 8	부수 혀설 した (舌)	음 シャ　宿舍(しゅくしゃ) 숙사, 숙소 　　　　校舍(こうしゃ) 교사
		필순 舍 舍 舍 舍 舍 舍 舍 舍

219 共 한가지 공 획수 6	부수 여덟팔 はち (八)	음 キョウ　男女共学(だんじょきょうがく) 남녀공학 　　　　　共感(きょうかん) 공감, 共通(きょうつう) 공통 훈 とも　　共(とも)に歩(あゆ)む 함께 걸어가다
		필순 共 共 共 共 共 共

220 修 닦을 수 획수 10	부수 사람인변 にんべん (亻)	음 シュウ　修理(しゅうり) 수리, 研修(けんしゅう) 연수 　　シュ 훈 おさ(める)/おさ(まる)
		필순 修 修 修 修 修 修 修 修 修

한자 기초력 up

1 다음 한자를 어떻게 읽는지 밑줄 아래에 히라가나로 써 보세요.

1 <u>放課後</u>　　**2** <u>誕生日</u>　　**3** <u>野球</u>の　<u>試合</u>

4 <u>雑誌</u>の　<u>編集者</u>に　なりたいです。
　　ざっし

5 <u>宿舎</u>の　<u>規則</u>は　<u>厳</u>しいです。
　　　　　　　　　　　きび

6 マフラーを　<u>編</u>みます。

7 また　<u>物価</u>が　<u>上</u>がりました。

8 彼の　<u>話</u>に　<u>共感</u>を　<u>覚</u>えました。

9 <u>大規模</u>な　<u>調査</u>を　<u>行</u>います。
　　　　ぼ

10 <u>会社</u>では　<u>新</u>しい　<u>研修制度</u>を　<u>導入</u>しました。
　　　　　　　　　　　　　　せい ど

11 インターンシップを　<u>通</u>じて、<u>経験</u>、<u>実績</u>を　<u>積</u>みます。
　　　　　　　　　　　　　　　けい　　　　　　　　　つ

12 <u>去年</u>の　<u>討論会</u>は　とても　<u>評判</u>が　<u>良</u>かったです。
　　　　　　　　　　　　　　　　　　ばん

13 <u>足</u>りない　ものを　<u>補</u>うため、<u>留学</u>を　<u>決</u>めました。

14 <u>来週</u>は　<u>休講</u>します。<u>補講</u>は　<u>行</u>いません。

15 <u>成人式</u>は　<u>二十歳</u>に　なった　<u>人</u>たちの　ための　お<u>祝</u>いです。

雑誌(ざっし) 잡지 | 厳(きび)しい 엄격하다 | インターンシップ 인턴십 | 〜ため 〜위해서 | 積(つ)む 쌓다

2 다음 □ 안에 들어갈 알맞은 한자를 써 보세요.

1 □□
　せい　せき

2 □□
　ひょう　か

3 □□□□
　き　まつ　こう　さ

4 □□□□
　だん　じょ　きょう　がく

5 □□□□
　へん　にゅう　し　けん

6 □□□□
　し　どう　きょう　じゅ

7 □□ の □□
　げん　ろん　　じ　ゆう

8 □しい　□□
　あたら　　こう　しゃ

9 パソコンを □□ に □ しました。
　　　　　　しゅう　り　　だ

10 あの　先生の　□□ は　おもしろいですが、
　　　　　　　　こう　ぎ

□□ が □ いです。
か　だい　　おお

 다음 ① ~ ⑩ 중에 な형용사는 몇 개 있을까요? 또, する동사는 몇 개 있을까요?

1 勉強

2 便利

3 成長

4 命令

5 平和

6 苦痛

7 整理

8 快適

9 無視

10 栄養

답 : な형용사의 개수 [   ]

する동사의 개수 [   ]

이외의 개수   [   ]

221 **印** 도장 **인** 획수 6	**부수** 병부절방 **わりふ** **ふしづくり** (卩)	**음** イン　　印刷(いんさつ) 인쇄, 印象(いんしょう) 인상 **훈** しるし　주의 目印(めじるし) 표시　주의 矢印(やじるし) 화살표 **필순** 印 印 印 印 印 印

222 **刷** 박을 **쇄** 획수 8	**부수** 선칼도방 **りっとう** (刂)	**음** サツ　　印刷(いんさつ) 인쇄　주의 刷新(さっしん) 쇄신 **훈** す(る) **필순** 刷 刷 刷 刷 刷 刷 刷 刷

223 **寄** 부칠 **기** 획수 11	**부수** 갓머리 **うかんむり** (宀)	**음** キ　　寄付(きふ) 기부 **훈** よ(る)　　お年寄(としよ)り 노인 　　　　　　寄(よ)り道(みち)する 가는 길에 들르다 　　よ(せる)　波(なみ)が岸(きし)に寄(よ)せる 파도가 해안에 밀려오다 **필순** 寄 寄 寄 寄 寄 寄 寄 寄 寄 寄 寄

224 **付** 붙일 **부** 획수 5	**부수** 사람인변 **にんべん** (亻)	**음** フ　　付近(ふきん) 부근, 寄付(きふ) 기부 **훈** つ(ける)　気(き)を付(つ)ける 조심하다 　　つ(く)　　気(き)が付(つ)く 정신이 들다, 受(う)け付(つ)け 접수 **필순** 付 付 付 付 付

225 **希** 바랄 **희** 획수 7	**부수** 수건건 **はば** (巾)	**음** キ　希少(きしょう) 희소, 希望(きぼう) 희망 **필순** 希 希 希 希 希 希 希

226 望 바라볼 망 획수 11	부수 달월 つき (月)	음 ボウ 望遠鏡(ぼうえんきょう) 망원경, 失望(しつぼう) 실망 待望(たいぼう) 대망, 欲望(よくぼう) 욕망 モウ 훈 のぞ(む) 平和(へいわ)を望(のぞ)む 평화를 바라다 필순 望 望 望 望 望 望 望 望 望 望 望

227 構 얽을 구 획수 14	부수 나무목변 きへん (木)	음 コウ 構成(こうせい) 구성, 構造(こうぞう) 구조 훈 かま(える) 一家(いっか)を構(かま)える 한가정을 꾸미다 かま(う) どうぞお構(かま)いなく 제 걱정은 마세요 필순 構 構 構 構 構 構 構 構 構 構 構 構 構 構

228 混 썩일 혼 획수 11	부수 삼수변 さんずい (氵)	음 コン 混雑(こんざつ) 혼잡, 混乱(こんらん) 혼란 훈 こ(む) 混(こ)む 혼잡하다 ま(じる) 漢字(かんじ)が混(ま)じる 한자가 섞이다 ま(ざる)/ま(ぜる) 필순 混 混 混 混 混 混 混 混 混 混 混

229 乱 어지러울 란 획수 7 亂	부수 새을 おつにょう つくり (乙)	음 ラン 乱雑(らんざつ) 난잡, 散乱(さんらん) 산란 훈 みだ(れる) 髪(かみ)が乱(みだ)れる 머리카락이 흐트러지다 みだ(す) 髪(かみ)を乱(みだ)す 머리카락을 흐트러뜨리다 필순 乱 乱 乱 乱 乱 乱 乱

230 参 참여할 참 획수 8 参	부수 마늘모 む (厶)	음 サン 参加(さんか) 참가, 参考(さんこう) 참고 훈 まい(る) お寺(てら)にお参(まい)りする 절에 참배하다 墓参(はかまい)りする 성묘가다 필순 参 参 参 参 参 参 参 参

231 加 더할 **가** 획수 5	부수 힘력변 **ちから** **(力)**	음	カ	加工(かこう) 가공, 加入(かにゅう) 가입 参加(さんか) 참가, 増加(ぞうか) 증가
		훈	くわ(える) くわ(わる)	塩(しお)を加(くわ)える 소금을 넣다 負担(ふたん)が加(くわ)わる 부담이 더해지다
		필순	加 加 加 加 加	

232 承 이을 **승** 획수 8	부수 손수 **て** **(手)**	음	ショウ	承知(しょうち) 승낙, 承認(しょうにん) 승인
		훈	うけたまわ(る)	ご注文(ちゅうもん)を承(うけたまわ)る 주문을 받잡다
		필순	承 承 承 承 承 承 承 承	

233 認 인정할 **인** 획수 14	부수 말씀언변 **ごんべん** **(言)**	음	ニン	確認(かくにん) 확인, 認識(にんしき) 인식
		훈	みと(める)	外出(がいしゅつ)を認(みと)める 외출을 허가하다
		필순	認 認 認 認 認 認 認 認 認 認 認 認 認 認	

234 準 준할 **준** 획수 13	부수 삼수변 **さんずい** **(氵)**	음	ジュン	水準(すいじゅん) 수준, 準備(じゅんび) 준비 基準(きじゅん) 기준, 標準(ひょうじゅん) 표준
		필순	準 準 準 準 準 準 準 準 準 準 準 準 準	

235 操 잡을 **조** 획수 16	부수 재방변 **てへん** **(扌)**	음	ソウ	体操(たいそう) 체조, 操作(そうさ) 조작
		훈	あやつ(る) みさお	かげで人(ひと)を操(あやつ)る 배후에서 사람을 조종하다
		필순	操 操 操 操 操 操 操 操 操 操 操 操 操 操 操 操	

236 尊 높을 존 획수 12	부수 마디촌 すん (寸)	음 ソン　尊敬(そんけい) 존경, 尊重(そんちょう) 존중 훈 とうと(い)　尊(とうと)い経験(けいけん) 귀중한 경험 　　とうと(ぶ)/たっ(とい)/たっ(とぶ) 필순 尊 尊 尊 尊 尊 尊 尊 尊 尊 尊 尊 尊

237 敬 공경할 경 획수 12	부수 등글월문방 のぶん ぼくづくり (攵)	음 ケイ　尊敬(そんけい) 존경, 敬語(けいご) 경어 　　敬具(けいぐ) 경구, 편지 끝에 쓰는 말 훈 うやま(う)　敬(うやま)う心(こころ) 공경심 필순 敬 敬 敬 敬 敬 敬 敬 敬 敬 敬 敬 敬

238 貯 쌓을 저 획수 12	부수 조개패변 かいへん (貝)	음 チョ　貯金(ちょきん) 저금, 貯水(ちょすい) 저수, 貯蔵(ちょぞう) 저장 필순 貯 貯 貯 貯 貯 貯 貯 貯 貯 貯 貯 貯

239 約 언약할 약 획수 9	부수 실사변 いとへん (糸)	음 ヤク　約束(やくそく) 약속, 節約(せつやく) 절약 　　予約(よやく) 예약, 要約(ようやく) 요약 　　約一週間(やくいっしゅうかん) 약 일주일간 필순 約 約 約 約 約 約 約 約 約

240 束 묶을 속 획수 7	부수 나무목 き (木)	음 ソク　結束(けっそく) 결속, 約束(やくそく) 약속 훈 たば　花束(はなたば) 꽃다발 필순 束 束 束 束 束 束 束

한자 기초력 up

1 다음 한자를 어떻게 읽는지 밑줄 아래에 히라가나로 써 보세요.

[1] 毎月 少しずつ 貯金します。　　[2] ホテルを 予約します。

[3] パワーポイントを 準備します。　　[4] ハンドルを 操作します。

[5] 雪で 交通が 混乱しました。　　[6] 尊敬する 人物は だれですか。

[7] 参加を 希望する 人は 土曜日までに 言って ください。

[8] お年寄りの ため、老人ホームに 寄付しました。

[9] 会社は 重役の 人事を 刷新しました。

[10] チームが 結束しないと 勝つ ことは できません。

[11] 彼女の 両親に 結婚を 認めて もらいました。
　　　　　　　　　こん

[12] スープに 塩を 少しだけ 加えて ください。

[13] ご注文を 承ります。

[14] あのう、どうぞ お構いなく。

 낱말과 표현

ハンドル 핸들 | チーム 팀

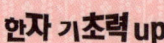

2 다음 □ 안에 들어갈 알맞은 한자를 써 보세요.

1 □□□
さん こう しょ

2 □□□□
りょう めん いん さつ

3 ７時に □□ しました。
　　　　　やく そく

4 □□ を □□ します。
　　よ　さん　　しょう にん

5 □□ に □□ します。
　ほ けん　　か にゅう

6 □ で 髪が □ れました。
　かぜ　　　かみ　　みだ

7 □ りに □ り □ して、 おそく　なりました。
　かえ　　　よ　　みち

8 □□ の □□ を 検□ します。
　ろん ぶん　こう せい　　けんとう

9 □ け □ けで □□ を　もらって　ください。
　う　　つ　　　しょっ けん

10 □□ の 赤ちゃんの □□ です。
　たい ぼう　あか　　たん じょう

 낱말과 표현

髪(かみ) 머리 **|** もらう 받다 **|** 赤(あか)ちゃん 갓난아기

128

한자 응용력 up

1 「〜する」라고 할 수 있는 단어에 모두 O표 하세요.

> **예1** 公園 · (公開) · 公共   **예2** (無視) · 無口 · (無理)

1 準備 · 基準 · 水準   **2** 印刷 · 目印 · 印象

3 成果 · 成長 · 成人   **4** 希望 · 待望 · 失望

5 意義 · 定義 · 義務   **6** 評価 · 評判 · 批評

7 反則 · 原則 · 規則   **8** 講演 · 講義 · 講堂

2 다음 □에 들어갈 알맞은 한자를 써 보세요.

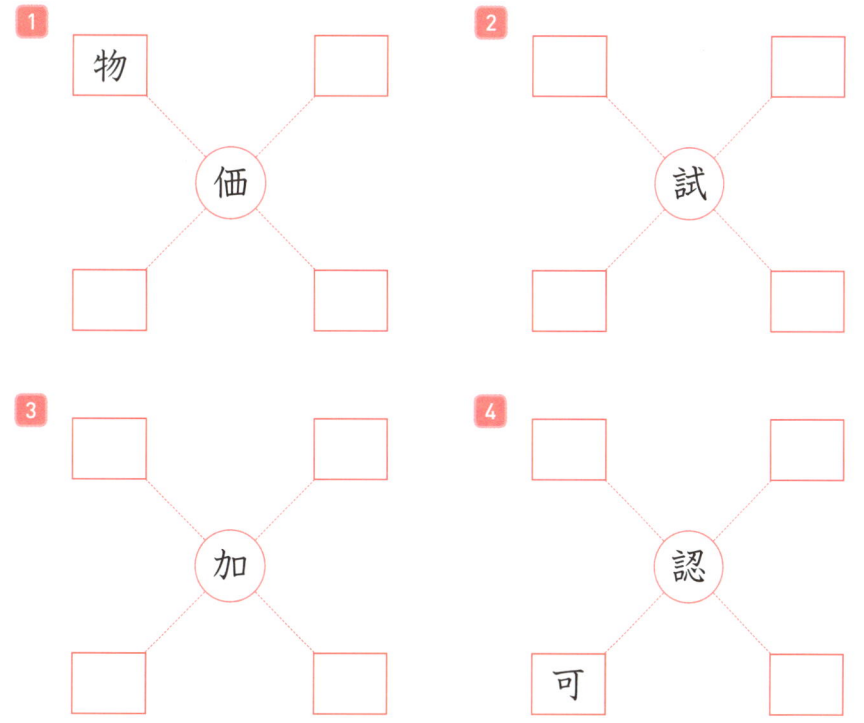

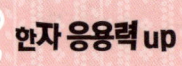

3 다음 A와 B에 똑같이 들어갈 한자를 쓰고 밑줄 친 부분을 히라가나로 써 보세요.

| 예 | A 大□に 入ります。 | 学 | A だいがく |
| | B 日本語を □びます。 | | B まなび |

1 A 子どもの □長が 楽しみです。

　B 庭の 木に 大きな 実が □りました。

	A
	B

2 A 学生を 指□します。

　B 父は 私を ここまで □いてくれました。

	A
	B

3 A テレビの 公開□論を 見ました。

　B 敵の 首を □ちます。
　 てき

	A
	B

4 A 新体□の チームに 入りました。

B かげで 人を □ります。

	A
	B

5 A 大学入□の 準備を 始めます。

B 自分の 力を □して みたいです。

	A
	B

6 A 約□を 守ります。

B 誕生日に 花□を もらいました。

	A
	B

公開(こうかい) 공개 ┃ 敵(てき) 적 ┃ かげ 뒤 ┃ 守(まも)る 지키다

4 학교에서 자주 쓰이는 말입니다. 한자 읽기와 한국어 해석을 빈칸에 써 보세요.

> 예 会話の　成績は、絶対評価(ぜったいひょうか ・ 절대평가)です。

1 数学の　テストは　追試(　　　　・　　　　)でした。

2 物理の　試験で　赤点(　　　　・　　　　)を　取りました。

3 学校の　寮(　　　　・　　　　)に　住んで　います。

4 教養科目の　単位(　　　　・　　　　)を　落としました。

5 今度、3年生に　編入(　　　　・　　　　)しました。

6 妹は　短大(　　　　・　　　　)に　通って　います。

7 後期(　　　　・　　　　)の　授業は、9月末から　始まり

　ます。

 낱말과 표현

数学(すうがく) 수학 ｜ 物理(ぶつり) 물리 ｜ 教養科目(きょうようかもく) 교양 과목 ｜ 落(お)とす 떨어뜨리다

7-1 자유시간과 오락

QUIZ 휴일에 어떤 일을 합니까? 그림과 어울리는 단어를 보기에서 골라 보세요.

| 보기 | 映画 | 読書 | 登山 | ボランティア | 演劇 | 美術 |

1
(   )

2
(   )

3
(   )

4
(   )

5
(   )鑑賞 _{かんしょう} 감상

6
(   )鑑賞 _{かんしょう} 감상

241 演 펼 연 획수 14	부수 삼수변 さんずい (氵)	음 エン 演説(えんぜつ) 연설, 演劇(えんげき) 연극, 講演(こうえん) 강연 公演(こうえん) 공연, 演(えん)じる 연출하다
		필순 演演演演演演演演演演演演演演

242 奏 생소할 주 획수 9	부수 큰대 だい (大)	음 ソウ 演奏(えんそう) 연주 훈 かな(でる)
		필순 奏奏奏奏奏奏奏奏奏

243 芸 재주 예 획수 7	부수 초두머리 くさかんむり (艹)	음 ゲイ 芸術(げいじゅつ) 예술, 芸人(げいにん) 예능인, 연예인 芸能界(げいのうかい) 연예계, 園芸(えんげい) 원예, 手芸(しゅげい) 수예
		필순 芸芸芸芸芸芸芸
	藝	

244 術 꾀 술 획수 11	부수 다닐행 ぎょうがまえ ゆきがまえ (行)	음 ジュツ 芸術(げいじゅつ) 예술, 手術(しゅじゅつ) 수술 技術(ぎじゅつ) 기술, 美術(びじゅつ) 미술
		필순 術術術術術術術術術術術

245 劇 연극 극 획수 15	부수 선칼도방 りっとう (刂)	음 ゲキ 演劇(えんげき) 연극, 悲劇(ひげき) 비극 劇場(げきじょう) 극장, 劇団(げきだん) 극단
		필순 劇劇劇劇劇劇劇劇劇劇劇劇劇劇 劇

246 団 둥글 단 획수 6	부수 큰입구몸 くにがまえ (口)	음 ダン 団結(だんけつ) 단결, 集団(しゅうだん) 집단 団体(だんたい) 단체, 団地(だんち) 단지 トン 布団(ふとん) 이불
		필순 団 団 団 団 団 団
	團								

247 雑 썩일 잡 획수 14	부수 새추 ふるとり (隹)	음 ザツ 混雑(こんざつ) 혼잡, 複雑(ふくざつ) 복잡 주의 雑誌(ざっし) 잡지 ゾウ 雑言(ぞうごん) 욕설
		필순 雑 雑 杂 杂 杂 杂 雑 雑 雑 雑 雑 雑 雑 雑
	雜								

248 誌 기록할 지 획수 14	부수 말씀언변 ごんべん (言)	음 シ 雑誌(ざっし) 잡지, 週刊誌(しゅうかんし) 주간지
		필순 誌 誌 誌 誌 誌 誌 誌 誌 誌 誌 誌 誌 誌 誌

249 詞 말 사 획수 12	부수 말씀언변 ごんべん (言)	음 シ 歌詞(かし) 가사, 動詞(どうし) 동사 作詞(さくし) 작사
		필순 詞 詞 詞 詞 詞 詞 詞 詞 詞 詞 詞 詞

250 属 붙일 속 획수 12	부수 주검시엄 しかばね (尸)	음 ゾク 所属(しょぞく) 소속, 金属(きんぞく) 금속 付属(ふぞく) 부속, 属(ぞく)する 속하다
		필순 属 属 属 属 属 属 属 属 属 属 属 属
	屬								

251 唱 부를 **창** 획수 11	부수 입구변 くちへん (口)	음 ショウ　暗唱(あんしょう) 암송, 合唱(がっしょう) 합창 훈 とな(える)　念仏(ねんぶつ)を唱(とな)える 염불을 외우다
		필순 唱 唱 唱 唱 唱 唱 唱 唱 唱 唱 唱

252 将 장수 **장** 획수 10	부수 마디촌 すん (寸)	음 ショウ　将来(しょうらい) 장래, 将軍(しょうぐん) 장군
		필순 将 将 将 将 将 将 将 将 将 将
	将	

253 創 비롯할 **창** 획수 12	부수 선칼도방 りっとう (刂)	음 ソウ　創業(そうぎょう) 창업, 創立(そうりつ) 창립 創造(そうぞう) 창조
		필순 創 創 創 創 創 創 創 創 創 創 創 創

254 造 지을 **조** 획수 10	부수 책받침 しんにょう しんにゅう (辶)	음 ゾウ　製造(せいぞう) 제조, 構造(こうぞう) 구조 木造(もくぞう) 목조 훈 つく(る)　船(ふね)を造(つく)る 배를 만들다
		필순 造 造 造 造 造 造 造 造 造 造
	造	

255 探 찾을 **탐** 획수 11	부수 재방변 てへん (扌)	음 タン　探検(たんけん) 탐험, 探求(たんきゅう) 탐구 훈 さが(す)　人(ひと)を探(さが)す 사람을 찾다 さぐ(る)
		필순 探 探 探 探 探 探 探 探 探 探 探

256 訪 찾을 방 획수 11	**부수** 말씀언변 ごんべん (言)	**음** ホウ　訪問(ほうもん) 방문, 歴訪(れきほう) 순방 🔴주의 探訪(たんぼう) 탐방 **훈** たず(ねる)　会社(かいしゃ)を訪(たず)ねる 회사를 방문하다 おとず(れる)　兄(あに)の家(いえ)を訪(おとず)れる 형님댁을 방문하다
		필순 訪 訪 訪 訪 訪 訪 訪 訪 訪 訪 訪

257 展 펼 전 획수 10	**부수** 주검시엄 しかばね (尸)	**음** テン　展開(てんかい) 전개, 発展(はってん) 발전 展覧会(てんらんかい) 전람회, 展示(てんじ) 전시
		필순 展 展 展 展 展 展 展 展 展 展

258 示 보일 시 획수 5	**부수** 보일시 しめす (示)	**음** ジ　明示(めいじ) 명시, 暗示(あんじ) 암시, 掲示版(けいじばん) 게시판 シ **훈** しめ(す)　実物(じつぶつ)を示(しめ)す 실물을 제시하다
		필순 示 示 示 示 示

259 覧 관람할 람 획수 17	**부수** 볼견 みる (見)	**음** ラン　観覧(かんらん) 관람, 展覧会(てんらんかい) 전람회 ご覧(らん)ください 보세요 ご覧(らん)になる 보시다
		필순 覧 覧 覧 覧 覧 覧 覧 覧 覧 覧 覧 覧 覧 覧 覧 覧 覧
	覧	

260 朗 맑을 랑 획수 10	**부수** 달월방 つき (月)	**음** ロウ　朗読(ろうどく) 낭독, 明朗(めいろう) 명랑 **훈** ほが(らか)　朗(ほが)らかな性格(せいかく) 쾌활한 성격
		필순 朗 朗 朗 朗 朗 朗 朗 朗 朗 朗
	朗	

1 다음 한자를 어떻게 읽는지 밑줄 아래에 히라가나로 써 보세요.

1 ピアノの 演奏会　2 詩の 朗読　3 週刊誌
　　　　　　　　　　　　　　　　　　かん

4 こちらを ご覧ください。

5 いとこの 家を 訪ねました。

6 劇場は ものすごい 混雑でした。

7 あの 歌は 歌詞が いいですね。

8 姉は 手芸が 好きで、よく セーターを 編んで います。

9 今度の ミュージカルで 主役を 演じる ことに なりました。

10 若者には 未来を 創造する 力が あります。

11 母は 町の 合唱サークルに 所属して います。

12 将来は 展示会に 作品を 出品したいです。

13 美術館に 18世紀の フランス絵画展を 見に 行きました。

14 地図に 赤い 色で 示したところは 工事中です。

いとこ 사촌 ｜ ものすごい 굉장하다, 대단하다

138

2 다음 □ 안에 들어갈 알맞은 한자를 써 보세요.

1 ファッション □□
　　　　　　 ざっ　し

2 □□□
　　 てん　らん　かい

3 □□□
　　 げい　じゅつ　か

4 バレエ □ の □□
　　　　　 だん　　 こう　えん

5 □ らかな □
　 ほが　　　　 ひと

6 □□ 100 □□
　 そう　りつ　　 しゅう　ねん

7 新しい □□ を □ して　います。
　　　　　 へ　や　　さが

8 この □ は □□ に □□ を　しました。
　　　　 くに　 きゅう　そく　　はっ　てん

9 私の　中学は □□ の □□ でした。
　　　　　　　 もく　ぞう　 こう　しゃ

10 □□ の お □ を □□ します。
　　 きん　じょ　　 たく　　 ほう　もん

7-2 「な」 형용사 한자어

QUIZ 다음 **예** 와 같이 밑줄 친 부분을 일본어로 바꾼 후, 그 한자를 보기에서 골라 써 보세요.

예 交通が 편리한 場所 （ べんりな ・ 便利 ）

보기 便・科・確・重・実・正・誠・等・平・平・名・有・要・和

1 유명한 画家の 絵

（　　　・　　　）

2 성실한 人

（　　　・　　　）

3 중요한 話を する。

（　　　・　　　）

4 평화로운 家庭

（　　　・　　　）

5 평등하게 分ける。

（　　　・　　　）

6 정확히 書く。

（　　　・　　　）

Hint

べんり ・ へいわ ・ ゆうめい ・ じゅうよう

せいじつ ・ せいかく ・ びょうどう

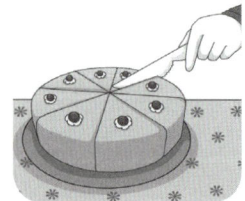

| 261 可 옳을 **가** 획수 5 | 부수 입구 **くち** (口) | 음 **カ** 可能(かのう) 가능, 許可(きょか) 허가, 認可(にんか) 인가 |
| | | 필순 可 可 可 可 可 |

| 262 能 능할 **능** 획수 10 | 부수 육달월변 **にくづき** (月) | 음 **ノウ** 能率(のうりつ) 능률, 才能(さいのう) 재능
能力(のうりょく) 능력, 有能(ゆうのう) 유능 |
| | | 필순 能 能 能 能 能 能 能 能 能 能 |

| 263 確 확실할 **확** 획수 15 | 부수 돌석변 **いしへん** (石) | 음 **カク** 確実(かくじつ) 확실, 正確(せいかく) 정확
確認(かくにん) 확인, 確立(かくりつ) 확립
훈 **たし**(か) 確(たし)かな 확실한
たし(かめる) 答(こた)えを確(たし)かめる 답을 확인하다 |
| | | 필순 確 確 確 確 確 確 確 確 確 確 確 確 確 確
確 |

| 264 簡 편지 **간** 획수 18 | 부수 대죽머리 **たけかんむり** (竹) | 음 **カン** 簡単(かんたん) 간단, 書簡(しょかん) 서간 |
| | | 필순 簡 簡 簡 簡 簡 簡 簡 簡 簡 簡 簡 簡 簡 簡
簡 簡 簡 簡 |

265 單 홑 **단** 획수 9	부수 개미허리 **つかんむり** (ﾂ)	음 **タン** 単位(たんい) 단위, 학점 単語(たんご) 단어, 単調(たんちょう) 단조
		필순 単 単 単 単 単 単 単 単
	單	

266 厳 엄할 엄 획수 17	부수 개미허리 つかんむり (ツ)	음	ゲン ゴン	厳重(げんじゅう) 엄중, 厳格(げんかく) 엄격
		훈	きび(しい) おごそ(か)	残暑(ざんしょ)が厳(きび)しい 늦더위가 심하다 厳(おごそ)かな態度(たいど) 엄숙한 태도
		필순	厳 厳 厳 厳 厳 厳 厳 厳 厳 厳 厳 厳 厳 厳 厳 厳 厳	
	厳			

267 格 격식 격 획수 10	부수 나무목변 きへん (木)	음	カク コウ	合格(ごうかく) 합격, 性格(せいかく) 성격 価格(かかく) 가격 주의 格好(かっこう) 모습
		필순	格 格 格 格 格 格 格 格 格 格	

268 複 겹옷 복 거듭 부 획수 14	부수 옷의변 ころもへん (ネ)	음	フク	複数(ふくすう) 복수, 複雑(ふくざつ) 복잡
		필순	複 複 複 複 複 複 複 複 複 複 複 複 複 複	

269 残 쇠잔할 잔 획수 10	부수 죽을사변 かばねへん いたちへん がつへん (歹)	음	ザン	残業(ざんぎょう) 잔업, 残念(ざんねん) 유감 無残(むざん) 무참, 残暑(ざんしょ) 늦더위
		훈	のこ(る) のこ(す)	歴史(れきし)に残(のこ)る 역사에 남다 食事(しょくじ)を残(のこ)す 식사를 남기다
		필순	残 残 残 残 残 残 残 残 残 残	
	残			

| 270 念 생각 념 획수 8 | 부수 마음심 こころ (心) | 음 ネン 念願(ねんがん) 염원, 記念(きねん) 기념
信念(しんねん) 신념, 残念(ざんねん) 유감

필순 念 念 念 念 念 念 念 念 |
| | | |

| 271 誠 정성 성 획수 13 | 부수 말씀언변 ごんべん (言) | 음 セイ 誠意(せいい) 성의, 誠実(せいじつ) 성실
훈 まこと 誠(まこと)にありがたい 대단히 고맙다

필순 誠 誠 誠 誠 誠 誠 誠 誠 誠 誠 誠 誠 誠 |
| | | |

| 272 純 순전할 순 획수 10 | 부수 실사변 いとへん (糸) | 음 ジュン 純真(じゅんしん) 순진, 単純(たんじゅん) 단순
純粋(じゅんすい) 순수

필순 純 純 純 純 純 純 純 純 純 純 |
| | | |

| 273 忠 충성 충 획수 8 | 부수 마음심 こころ (心) | 음 チュウ 忠告(ちゅうこく) 충고, 忠実(ちゅうじつ) 충실

필순 忠 忠 忠 忠 忠 忠 忠 忠 |
| | | |

| 274 特 특별할 특 획수 10 | 부수 소우변 うしへん (牛) | 음 トク 特定(とくてい) 특정, 特別(とくべつ) 특별
特有(とくゆう) 특유, 独特(どくとく) 독특
주의 特急(とっきゅう) 특급

필순 特 特 特 特 特 特 特 特 特 特 |
| | | |

275 別 다를 별 획수 7	부수 선칼도방 りっとう (リ)	음 ベツ 差別(さべつ) 차별, 特別(とくべつ) 특별 区別(くべつ) 구별, 性別(せいべつ) 성별 훈 わか(れる) 両親(りょうしん)と別(わか)れる 부모와 헤어지다
		필순 別 別 別 別 別 別 別

276 必 반드시 필 획수 5	부수 마음심 こころ (心)	음 ヒツ 必然(ひつぜん) 필연, 必要(ひつよう) 필요 주의 必着(ひっちゃく) 필착, 必勝(ひっしょう) 필승 훈 かなら(ず) 必(かなら)ずしもそうとはかぎらない 반드시 그렇다고는 할 수 없다
		필순 必 必 必 必 必

277 要 요긴할 요 획수 9	부수 덮을아 おおいかんむり (西)	음 ヨウ 要約(ようやく) 요약, 主要(しゅよう) 주요 必要(ひつよう) 필요, 重要(じゅうよう) 중요 要(よう)するに 요컨대 훈 い(る) 費用(ひよう)が要(い)る 비용이 들다
		필순 一 一 一 一 一 要 要 要 要

278 豊 풍년 풍 획수 13	부수 콩두 まめ (豆)	음 ホウ 豊富(ほうふ) 풍부, 豊作(ほうさく) 풍작 훈 ゆた(か) 想像力(そうぞうりょく)の豊(ゆた)かな子供(こども) 상상력이 풍부한 아이
		필순 豊 豊 豊 豊 豊 豊 豊 豊 豊 豊 豊 豊 豊

279 富 부자 **부** 획수 12	부수 갓머리 **うかんむり** (宀)	음 フ フウ	豊富(ほうふ) 풍부 주의 貧富(ひんぷ) 빈부
		훈 と(む) とみ	才能(さいのう)に富(と)む 재능이 풍부하다
		필순	富 富 富 富 富 富 富 富 富 富 富 富

280 余 남을 **여** 획수 7	부수 사람인 **ひとやね** (人)	음 ヨ	余計(よけい) 여분, 余裕(よゆう) 여유
		훈 あま(る) あま(す)	お米(こめ)が余(あま)る 쌀이 남다
		필순	ノ 人 ⼈ 亼 仐 余 余
餘			

한자의 유의어 및 반대어, 대조어

▶ **유의어**

예 永遠과 永久, 屋外와 戸外, 火事와 火災, 安全과 無事, 見物과 観光,
えいえん えいきゅう おくがい こがい かじ かさい あんぜん ぶじ けんぶつ かんこう

欠点과 短所, 先生과 教師, 案外와 意外, 書物과 図書와 書籍, 材料와 原料
けってん たんしょ せんせい きょうし あんがい いがい しょもつ としょ しょせき ざいりょう げんりょう

▶ **반대어**

예 上과 下, 賛成과 反対, 出港과 入港, 増加와 減少, 幸福과 不幸, 有限과 無限,
うえ した さんせい はんたい しゅっこう にゅうこう ぞうか げんしょう こうふく ふこう ゆうげん むげん

公開와 非公開, 完成과 未完成, 肯定과 否定
こうかい ひこうかい かんせい みかんせい こうてい ひてい

▶ **쌍을 이루는 대조어**

예 父와 母, 奇数와 偶数, 理想과 現実
ちち はは きすう ぐうすう りそう げんじつ

1 다음 한자를 어떻게 읽는지 밑줄 아래에 히라가나로 써 보세요.

1 簡単な テスト

2 忠実な 部下

3 話題が 豊富な 人

4 純粋な 気持ち
　　　　すい

5 厳格な 家庭に 育ちました。

6 ビザが 必要な 国

7 そんなことが 本当に 可能なのでしょうか。

8 恋人と 別れてから、特定の 人は いません。
　こいびと

9 答案用紙を 出す前に もう一度 確認して ください。

10 その 事件は 複数の ニュースが 伝えました。
　　　　けん

11 旅行の 記念に ペンダントを 買いました。

12 残業が あって、おそくまで 会社に 残って いました。

13 願書は 15日 必着です。

14 余った プリントは 前に 送って ください。

15 本日は 遠くから 来て いただきまして、誠に ありがとう

ございます。

 낱말과 표현
_____

恋人(こいびと) 애인 | 事件(じけん) 사건 | 来(き)ていただきまして 와주셔서

146

2 다음 □ 안에 들어갈 알맞은 한자를 써 보세요.

1 □□ な □
　　せい じつ　　ひと

2 □□ な □□
　　ふく ざつ　　こう ぞう

3 □□ な リズム
　　たん ちょう

4 □ かな □□
　　ゆた　　さい のう

5 □□ な □□
　　しゅ よう　　か もく

6 □□ な □
　　とく べつ　　ひ

7 □ えなくて、□□ です。
　　あ　　　　　さん ねん

8 韓国の □□ は □□ です。
　　　　　　しょう り　　かく じつ

9 □□ な □□ の □□ が □ つかりました。
　　ゆう めい　　さっ か　　しょ かん　　み

10 □□ は 12日までに □ ず □ して ください。
　　しゅく だい　　　　　　かなら　　だ

1 다음 예와 같이 보기의 한자를 사용하여 문장을 완성해 보세요. 【B】에는 알맞은 히라
가나에도 O표 하세요.

【A】

> 예 大 [切] な 写真です。

> 보기   切 ・ 残 ・ 自 ・ 朗 ・ 能 ・ 派 ・ 余

1 有[   ]な 部下が ほしいです。

2 ここは、体が 不[   ]由な 人の ための 席です。

3 [   ]計な ことは 言わないで、だまって やって ください。

4 頭の いい 人には 明[   ]な 人が 多いと 言います。

5 彼女は いつも [   ]手な 服を 着て います。

6 初めての チャレンジは 無[   ]な 結果に 終わりました。

【B】

예 この 写真を ［ 大 ］切（ な・(に)・の ） します。

보기 夫・確・簡・健・厳・念・必・複・豊

1 ［　　　　　］康（ な・に・の ） 体を 作りたいです。

2 助けが ［　　　　　］要（ な・に・の ） 時は 言って ください。

3 ［　　　　　］願（ な・に・の ） マイホームを 買いました。

4 友達に 彼氏が できたと 聞いて、［　　　　　］雑（ な・に・の ） 気分です。

5 ゆっくり、［　　　　　］実（ な・に・の ） 進めて 行きましょう。

6 ［　　　　　］単（ な・に・の ） 説明^{せつめい}します。

7 経験が ［　　　　　］富（ な・に・の ） 彼ですから、心配 いりません。

8 安全の ため、［　　　　　］重（ な・に・の ） 品質を 管理^{かん}して います。

낱말과 표현

説明(せつめい) 설명 ┃ 管理(かんり) 관리

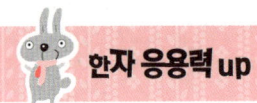

2 다음 ❓와 같이 밑줄 친 한자 읽기가 같은 것을 하나 골라 O표 하세요.

> ❓ 今日は 会<u>議</u>が あります。 (A)：<u>海</u>外 B：<u>外</u>国 C：音<u>楽</u>

1 大学に 合<u>格</u>しました。 A：共<u>学</u> B：<u>確</u>認 C：理<u>解</u>

2 作品を 展<u>示</u>します。 A：歌<u>詞</u> B：雑<u>誌</u> C：<u>次</u>回

3 彼は 将<u>軍</u>に なりました。 A：<u>九</u>州 B：<u>商</u>品 C：長<u>期</u>

4 世界の 主<u>要</u>な 都市を 示しました。

　　　　　　　　　　　　　　　　　A：<u>余</u>計 B：<u>料</u>理 C：<u>用</u>事

5 <u>創</u>造力を 高めたいです。 A：<u>窓</u>口 B：合<u>唱</u> C：演<u>奏</u>

3 다음 카드를 조합해서 한자를 만들어 보세요. 단, 카드는 한 번만 사용할 수 있으며 마지막에 카드는 두 장 남습니다.

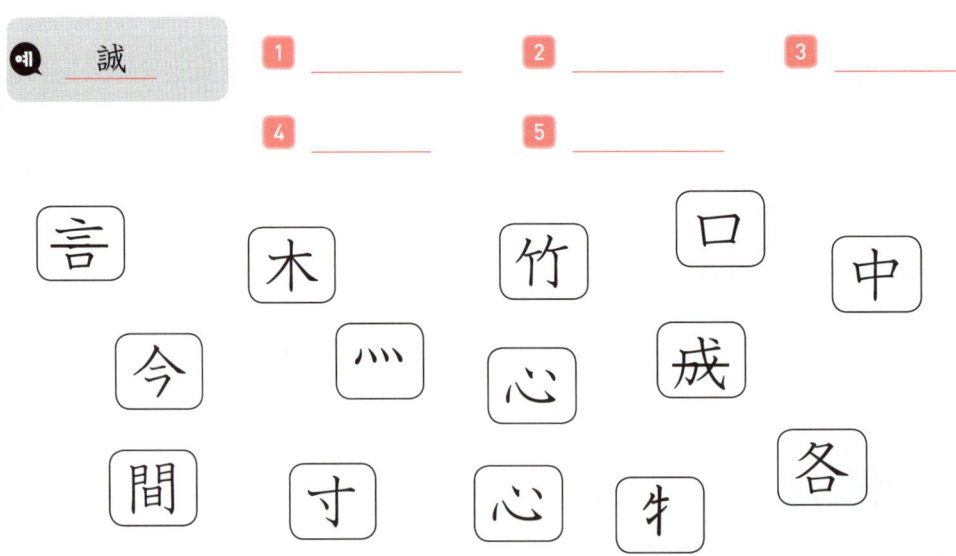

> ❓ 誠

1 ＿＿＿＿＿＿　2 ＿＿＿＿＿＿　3 ＿＿＿＿＿＿

4 ＿＿＿＿＿＿　5 ＿＿＿＿＿＿

言　木　竹　口　中
今　⺌　心　成
間　寸　心　牛　各

08 어휘 늘리기

학습 목표 : 반의어 및 어휘의 네트워크에 주목한 학습전략을 알 수 있다.

8-1 반의어

QUIZ 다음 **예**와 같이 알맞은 한자를 보기에서 골라 써 보세요.

예 大 ⇔ 小

보기   小 · 出 · 対 · 下 · 縦 · 賛

1 上   ⇔   ☐

2 横   ⇔   ☐

3 入口 ⇔ ☐口

4 反☐   ⇔   ☐成

281 裏 속 리 획수 13	부수 옷의 ころも (衣)	음 リ 훈 うら 裏表(うらおもて) 안팎, 裏門(うらもん) 뒷문 友達(ともだち)を裏切(うらぎ)る 친구를 배신하다 カードを裏返(うらがえ)す 카드를 뒤집다 필순 裏 裏 裏 裏 裏 裏 裏 裏 裏 裏 裏 裏 裏
282 善 착할 선 획수 12	부수 입구 くち (口)	음 ゼン 改善(かいぜん) 개선, 親善(しんぜん) 친선 훈 よ(い) 善(よ)い人柄(ひとがら) 좋은 인품 필순 善 善 善 善 善 善 善 善 善 善 善 善
283 損 덜 손 획수 13	부수 재방변 てへん (扌)	음 ソン 損害(そんがい) 손해, 損失(そんしつ) 손실, 損(そん)する 손해보다 훈 そこ(なう) イメージを損(そこ)なう 이미지를 손상시키다 そこ(ねる) 필순 損 損 損 損 損 損 損 損 損 損 損 損 損
284 得 얻을 득 획수 11	부수 두인변 ぎょうにんべん (彳)	음 トク 習得(しゅうとく) 습득, 説得(せっとく) 설득 納得(なっとく) 납득, 得意(とくい) 득의양양, 장기 훈 え(る) 協力(きょうりょく)を得(え)る 협력을 얻다 う(る) 필순 得 得 得 得 得 得 得 得 得 得 得
285 縦 세로 종 획수 16	부수 실사변 いとへん (糸) 縦	음 ジュウ 操縦(そうじゅう) 조종, 縦断(じゅうだん) 종단 훈 たて 縦(たて)と横(よこ) 세로와 가로 필순 縦 縦 縦 縦 縦 縦 縦 縦 縦 縦 縦 縦 縦 縦 縦

286 断 끊을 단 획수 11	부수 도끼근방 **おのづくり** (斤)	음 ダン 油断(ゆだん) 방심, 부주의, 横断(おうだん) 횡단 診断(しんだん)진단, 中断(ちゅうだん) 중단
		훈 こと(わる) 招待(しょうたい)を断(ことわ)る 초대를 거절하다 た(つ)
		필순 断 断 断 断 断 断 断 断 断 断 断
	断	

287 敵 대적할 적 획수 15	부수 등글월문방 **のぶん ぼくづくり** (攵)	음 テキ 強敵(きょうてき) 강적, 敵意(てきい) 적의
		필순 敵 敵 敵 敵 敵 敵 敵 敵 敵 敵 敵 敵 敵 敵 敵

288 拡 넓힐 확 획수 8	부수 재방변 **てへん** (扌)	음 カク 拡張(かくちょう) 확장, 拡大(かくだい) 확대, 拡散(かくさん) 확산
		필순 拡 拡 拡 拡 拡 拡 拡 拡
	擴	

289 張 베풀 장 획수 11	부수 활궁변 **ゆみへん** (弓)	음 チョウ 主張(しゅちょう) 주장, 出張(しゅっちょう) 출장
		훈 は(る) ロープを張(は)る 로프를 치다
		필순 張 張 張 張 張 張 張 張 張 張 張

290 縮 오그라질 축 획수 17	부수 실사변 **いとへん** (糸)	음 シュク 縮小(しゅくしょう) 축소, 短縮(たんしゅく) 단축
		훈 ちぢ(む) 寿命(じゅみょう)が縮(ちぢ)む 수명이 줄다 ちぢ(まる) 寿命(じゅみょう)が縮(ちぢ)まる 수명이 줄다 ちぢ(める) 寿命(じゅみょう)を縮(ちぢ)める 수명을 단축시키다
		필순 縮 縮 縮 縮 縮 縮 縮 縮 縮 縮 縮 縮 縮 縮 縮 縮

291 許 허락할 허 획수 11	부수 말씀언변 ごんべん (言)	음 キョ 許可(きょか) 허가, 特許(とっきょ) 특허 免許証(めんきょしょう) 면허증 훈 ゆる(す) 罪(つみ)を許(ゆる)す 죄를 용서하다
		필순 許許許許許許許許許許許

292 禁 금할 금 획수 13	부수 보일시 しめす (示)	음 キン 禁止(きんし) 금지, 禁物(きんもつ) 금물, 禁煙(きんえん) 금연 禁酒(きんしゅ) 금주, 禁(きん)じる 금하다
		필순 禁禁禁禁禁禁禁禁禁禁禁禁禁

293 賛 도울 찬 획수 15	부수 조개패 かい こがい (貝)	음 サン 賛成(さんせい) 찬성, 賛否(さんぴ) 찬부
		필순 賛賛賛賛賛賛賛賛賛賛賛賛賛賛賛
	賛	

294 功 공 공 획수 5	부수 힘력 ちから (力)	음 コウ 功労者(こうろうしゃ) 공로자, 成功(せいこう) 성공
		필순 功功功功功

295 失 잃을 실 획수 5	부수 큰대 だい (大)	음 シツ 失望(しつぼう) 실망, 失礼(しつれい) 실례 주의 失敗(しっぱい) 실패, 失格(しっかく) 실격 훈 うしな(う) 財産(ざいさん)を失(うしな)う 재산을 잃어버리다
		필순 失失失失失

296 敗 패할 패 획수 11	부수 등글월문방 のぶん ぼくづくり (攵)	음 ハイ	敗戦(はいせん) 패전, 勝敗(しょうはい) 승패
			(주의) 失敗(しっぱい) 실패
		훈 やぶ(れる)	戦(たたか)いに敗(やぶ)れる 싸움에 패하다
		필순	敗 敗 敗 敗 敗 敗 敗 敗 敗 敗 敗

297 戦 싸움 전 획수 13	부수 창과 ほこづくり ほこがまえ (戈)	음 セン	戦後(せんご) 전후, 作戦(さくせん) 작전
			戦争(せんそう) 전쟁, 挑戦(ちょうせん) 도전
		훈 たたか(う)	大国(たいこく)と戦(たたか)う 대국과 싸우다
		いくさ	
		필순	戦 戦 戦 戦 戦 戦 戦 戦 戦 戦 戦 戦 戦
	戦		

298 争 다툴 쟁 획수 6	부수 갈고리궐 はねぼう (亅)	음 ソウ	競争(きょうそう) 경쟁, 戦争(せんそう) 전쟁, 紛争(ふんそう) 분쟁
		훈 あらそ(う)	相手(あいて)と争(あらそ)う 상대방과 다투다
		필순	争 争 争 争 争 争
	争		

299 増 더할 증 획수 14	부수 흙토변 つちへん (土)	음 ゾウ	急増(きゅうぞう) 급증, 増加(ぞうか) 증가
			増大(ぞうだい) 증대, 増減(ぞうげん) 증감
		훈 ま(す)	人口(じんこう)が増(ま)す 인구가 늘다
		ふ(える)	人口(じんこう)が増(ふ)える 인구가 늘다
		ふ(やす)	人手(ひとで)を増(ふ)やす 일손을 늘리다
		필순	増 増 増 増 増 増 増 増 増 増 増 増 増 増
	増		

300 減 덜 감 획수 12	부수 삼수변 さんずい (氵)	음 ゲン	減少(げんしょう) 감소, 加減(かげん) 가감, 増減(ぞうげん) 증감
		훈 へ(る)	人口(じんこう)が減(へ)る 인구가 줄다
		へ(らす)	予算(よさん)を減(へ)らす 예산을 줄이다
		필순	減 減 減 減 減 減 減 減 減 減 減 減

한자 정리

1 반대어

<table>
<tr>
<td>1</td>
<td>表 ⇔ 裏
（ おもて ） （ ）</td>
<td>2</td>
<td>賛成 ⇔ ☐☐
（ ） （ はんたい ）</td>
</tr>
<tr>
<td>3</td>
<td>善 ⇔ ☐
（ ぜん ） （ あく ）</td>
<td>4</td>
<td>☐☐ ⇔ 失敗
（ せいこう ） （ ）</td>
</tr>
<tr>
<td>5</td>
<td>☐ ⇔ 得
（ ） （ とく ）</td>
<td>6</td>
<td>☐☐ ⇔ 平和
（ ） （ ）</td>
</tr>
<tr>
<td>7</td>
<td>横断 ⇔ ☐断
（ おうだん ） （ ）</td>
<td>8</td>
<td>増加 ⇔ ☐☐
（ ） （ ）</td>
</tr>
<tr>
<td>9</td>
<td>☐ ⇔ 味方
（ てき ） （ ）</td>
<td>10</td>
<td>出席 ⇔ ☐席
（ ） （ ）</td>
</tr>
<tr>
<td>11</td>
<td>拡張・拡大 ⇔ 縮小
（ ） （ ）</td>
<td>12</td>
<td>便利 ⇔ ☐☐
（ ） （ ）</td>
</tr>
<tr>
<td>13</td>
<td>☐ ⇔ ☐☐
（ きょか ） （ きんし ）</td>
<td>14</td>
<td>可能 ⇔ ☐☐☐
（ ） （ ）</td>
</tr>
</table>

1 다음 한자를 어떻게 읽는지 밑줄 아래에 히라가나로 써 보세요.

1 親善大使　　2 強敵　　　3 短縮授業

4 拡大コピーを　とります。　　5 来週、日本へ　出張します。

6 台風が　日本列島を　縦断します。

7 「努力は　裏切らない」と　言います。
　　どりょく

8 田中さんは　この　作戦の　最大の　功労者です。

9 セーターを　洗ったら　縮んで　しまいました。

10 一度の　失敗で　全てを　失って　しまいました。

11 授業中の　スマートフォン　使用の　禁止には　賛否両論が
　　　　　　　　　　　　　　　　　　　　　　　　　　び
あります。

12 村の　人口が　どんどん　減る　一方で、都市の　人口は　増えて

います。

13 彼女の　両親に　結婚の　許しを　得るために　あいさつに
　　　　　　　　　　けっこん
行きました。

 낱말과 표현

コピーをとる 복사하다 | 努力(どりょく) 노력 | どんどん 계속

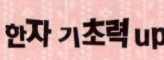

2 다음 □ 안에 들어갈 알맞은 한자를 써 보세요.

1 ☐☐
　　せい　こう

2 ☐☐
　　きょ　か

3 ☐煙
　　きん えん

4 ☐☐☐☐
　　おう　だん　ほ　どう

5 ☐☐の☐☐
　　たい じゅう　ぞう げん

6 ☐☐に　よる　☐☐
　　せん そう　　　　そん しつ

7 ☐☐に　☐☐しました。
　　ひっ　し　　せっ とく

Quiz 다음 예와 같이 말이 이어지도록 빈칸에 알맞은 한자와 한자 읽기를 써 보세요.

예
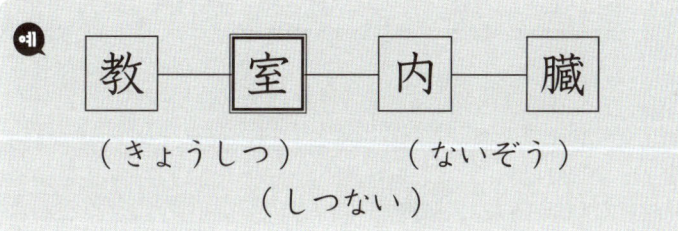

教 — 室 — 内 — 臓

（きょうしつ） （ないぞう）
（しつない）

1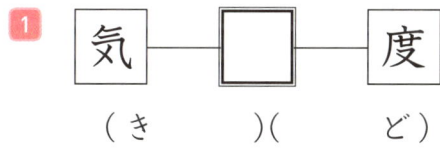

気 — □ — 度

（き　）（　ど）

2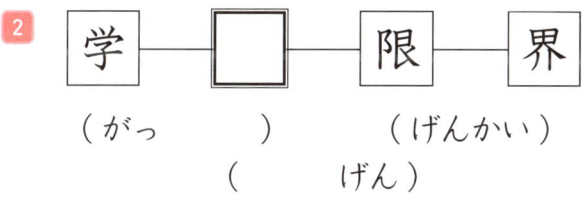

学 — □ — 限 — 界

（がっ　　）　　（げんかい）
（　げん）

3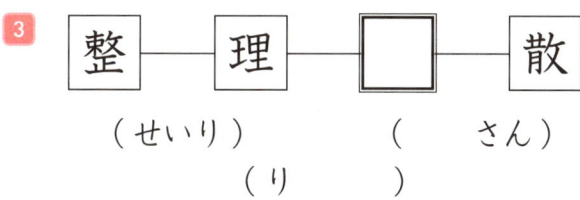

整 — 理 — □ — 散

（せいり）　　　（　さん）
（り　）

Hint

期・解・温

301 貨 재물 **화** 획수 11	부수 조개패 かい こがい (貝)	음 カ 貨物(かもつ) 화물, 金貨(きんか) 금화 通貨(つうか) 통화, 百貨店(ひゃっかてん) 백화점 필순 貨 貨 貨 貨 貨 貨 貨 貨 貨 貨 貨
302 刊 새길 **간** 획수 5	부수 선칼도방 りっとう (刂)	음 カン 朝刊(ちょうかん) 조간, 週刊誌(しゅうかんし) 주간지 刊行(かんこう) 간행 필순 刊 刊 刊 刊 刊
303 限 한정할 **한** 획수 9	부수 좌부변 언덕부변 こざとへん (阝)	음 ゲン 限界(げんかい) 한계, 期限(きげん) 기한 制限(せいげん) 제한, 限度(げんど) 한도 훈 かぎ(る) 申(もう)し込(こ)みはインターネットに限(かぎ)る 신청은 인터넷에 제한하다 필순 限 限 限 限 限 限 限 限 限
304 告 고할 **고** 획수 7	부수 입구 くち (口)	음 コク 告示(こくじ) 고시, 告白(こくはく) 고백 広告(こうこく) 광고, 報告(ほうこく) 보고 훈 つ(げる) 時(とき)を告(つ)げる 때를 알리다 필순 告 告 告 告 告 告 告
305 材 재목 **재** 획수 7	부수 나무목변 きへん (木)	음 ザイ 材木(ざいもく) 목재, 材料(ざいりょう) 재료 取材(しゅざい) 취재, 人材(じんざい) 인재 필순 材 材 材 材 材 材 材

306 接 붙일 **접** 획수 11	부수 재방변 **てへん** (扌)	음 セツ 直接(ちょくせつ) 직접, 面接(めんせつ) 면접 接続(せつぞく) 접속, 応接間(おうせつま) 응접실 주의 接近(せっきん) 접근, 接(せっ)する 접하다
		필순 接 接 接 接 接 接 接 接 接 接 接

307 態 태도 **태** 획수 14	부수 마음심 **こころ** (心)	음 タイ 状態(じょうたい) 상태, 態度(たいど) 태도 事態(じたい) 사태, 実態(じったい) 실태
		필순 態 態 態 態 態 態 態 態 態 態 態 態

308 陸 뭍 **륙** 획수 11	부수 좌부변 언덕부변 **こざとへん** (阝)	음 リク 陸上(りくじょう) 육상, 大陸(たいりく) 대륙 着陸(ちゃくりく) 착륙, 陸軍(りくぐん) 육군
		필순 陸 陸 陸 陸 陸 陸 陸 陸 陸 陸

309 散 헤칠 **산** 획수 12	부수 등글월문방 **のぶん** **ぼくづくり** (攵)	음 サン 散歩(さんぽ) 산책, 解散(かいさん) 해산 훈 ち(る) 花(はな)が散(ち)る 꽃이 지다 ち(らす) ち(らかす) 部屋(へや)を散(ち)らかす 방을 어지럽히다 ち(らかる)
		필순 散 散 散 散 散 散 散 散 散 散 散 散

310 不 아닐 **부, 불** 획수 4	부수 한일 **いち** (一)	음 フ 不便(ふべん) 불편, 不注意(ふちゅうい) 부주의 不可能(ふかのう) 불가능, 不安(ふあん) 불안 ブ 不器用(ぶきよう) 손재주가 없음
		필순 不 不 不 不

311 現 나타날 현 획수 11	부수 임금왕변 おうへん (王)	음 ゲン 表現(ひょうげん) 표현, 現金(げんきん) 현금 現代(げんだい) 현대, 現実(げんじつ) 현실 훈 あらわ(す) 正体(しょうたい)を現(あらわ)す 정체를 나타내다 あらわ(れる) あの家(いえ)にはお化(ば)けが現(あらわ)れる 저 집에는 도깨비가 나타난다 필순 現 現 現 現 現 現 現 現 現 現 現
312 在 있을 재 획수 6	부수 흙토 つち (土)	음 ザイ 現在(げんざい) 현재, 存在(そんざい) 존재 滞在(たいざい) 체재, 不在(ふざい) 부재 훈 あ(る) 필순 在 在 在 在 在 在
313 預 맡길 예 획수 13	부수 머리혈방 おおがい (頁)	음 ヨ 預金(よきん) 예금 훈 あず(ける) 荷物(にもつ)を預(あず)ける 짐을 맡기다 あず(かる) お金(かね)を預(あず)かる 돈을 맡다 필순 預 預 預 預 預 預 預 預 預 預 預 預 預
314 額 이마 액 획수 18	부수 머리혈방 おおがい (頁)	음 ガク 金額(きんがく) 금액, 額面(がくめん) 액면 훈 ひたい 額(ひたい) 이마 필순 額 額 額 額 額 額 額 額 額 額 額 額 額 額 額 額 額
315 伝 전할 전 획수 6 傳	부수 사람인변 にんべん (亻)	음 デン 伝説(でんせつ) 전설, 伝票(でんぴょう) 전표 훈 つた(わる) うわさが伝(つた)わる 소문이 전해지다 つた(える) ニュースを伝(つた)える 뉴스를 전하다 つた(う) 필순 伝 伝 伝 伝 伝 伝

316 説 말씀 설 달랠 세 획수 14	**부수** 말씀언변 **ごんべん** (言)	**음** セツ　小説(しょうせつ) 소설, 伝説(でんせつ) 전설 　　　　　　説明(せつめい) 설명, 解説(かいせつ) 해설 　　　　　　**주의** 説得(せっとく) 설득　**주의** 演説(えんぜつ) 연설 　　　ゼイ **훈** と(く)　人(ひと)の道(みち)を説(と)く 인간의 도리를 설명하다 **필순** 説 説 説 説 説 説 説 説 説 説 説 説 説 説
317 種 씨 종 획수 14	**부수** 벼화변 **のぎへん** (禾)	**음** シュ　種子(しゅし) 종자, 種目(しゅもく) 종목 　　　　　　種類(しゅるい) 종류, 人種(じんしゅ) 인종 **훈** たね　菜種(なたね) 유채 씨앗 **필순** 種 種 種 種 種 種 種 種 種 種 種 種 種 種
318 類 같을 류 획수 18	**부수** 머리혈방 **おおがい** (頁)	**음** ルイ　類型(るいけい) 유형, 衣類(いるい) 의류 　　　　　　書類(しょるい) 서류, 分類(ぶんるい) 분류 　　　　　　人類(じんるい) 인류, 親類(しんるい) 친척 **필순** 類 類 類 類 類 類 類 類 類 類 類 類 類 類 　　　 類 類 類 類
	類	
319 推 밀 추, 퇴 획수 11	**부수** 재방변 **てへん** (扌)	**음** スイ　推進(すいしん) 추진, 類推(るいすい) 유추, 推測(すいそく) 추측 **훈** お(す) **필순** 推 推 推 推 推 推 推 推 推 推 推
320 系 계통 계 획수 7	**부수** 실사 **いと** (糸)	**음** ケイ　家系(かけい) 가계, 体系(たいけい) 체계 　　　　　　系列(けいれつ) 계열, 文系(ぶんけい) 문과계 **필순** 系 系 系 系 系 系 系

한자 기초력 up

1 다음 한자를 어떻게 읽는지 밑줄 아래에 히라가나로 써 보세요.

1 金貨 ― 貨物 ― 物価

2 人材 ― 材料 ― 料理

3 広告 ― 告白 ― 白馬

4 解散 ― 散歩 ― 歩道

5 種類 ― 類推 ― 推理

6 伝説 ― 説明 ― 明暗

7 新しい 週刊誌が 刊行されました。

8 定期預金に 毎月 預ける 金額を 増やしました。

9 人と 直接 接する 仕事が したいです。

10 レポートの 期限は あさってまでですが、体力は もう 限界

です。

11 現在の 状態では、実現は 難しいでしょう。
じょう

12 不器用な 彼女が これを 作るのは 不可能だと 思います。

13 息子は 文系に 進むか 理系に 進むか 迷って います。

 낱말과 표현

〜される 〜되다(수동) ┃ もう 이제 ┃ 〜か 〜ㄹ까

2 다음 □ 안에 들어갈 알맞은 한자를 써 보세요.

1 □ の □ から □□ が □ れました。
くも　　あいだ　　たい　よう　　あらわ

2 ロッカーに □□ を □ ます。
に　もつ　　あずけ

3 メッセージを □ えます。
つた

4 私の □□□ で お □ を □ って しまいました。
ふ　ちゅう　い　　さら　　わ

5 □ で □ が □ って しまいました。
あめ　　はな　　ち

6 うちの □ に □ って そんな ことは ないと □ います。
こ　　かぎ　　おも

7 ネコの □ ほどの □ ですが、□ を □ てて います。
ひたい　　にわ　　はな　　そだ

 **낱말과 표현**

ロッカー 로커 ┃ 〜てしまう 〜(해)버리다 ┃ うちの〜 우리〜

1 다음 문장을 읽고 반대어에 주의하면서 빈칸에 들어갈 알맞은 한자를 써 보세요.

1 彼が 　□　 なのか　味方なのか、未だに　わかりません。

2 館内での　カメラの　使用は　原則　□　止です。必ず　□　可
を　取って　ください。

3 　□□　の　人は　赤、反対の　人は　青い　カードを　上げて
ください。

4 　□　争と　□　和に　ついて　考えました。

5 「□□　は　成□　の　もと」と　言います。

6 プリントの　表と　□　を　確認して　ください。

7 商売には　「□　して　□　取れ」という　言葉が　あります。

8 日本の　子どもの　数は　□　って　いますが、お年寄りの

数は　□　えて　います。

~か ~는지 | 館内(かんない) 관내 | ~について ~에 대해서 | もと 원인 | 商売(しょうばい) 장사 | 取(と)る 받다

166

2 다음 예와 같이 (   )에 들어갈 알맞은 한자와 送りがな를 같이 써 보세요.
<small>おく</small>

> 예 コーヒーを （ 飲み ）ます。

> 보기   飲 ・ 失 ・ 伝 ・ 断 ・ 戦 ・ 張 ・ 増

1 台風で　川の　水が　（　　　　）ました。

2 ワールドカップで　ブラジルと　（　　　　）ました。

3 池の　周囲に　ロープを　（　　　　）ました。

4 パーティーの　招待を　（　　　　）ました。

5 火事で　家も　お金も　（　　　　）ました。

6 彼の　熱意が　部長に　（　　　　）ました。

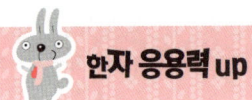

3 다음 예와 같이 □ 안에 알맞은 한자와 만들어진 숙어의 한자 읽기를 써 보세요.

> 예 内 ― 外 ― 国 (ないがい ― がいこく)

1 解 ― □ ― 得 (　　　　　 ―　　　　　)

2 着 ― □ ― 上 (　　　　　 ―　　　　　)

3 各 ― □ ― 類 (　　　　　 ―　　　　　)

4 事 ― □ ― 度 (　　　　　 ―　　　　　)

5 作 ― □ ― 争 (　　　　　 ―　　　　　)

6 만들어 보세요. □ ― □ ― □ (　　　　　 ―　　　　　)

Hint

説 ・ 戦 ・ 種 ・ 陸 ・ 態

9-1 직업

QUIZ 다음 **예**와 같이 그림에 어울리는 직업을 보기에서 골라 써 보세요.

예

（A）

보기 A 歌手 B 教師 C 医師 D 調理師 E 看護師 F 警察官

1 （　　　）

2 （　　　）

3 （　　　）

4 （　　　）

5 （　　　）

あなたの夢は何ですか。
ゆめ　なん

321 看 볼 간 획수 9	부수 눈목 め (目)	음 カン 看護(かんご) 간호, 看板(かんばん) 간판, 看病(かんびょう) 간병
		필순 看 看 看 看 看 看 看 看 看

322 護 호위할 호 획수 20	부수 말씀언변 ごんべん (言)	음 ゴ 養護(ようご) 양호, 保護(ほご) 보호 看護師(かんごし) 간호사, 弁護士(べんごし) 변호사
		필순 護

323 師 스승 사 획수 10	부수 수건건 はば (巾)	음 シ 恩師(おんし) 은사, 医師(いし) 의사 技師(ぎし) 기사, 教師(きょうし) 교사
		필순 師 師 師 師 師 師 師 師 師 師

324 警 경계할 경 획수 19	부수 말씀언 げん (言)	음 ケイ 警告(けいこく) 경고, 警察(けいさつ) 경찰 警官(けいかん) 경관, 警備(けいび) 경비
		필순 警 警 警 警 警 警 警 警 警 警 警 警 警 警 警 警 警 警 警

325 察 살필 찰 획수 14	부수 갓머리 うかんむり (宀)	음 サツ 観察(かんさつ) 관찰, 考察(こうさつ) 고찰 視察(しさつ) 시찰, 診察(しんさつ) 진찰 주의 察知(さっち) 감지, 헤아려 앎
		필순 察 察 察 察 察 察 察 察 察 察 察 察 察 察

326 官 벼슬 관 획수 8	부수 갓머리 **うかんむり** (宀)	음 カン 係官(かかり**かん**) 담당관, 器官(き**かん**) 기관 警察官(けいさつ**かん**) 경찰관, 官庁(**かん**ちょう) 관청 필순 官 官 官 官 官 官 官 官

327 訳 번역할 역 획수 11	부수 말씀언변 **ごんべん** (言) 譯	음 ヤク 通訳(つう**やく**) 통역, 訳(**やく**)す 번역하다 훈 わけ 申(もう)し訳(**わけ**)ない 죄송하다 필순 訳 訳 訳 訳 訳 訳 訳 訳 訳 訳 訳

328 俳 배우 배 획수 10	부수 사람인변 **にんべん** (亻)	음 ハイ 俳優(はい**ゆう**) 배우 俳句(はい**く**) 일본의 5·7·5의 3句, 17음으로 된 단형시(短型詩) 필순 俳 俳 俳 俳 俳 俳 俳 俳 俳 俳

329 優 넉넉할 우 획수 17	부수 사람인변 **にんべん** (亻)	음 ユウ 優勝(**ゆう**しょう) 우승, 女優(じょ**ゆう**) 여배우 훈 やさ(しい) 優(**やさ**)しい心(こころ) 상냥한 마음 すぐ(れる) 優(**すぐ**)れた作品(さくひん) 뛰어난 작품 필순 優 優 優 優 優 優 優 優 優 優 優 優 優 優 優 優 優

330 揮 지휘할 휘 획수 12	부수 재방변 **てへん** (扌)	음 キ 発揮(はっ**き**) 발휘, 指揮(し**き**) 지휘 필순 揮 揮 揮 揮 揮 揮 揮 揮 揮 揮 揮 揮

331 航 배 항 획수 10	부수 배주변 ふねへん (舟)	음 コウ 航海(こうかい) 항해, 就航(しゅうこう) 취항 航空会社(こうくうがいしゃ) 항공회사
		필순 航 航 航 航 航 航 航 航 航 航

332 建 세울 건 획수 9	부수 민책받침 えんにょう (廴)	음 ケン 建設(けんせつ) 건설, 建国(けんこく) 건국 コン 훈 た(てる) 家(いえ)を建(た)てる 집을 짓다 本音(ほんね)と建(た)て前(まえ) 본심과 원칙, 겉과 속 た(つ) 家(いえ)が建(た)つ 집이 들어서다
		필순 建 建 建 建 建 建 建 建 建

333 築 쌓을 축 획수 16	부수 대죽머리 たけかんむり (竹)	음 チク 建築(けんちく) 건축, 増築(ぞうちく) 증축, 新築(しんちく) 신축 훈 きず(く) 幸(しあわ)せな家庭(かてい)を築(きず)く 행복한 가정을 이루다
		필순 築 築 築 築 築 築 築 築 築 築 築 築 築 築 築 築

334 版 인쇄 판 획수 8	부수 조각편변 かたへん (片)	음 ハン 版画(はんが) 판화 주의 出版(しゅっぱん) 출판
		필순 版 版 版 版 版 版 版 版

335 貿 무역할 무 획수 12	부수 조개패 かい こがい (貝)	음 ボウ 貿易(ぼうえき) 무역, 貿易港(ぼうえきこう) 무역항
		필순 貿 貿 貿 貿 貿 貿 貿 貿 貿 貿 貿 貿

336 易 바꿀 역 쉬울 이 획수 8	부수 날일 ひ (日)	음 エキ　易者(えきしゃ) 점쟁이, 貿易(ぼうえき) 무역 イ　　容易(ようい) 용이, 安易(あんい) 안이 훈 やさ(しい)　易(やさ)しい 쉽다 필순 易 易 易 易 易 易 易 易
337 漁 물고기잡을 어 획수 14	부수 삼수변 さんずい (氵)	음 ギョ　漁業(ぎょぎょう) 어업, 漁船(ぎょせん) 어선 リョウ　大漁(たいりょう) 대어, 풍어, 出漁(しゅつりょう) 출어 필순 漁 漁 漁 漁 漁 漁 漁 漁 漁 漁 漁 漁 漁 漁
338 鋼 강철 강 획수 16	부수 쇠금변 かねへん (金)	음 コウ　鋼材(こうざい) 강재, 鉄鋼(てっこう) 철강 훈 はがね 필순 鋼 鋼 鋼 鋼 鋼 鋼 鋼 鋼 鋼 鋼 鋼 鋼 鋼 鋼 鋼 鋼
339 製 지을 제 획수 14	부수 옷의 ころも (衣)	음 セイ　製品(せいひん) 제품, 手製(てせい) 수제 製作(せいさく) 제작, 製造(せいぞう) 제조 필순 製 製 製 製 製 製 製 製 製 製 製 製 製 製
340 夢 꿈 몽 획수 13	부수 저녁석 た ゆうべ (夕)	음 ム　夢中(むちゅう) 열중함 훈 ゆめ　初夢(はつゆめ) (새해의) 첫꿈 필순 夢 夢 夢 夢 夢 夢 夢 夢 夢 夢 夢 夢 夢

1 다음 한자를 어떻게 읽는지 밑줄 아래에 히라가나로 써 보세요.

1 警備員　　2 卒業製作　　3 結果と　考察

4 漁業が　盛んな　村です。　5 父は　弁護士、母は　教師です。
　　　　　　 さか

6 弟は　建設会社で　アルバイトして　います。

7 姉は　官庁で　働いて　います。

8 彼は　世界的に　有名な　楽団の　指揮者です。

9 夢は　版画の　本を　出版する　ことです。

10 インターンシップを　通じて　鉄鋼業に　関心を　持ちました。

11 家を　新築したので、遊びに　来て　ください。

12 優しい　彼女は、星や　海を　題材に　優れた　俳句を　残しま
　　　　　　　　　　　　　　　　　　　　　　　　　 く
した。

13 申し訳ありませんが、この　英語を　訳して　いただけませんか。

14 いくら　易しい　テストだと　いっても　満点を　とるのは　容易で
は　ありません。

 낱말과 표현

盛(さか)んだ 성하다 ｜ ～ていただけませんか ～해 주시겠어요? ｜ いくら ～ても 아무리 ～(이)라도 ｜
とる 따다

174

2 다음 ☐ 안에 들어갈 알맞은 한자를 써 보세요.

1 ☐☐
はい ゆう

2 ☐☐
つう やく

3 ☐☐☐
かん ご し

4 ☐☐☐
けい さつ かん

5 ☐☐家
けん ちく

6 ☐☐会社
こう くう

7 ☐☐会社
ぼう えき

8 ☐☐☐☐の ☐り☐を ☐ります。
でん き せい ひん　う　ば　まわ

9 ゲームに ☐☐に なって、時間を ☐れました。
む ちゅう　わす

10 ☐☐を ☐って お☐りが ☐かれます。
たい りょう　ねが　まつ　ひら

 다음 구인 광고를 읽어 봅시다.

＜求人：パート・アルバイト＞　　　　（株）ABC　カンパニー

あなたに　合った　働き方が　選べます！

仕事の内容：① 事務　　　② データ入力　　　③ 営業

勤務時間：午前9時 ～ 午後6時(※ 残業あり)

時給：①, ② 750円 ～ 900円　　③ 800円 ～1,200円

休日：土・日・祝日

勤務地：都内（新宿・六本木・原宿）

（株）ABCカンパニー

人事部　03-6522-3019

341 給 줄 급 획수 12	부수 실사변 いとへん (糸)	음 キュウ 給食(きゅうしょく) 급식, 給料(きゅうりょう) 급료 月給(げっきゅう) 월급, 供給(きょうきゅう) 공급 時給(じきゅう) 시간 급료
		필순 給 給 給 給 給 給 給 給 給 給 給 給
342 求 구할 구 획수 7	부수 물수 みず (水)	음 キュウ 求人(きゅうじん) 구인, 追求(ついきゅう) 추구 要求(ようきゅう) 요구, 欲求(よっきゅう) 욕구 훈 もと(める) 職(しょく)を求(もと)める 일자리를 찾다 平和(へいわ)を求(もと)める 평화를 바라다
		필순 求 求 求 求 求 求 求
343 率 비율 률 거느릴 솔 획수 11	부수 검을현 げん (玄)	음 リツ 能率(のうりつ) 능률, 確率(かくりつ) 확률 ソツ 軽率(けいそつ) 경솔 주의 率直(そっちょく) 솔직 훈 ひき(いる) 全軍(ぜんぐん)を率(ひき)いる 전군을 거느리다
		필순 率 率 率 率 率 率 率 率 率 率 率
344 株 그루 주 획수 10	부수 나무목변 きへん (木)	음 かぶ 株式(かぶしき) 주식, 株主(かぶぬし) 주주, 切(き)り株(かぶ) 그루터기
		필순 株 株 株 株 株 株 株 株 株 株
345 領 거느릴 령 획수 14	부수 머리혈방 おおがい (頁)	음 リョウ 領土(りょうど) 영토, 大統領(だいとうりょう) 대통령 要領(ようりょう) 요령, 領収書(りょうしゅうしょ) 영수증
		필순 領 領 領 領 領 領 領 領 領 領 領 領 領

346 収 거둘 **수** 획수 4	**부수** 또우방 **또** (又)	**음** シュウ 収入(しゅうにゅう) 수입, 回収(かいしゅう) 회수 吸収(きゅうしゅう) 흡수, 収集(しゅうしゅう) 수집 **훈** おさ(める) 製品(せいひん)を倉庫(そうこ)に収(おさ)める 제품을 창고에 넣다 おさ(まる) 道具(どうぐ)が箱(はこ)の中(なか)に収(おさ)まる 도구가 상자 속에 들어가다 **필순** 収 収 収 収

347 採 캘 **채** 획수 11	**부수** 재방변 **てへん** (扌)	**음** サイ 採集(さいしゅう) 채집, 採点(さいてん) 채점, 採用(さいよう) 채용 **훈** と(る) 新入社員(しんにゅうしゃいん)を採(と)る 신입사원을 채용하다 **필순** 採 採 採 採 採 採 採 採 採 採 採

348 税 세금 **세** 획수 12	**부수** 벼화변 **のぎへん** (禾)	**음** ゼイ 税金(ぜいきん) 세금, 減税(げんぜい) 감세 税関(ぜいかん) 세관, 免税(めんぜい) 면세 **필순** 税 税 税 税 税 税 税 税 税 税 税 税

349 勤 부지런할 **근** 획수 12	**부수** 힘력방 **ちから** (力)	**음** キン 通勤(つうきん) 통근, 勤勉(きんべん) 근면, 転勤(てんきん) 전근 ゴン **훈** つと(める) 会社(かいしゃ)に勤(つと)める 회사에 근무하다 つと(まる) **필순** 勤 勤 勤 勤 勤 勤 勤 勤 勤 勤 勤 勤
	勤	

350 務 힘쓸 **무** 획수 11	**부수** 힘력 **ちから** (力)	**음** ム 義務(ぎむ) 의무, 勤務(きんむ) 근무 事務(じむ) 사무, 公務員(こうむいん) 공무원 **훈** つと(める) 議長(ぎちょう)を務(つと)める 의장직을 맡다 **필순** 務 務 務 務 務 務 務 務 務 務 務

351 条 조목 조 획수 7	부수 나무목 き (木)	음 ジョウ 条件(じょうけん) 조건, 条約(じょうやく) 조약						
		필순 条 条 条 条 条 条 条						
	條							
352 件 물건 건 획수 6	부수 사람인변 にんべん (イ)	음 ケン 事件(じけん) 사건, 用件(ようけん) 용건						
		필순 件 件 件 件 件 件						
353 経 지날 글 경 획수 11	부수 실사변 いとへん (糸)	음 ケイ 経験(けいけん) 경험, 経営(けいえい) 경영 경비(けいひ) 경비, 経歴(けいれき) 경력 キョウ						
		훈 へ(る) 年月(としつき)を経(へ)る 세월이 지나다						
		필순 経 経 経 経 経 経 経 経 経 経						
	經							
354 済 건널 제 획수 11	부수 삼수변 さんずい (氵)	음 サイ 救済(きゅうさい) 구제 주의 経済(けいざい) 경제 훈 す(む) 話(はなし)は済(す)んだ 이야기는 끝났다 す(ます) 仕事(しごと)を済(す)ます 일을 마치다						
		필순 済 済 済 済 済 済 済 済 済 済 済						
	濟							
355 営 경영할 영 획수 12	부수 개미머리 つかんむり (ツ)	음 エイ 営業(えいぎょう) 영업, 運営(うんえい) 운영 훈 いとな(む) 社会生活(しゃかいせいかつ)を営(いとな)む 사회생활을 영위하다						
		필순 営 営 営 営 営 営 営 営 営 営 営 営						
	營							

356 景 경치 경 획수 12	부수 날일 ひ (日)	음 ケイ 景気(けいき) 경기, 景品(けいひん) 경품 風景(ふうけい) 풍경, 背景(はいけい) 배경 주의 景色(けしき) 경치
		필순 景 景 景 景 景 景 景 景 景 景 景 景

357 標 표할 표 획수 15	부수 나무목변 きへん (木)	음 ヒョウ 標高(ひょうこう) 표고, 해발, 標本(ひょうほん) 표본 指標(しひょう) 지표, 目標(もくひょう) 목표
		필순 標 標 標 標 標 標 標 標 標 標 標 標 標 標 標

358 益 더할 익 획수 10	부수 그릇명발 さら (皿)	음 エキ 利益(りえき) 이익, 有益(ゆうえき) 유익
		필순 益 益 益 益 益 益 益 益 益 益

359 億 억 억 획수 15	부수 사람인변 にんべん (イ)	음 オク 一億(いちおく) 일억
		필순 億 億 億 億 億 億 億 億 億 億 億 億 億 億 億

360 札 편지 찰 획수 5	부수 나무목변 きへん (木)	음 サツ 札束(さつたば) 돈다발, 改札(かいさつ) 개찰 훈 ふだ 名札(なふだ) 명찰, 荷札(にふだ) (짐)꼬리표
		필순 札 札 札 札 札

한자 기초력 up

1 다음 한자를 어떻게 읽는지 밑줄 아래에 히라가나로 써 보세요.

1 大統領
  とう

2 株式会社

3 需用と　供給
  じゅよう　きょう

4 妹の　専攻は　経済学です。

5 電話で　用件を　伝えます。

6 胸に　名札を　付けて　ください。

7 目標は　高く　持ちましょう。

8 会社とは　利益を　追求する　所です。

9 税金を　払うのは　国民の　義務です。
        はら

10 日本の　景気は　なかなか　回復しません。

11 兄は　貿易会社に　勤めて　いますが、通勤に　2時間　かかります。

12 営業で　失敗して　1億円の　赤字を　出して　しまいました。

13 新製品を　収めて　ある　倉庫が　火事に　なりました。
                    そう

14 率直に　言って、私の　学科の　就職率は　悪いです。

15 今年度の　採用は、新卒のみ　100名　採る　予定です。

 낱말과 표현

需要(じゅよう) 수요 ┃ 〜とは 〜란 ┃ 払(はら)う 지불하다 ┃ なかなか 좀처럼 ┃ 〜のみ 〜만

chapter 09 직업과 일　**181**

2 다음 □ 안에 들어갈 알맞은 한자를 써 보세요.

1 □□□
りょう しゅう しょ

2 □□□
きん む ち

3 学校 □□
きゅう しょく

4 □□□□
けい えい がく ぶ

5 ごみの □□
しゅう しゅう

6 □の □□
むし ひょう ほん

7 □□の □□
し ごと のう りつ

8 テストの □□
さい てん

9 □□□□の 改善を □めます。
ろう どう じょう けん かいぜん もと

10 □しい □□に □□が □ませんでした。
うつく け しき こと ば で

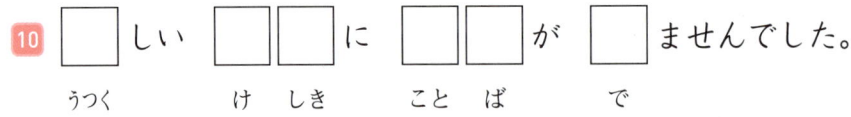

낱말과 표현

ごみ 쓰레기 | 改善(かいぜん) 개선

1 다음 밑줄 친 부분에는 알맞은 한자 읽기를, 〔　〕에는 알맞은 한자를 써 보세요.

業種 （ぎょうしゅ）	・農業（のうぎょう） ・林業（ 1 _____ ぎょう ） ・ 2 〔　　　　〕業（ぎょぎょう） ・建設業（ 3 _____ ぎょう ） ・運輸業（ 4 _____ ぎょう ） ・ 5 〔　　　〕造業（せいぞうぎょう） ・ 6 出〔　　　〕業（しゅっぱんぎょう） ・鉄鋼業（ 7 _____ ぎょう ）
職種 （しょくしゅ）	・営業（ 8 _____ ） ・マーケティング ・ 9 人〔　　　〕（じんじ） ・秘書（ひしょ） ・設計（ 10 _____ ） ・ 11 事〔　　　〕（じむ）

2 다음 문장을 읽고, 해당하는 말을 보기에서 골라서 쓰세요.

🔍 예 그림 그리는 것을 업으로 삼는 사람 (　画家　)

보기 画家 · 俳優 · 警官 · 医師 · 易者 ·
看護師 · 税理士 · 建築家 · 指揮者 · 公務員

1 경찰에 관한 임무를 수행하는 공무원 (　　　　)

2 면허를 얻어 의술과 약으로 병을 진찰하고 치료하는 사람 (　　　　)

3 연극이나 영화에 출연하여 연기하는 사람 (　　　　)

4 국가 또는 지방 자치 단체의 업무를 담당하고 집행하는 사람 (　　　　)

5 세무사법에 의하여 납세자의 위촉을 받아 세무 업무의 대리, 세무 서류의 작성 및
상담 등을 업으로 하는 사람 (　　　　)

6 합창이나 합주 따위에서 지휘를 하는 사람 (　　　　)

7 점치는 일을 업으로 하는 사람 (　　　　)

8 건물이나 구조물 따위를 세우거나 쌓아 만드는 일에 전문적인 지식과 기술을 가진
사람 (　　　　)

9 법으로 정한 자격을 가지고 의사의 진료를 도우며 환자를 보살피는 일을 하는 사람
(　　　　)

3 다음 와 같이 □ 안에 들어갈 알맞은 히라가나를 하나씩 써 보세요.

> **예1** 犬が　います。　 い　ぬ
>
> **예2** 犬が　います。　 い　ぬ　×

1 時給　880円です。 　□□□□□

2 力を　発揮します。 　□□□□

3 ワールドカップで　優勝しました。 　□□□□□

4 事前に　警告します。 　□□□□□

5 祖父の　漁船に　乗りました。 　□□□□□

6 人間の　欲求には　5つの　段階が　あります。

□□□□□

낱말과 표현

ワールドカップ 월드컵

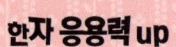

4 다음 와 같이 빈칸에 들어갈 알맞은 한자를 보기에서 골라 送りがな와 함께 써 보
세요.

> 예 おふろに （ 入り ）ます。

> 보기　入・営・築・済・勤・建・求・優・率

1 彼は　（　　　　）た　音楽家です。

2 新しい　人脈を　（　　　　）ます。

3 父は　旅館を　（　　　　）で　います。

4 このままでは　気が　（　　　　）ません。

5 駅前に　ビルが　（　　　　）ました。

6 妹は　貿易会社に　（　　　　）て　います。

7 助けを　（　　　　）て、大声を　出しました。

8 弱い　チームを　（　　　　）て、戦います。

낱말과 표현

助(たす)け 도움 ┃ 戦(たたか)う 싸우다

10-1 자연

QUIZ 다음 블로그의 글을 읽어 봅시다.

思い出

日本での1年が終わりました。来週、韓国に帰ります。
1年間、本当に楽しかった！

3月 大阪城公園にお花見に行きました。
桜、きれいでした！

7月 海へ行きました。
夜、海辺で花火をしました。
灯台へも行きました。

11月 街路樹がきれいな黄色になりました。

1月 スキーに行きました。
スキー場では、夏に牛の
放牧をしているそうです。

361 季 계절 계 획수 8	부수 아들자 こ (子)	음 キ 季節(きせつ) 계절, 雨季(うき) 우기 四季(しき) 사계절, 冬季(とうき) 동계 필순 季 季 季 季 季 季 季 季							

| 362 節 마디 절 획수 13 | 부수 대죽머리 たけかんむり (竹) | 음 セツ 節度(せつど) 절도, 節分(せつぶん) 절분, 입춘전날
節約(せつやく) 절약, 調節(ちょうせつ) 조절
セチ
훈 ふし 節目(ふしめ) 마디 부분
필순 節 節 節 節 節 節 節 節 節 節 節 節 節 | | | | | | | |
| | 節 | | | | | | | | |

| 363 然 그럴 연 획수 12 | 부수 연화발 れんが れっか (灬) | 음 ゼン 自然(しぜん) 자연, 当然(とうぜん) 당연
必然(ひつぜん) 필연, 全然(ぜんぜん) 전혀
ネン 天然(てんねん) 천연
필순 然 然 然 然 然 然 然 然 然 然 然 然 | | | | | | | |
| | | | | | | | | | |

| 364 梅 매화나무 매 획수 10 | 부수 나무목변 きへん (木) | 음 バイ 梅園(ばいえん) 매화나무 정원, 梅林(ばいりん) 매화나무 숲
훈 うめ 梅酒(うめしゅ) 매실주, 梅干(うめぼ)し 매실짱아찌
주의 梅雨(つゆ=ばいう) 장마
필순 梅 梅 梅 梅 梅 梅 梅 梅 梅 梅 | | | | | | | |
| | 梅 | | | | | | | | |

| 365 桜 앵두나무 앵 획수 10 | 부수 나무목변 きへん (木) | 음 オウ
훈 さくら 桜色(さくらいろ) 연분홍색 주의 夜桜(よざくら) 밤(놀이의) 벚꽃
필순 桜 桜 桜 桜 桜 桜 桜 桜 桜 桜 | | | | | | | |
| | 櫻 | | | | | | | | |

366 松 소나무 송 획수 8	부수 나무목변 きへん (木)	음 ショウ 松竹梅(しょうちくばい) 송죽매 훈 まつ 松林(まつばやし) 송림, 門松(かどまつ) 새해에 문앞에 장식하는 나무 필순 松 松 松 松 松 松 松 松
367 街 거리 가 획수 12	부수 다닐행 ゆきがまえ ぎょうがまえ (行)	음 ガイ 街頭(がいとう) 가두, 市街(しがい) 시가, 商店街(しょうてんがい) 상점가 カイ 훈 まち 街角(まちかど) 거리 필순 街 街 街 街 街 街 街 街 街 街 街 街
368 樹 나무 수 획수 16	부수 나무목변 きへん (木)	음 ジュ 樹木(じゅもく) 수목, 植樹(しょくじゅ) 식수 街路樹(がいろじゅ) 가로수 필순 樹 樹 樹 樹 樹 樹 樹 樹 樹 樹 樹 樹 樹 樹 樹 樹
369 枝 가지 지 획수 8	부수 나무목변 きへん (木)	음 シ 훈 えだ 枝豆(えだまめ) 완두콩, 枝葉(えだは) 가지와 잎 필순 枝 枝 枝 枝 枝 枝 枝 枝
370 芽 싹 아 획수 8	부수 초두머리 くさかんむり (艹)	음 ガ 麦芽(ばくが) 엿기름, 発芽(はつが) 발아 훈 め 新芽(しんめ) 새싹, 芽生(めば)え 싹틈 필순 芽 芽 芽 芽 芽 芽 芽 芽

371 巢 새집 소 획수 11	부수 나무목 き (木)	음 ソウ
		훈 す 巣箱(すばこ) 새장, 古巣(ふるす) 옛 보금자리 巣立(すだ)ち 보금자리를 떠남
		필순 巢 巢 巢 巢 巢 巢 巢 巢 巢 巢 巢
	巢	

372 穴 구멍 혈 획수 5	부수 구멍혈 あな (穴)	음 ケツ
		훈 あな 穴場(あなば) 널리 알려지지 않은 좋은 장소 節穴(ふしあな) 통찰력이 없는 눈
		필순 穴 穴 穴 穴 穴

373 牧 칠 목 획수 8	부수 소우변 うしへん (牜)	음 ボク 牧師(ぼくし) 목사, 牧草(ぼくそう) 목초, 放牧(ほうぼく) 방목 遊牧(ゆうぼく) 유목, 牧場(ぼくじょう) 목장
		훈 まき 牧場(まきば) 목장
		필순 牧 牧 牧 牧 牧 牧 牧 牧

374 辺 가 변 획수 5	부수 책받침 しんにょう しんにゅう (辶)	음 ヘン 底辺(ていへん) 저변 주의 近辺(きんぺん) 부근
		훈 あたり 辺(あた)り一面(いちめん) 주위 일대 べ 海辺(うみべ) 해변, 窓辺(まどべ) 창가
		필순 辺 辺 辺 辺 辺
	邊	

375 潮 밀물 조 획수 15	부수 삼수변 さんずい (氵)	음 チョウ 潮流(ちょうりゅう) 조류, 満潮(まんちょう) 만조
		훈 しお 黒潮(くろしお) 흑조, 일본 해류
		필순 潮 潮 潮 潮 潮 潮 潮 潮 潮 潮 潮 潮 潮 潮 潮

376 城 재 성 획수 9	부수 흙토변 つちへん (土)	음 ジョウ　城門(じょうもん) 성문, 城下町(じょうかまち) 시가지, 도읍지 훈 しろ　城(しろ) 성 필순 城 城 城 城 城 城 城 城 城

377 頂 꼭대기 정 획수 11	부수 머리혈방 おおがい (頁)	음 チョウ　頂点(ちょうてん) 정점, 頂上(ちょうじょう) 정상 훈 いただ(き)　頂(いただ)き物(もの) 얻은 물건, 선물 　いただ(く)　おみやげを頂(いただ)く 선물을 받다 필순 頂 頂 頂 頂 頂 頂 頂 頂 頂 頂 頂

378 灯 등불 등 획수 6	부수 불화변 ひへん (火) 燈	음 トウ　灯台(とうだい) 등대, 灯油(とうゆ) 등유 훈 ひ 필순 灯 灯 灯 灯 灯 灯

379 至 이를 지 획수 6	부수 이를지 いたる (至)	음 シ　至急(しきゅう) 지급, 夏至(げし) 하지　주의 冬至(とうじ) 동지 훈 いた(る)　山頂(さんちょう)に至(いた)る 산 정상에 이르다 필순 至 至 至 至 至 至

380 泉 샘 천 획수 9	부수 물수 みず (水)	음 セン　源泉(げんせん) 원천, 温泉(おんせん) 온천 훈 いずみ　泉(いずみ)がわく 샘이 솟다 필순 泉 泉 泉 泉 泉 泉 泉 泉 泉

1 다음 한자를 어떻게 읽는지 밑줄 아래에 히라가나로 써 보세요.

1 鳥の 巣　　　2 遊牧民族　　　3 樹木

4 枝豆を ゆでます。

5 くつ下に 穴が あきました。

6 ストーブの 灯油を 買います。

7 チューリップの 芽が 出て きました。

8 お正月には 家の 門の 前に 門松を 立てます。

9 夏至は 一年で 昼の 時間が 最も 長い 日です。

10 梅の 季節が 終わり、桜の 花が 咲き始めました。

11 満潮の 時間が 近いのか、少しずつ 潮が 満ちて きました。

12 三角形の 頂点から 底辺へ まっすぐ 線を 引いて ください。

13 この 辺りは 古い 城下町で、近くには 天然の 温泉も あります。

14 梅雨前線が 北上を 始めました。もうすぐ 梅雨が 明けます。

낱말과 표현

ゆでる 삶다, 데치다 | あく 뚫리다, 나다 | 終(お)わり(＝終(お)わって) 끝나고 | まっすぐ 똑바로 |
もうすぐ 이제 곧

2 다음 □ 안에 들어갈 알맞은 한자를 써 보세요.

1 □□
　しき

2 □□
　しぜん

3 □ の □
　き　　えだ

4 □ の □
　もり　　いずみ

5 □□□
　がい　ろ　じゅ

6 □□□
　しょう　ちく　ばい

7 □□ の □□
　きょう　かい　　ぼく　し

8 □□ の □
　うみ　べ　　しろ

9 □□、ご連絡を □ きたいんですが。
　し　きゅう　　れんらく　　いただ

10 □□ を □□ しましょう。
　でん　き　　せつ　やく

 낱말과 표현

連絡(れんらく) 연락 ┃ 〜んですが 〜는데요

 다음 한국어에 해당되는 말 중 【A】에서 한자 읽기를, 【B】에서 한자를 골라 보세요. 그리고, 그 말에 대해서 알고 있는 것을 함께 이야기하거나 찾아 봅시다.

| 지구 온난화 | 산성비 |

| 이상기상 | 이산화탄소 |

| 오존층 |

【A】	【B】
ちきゅうおんだんか	二酸化炭素
オゾンそう	酸性雨
さんせいう	異常気象
いじょうきしょう	地球温暖化
にさんかたんそ	オゾン層

381 異 다를 이 획수 11	부수 밭전 た (田)	음 イ　異常(いじょう) 이상, 異性(いせい) 이성 훈 こと　意見(いけん)が異(こと)なる 의견이 다르다 필순 異 異 異 異 異 異 異 異 異 異 異
382 常 떳떳할 상 획수 11	부수 수건건 はば (巾)	음 ジョウ　通常(つうじょう) 통상, 非常口(ひじょうぐち) 비상구 　　　　正常(せいじょう) 정상, 日常(にちじょう) 일상 훈 つね　常(つね)に 항상 　　とこ 필순 常 常 常 常 常 常 常 常 常 常 常
383 象 코끼리 상 획수 12	부수 돼지시 ぶた いのこ (豕)	음 ショウ　印象(いんしょう) 인상, 気象(きしょう) 기상 　　　　現象(げんしょう) 현상, 対象(たいしょう) 대상 ゾウ　巨象(きょぞう) 거상 필순 象 象 象 象 象 象 象 象 象 象 象 象
384 候 날씨 후 획수 10	부수 사람인변 にんべん (亻)	음 コウ　気候(きこう) 기후, 兆候(ちょうこう) 징후, 징조 　　　　天候(てんこう) 날씨 훈 そうろう 필순 候 候 候 候 候 候 候 候 候 候
385 熱 더울 열 획수 15	부수 연화발 れんが れっか (灬)	음 ネツ　熱意(ねつい) 열의, 情熱(じょうねつ) 정열 주의 熱帯(ねったい) 열대, 熱心(ねっしん) 열심 훈 あつ(い)　熱(あつ)いコーヒー 뜨거운 커피 필순 熱 熱 熱 熱 熱 熱 熱 熱 熱 熱 熱 熱 熱 熱

386 帶 띠 **대** 획수 10	**부수** 수건건 **はば** (巾) 帶	**음** タイ　　連帯(れんたい) 연대, 地帯(ちたい) 지대, 一帯(いったい) 일대 **훈** お(びる)　青(あお)みを帯(お)びる 푸름을 띠다 　　おび　　ゆかたの帯(おび) 유카타 띠 **필순** 帯 帯 帯 帯 帯 帯 帯 帯 帯 帯
387 暖 따뜻할 **난** 획수 13	**부수** 날일변 **ひへん** (日)	**음** ダン　　温暖(おんだん) 온난, 暖房(だんぼう) 난방 **훈** あたた(か)　暖(あたた)かな日(ひ) 따뜻한 날 　　あたた(かい)　暖(あたた)かい部屋(へや) 따뜻한 방 　　あたた(まる) **필순** 暖 暖 暖 暖 暖 暖 暖 暖 暖 暖 暖 暖 暖
388 極 극진할 **극** 획수 12	**부수** 나무목변 **きへん** (木)	**음** キョク　積極的(せっきょくてき) 적극적, 極度(きょくど) 극도 　　南極(なんきょく) 남극, 北極(ほっきょく) 북극 　　ゴク **훈** きわ(める)／きわ(まる)／きわ(み) **필순** 極 極 極 極 極 極 極 極 極 極 極 極
389 河 물 **하** 획수 8	**부수** 삼수변 **さんずい** (氵)	**음** カ　河口(かこう) 하구　**주의** 運河(うんが) 운하, 氷河(ひょうが) 빙하 **훈** かわ **필순** 河 河 河 河 河 河 河 河
390 灰 재 **회** 획수 6	**부수** 불화 **ひ** (火)	**음** カイ **훈** はい　灰皿(はいざら) 재떨이, 灰色(はいいろ) 회색 **필순** 灰 灰 灰 灰 灰 灰

391 層 층 층 획수 14	부수 주검시엄 しかばね かばね (尸)	음 ソウ 断層(だんそう) 단층, 高層(こうそう) 고층, 階層(かいそう) 계층
		필순 層 層 層 層 層 層 層 層 層 層 層 層 層 層
	層	

392 酸 실 산 획수 14	부수 닭유변 とりへん (酉)	음 サン 塩酸(えんさん) 염산, 酸性(さんせい) 산성
		훈 す(い) 酸(す)っぱい 시다
		필순 酸 酸 酸 酸 酸 酸 酸 酸 酸 酸 酸 酸 酸 酸

393 素 본디 소 획수 10	부수 실사 いと (糸)	음 ソ 素質(そしつ) 소질, 酸素(さんそ) 산소
		水素(すいそ) 수소, 質素(しっそ) 질소
		ス 素早(すばや)い 動作(どうさ) 재빠른 동작
		필순 素 素 素 素 素 素 素 素 素 素

394 射 쏠 사 획수 10	부수 마디촌 すん (寸)	음 シャ 反射(はんしゃ) 반사, 発射(はっしゃ) 발사
		注射(ちゅうしゃ) 주사, 放射能(ほうしゃのう) 방사능
		훈 い(る) 矢(や)を射(い)る 활을 쏘다
		필순 射 射 射 射 射 射 射 射 射

395 災 재앙 재 획수 7	부수 불화 ひ (火)	음 サイ 火災(かさい) 화재, 災難(さいなん) 재난
		天災(てんさい) 천재, 災害(さいがい) 재해
		필순 災 災 災 災 災 災 災

396 害 해할 해 획수 10	부수 갓머리 우칸무리 (宀)	음 ガイ 害虫(がいちゅう) 해충, 公害(こうがい) 공해, 有害(ゆうがい) 유해 利害(りがい) 이해, 損害(そんがい) 손해, 被害(ひがい) 피해 필순 害害害害害害害害害害

397 境 지경 경 획수 14	부수 흙토변 つちへん (土)	음 キョウ 国境(こっきょう) 국경, 環境(かんきょう) 환경 ケイ 훈 さかい 境(さかい) 경계 필순 境境境境境境境境境境境境境境

398 省 살필 성 덜 생 획수 9	부수 눈목 め (目)	음 セイ 内省(ないせい) 내성, 帰省(きせい) 귀성, 反省(はんせい) 반성 ショウ 省略(しょうりゃく) 생략, 文部科学省(もんぶかがくしょう) 문부과학성 省(しょう)エネ 에너지 절약 훈 はぶ(く) 手間(てま)を省(はぶ)く 수고를 줄이다 かえり(みる) 필순 省省省省省省省省省

399 資 재물 자 획수 13	부수 조개패 かい こがい (貝)	음 シ 資産(しさん) 자산, 資格(しかく) 자격, 資料(しりょう) 자료 物資(ぶっし) 물자, 投資(とうし) 투자 필순 資資資資資資資資資資資資資

400 源 근원 원 획수 13	부수 삼수변 さんずい (氵)	음 ゲン 源流(げんりゅう) 원류, 資源(しげん) 자원, 起源(きげん) 기원 훈 みなもと 필순 源源源源源源源源源源源源源

한자 기초력 up

1 다음 한자를 어떻게 읽는지 밑줄 아래에 히라가나로 써 보세요.

1 灰皿　　　　2 アフリカ象　　　　3 非常口

4 熱帯夜が　続いて　います。

5 限りある　資源を　大切に　しましょう。

6 地球温暖化は　全世界の　問題です。

7 天候不順で　米が　不作です。

8 車が　増えた　ことで、公害が　社会問題に　なりました。

9 ヨーロッパでは　1960年代から　酸性雨が　ひどく　なって　います。

10 エネルギーを　節約する　ことを「省エネ」と　言います。

11 原子力発電所の　事故で　放射能が　もれて　しまいました。
　　　　　　　　　　こ

12 シンポジウムでは　積極的に　発言しました。
　　　　　　　　　　　せっ

13 高層ビルが　立ち並ぶ　新宿で　大きな　火災が　発生しました。

14 老後の　ためにも　質素な　生活を　心がけて　います。

15 アンデス山脈は　アルゼンチンと　チリを　分ける　自然の

　　国境です。

事故(じこ) 사고 ┃ もれる 새다

2 다음 □ 안에 들어갈 알맞은 한자를 써 보세요.

1 □□ボンベ
さん　そ

2 □□の □□
なん　きょく　　ひょう　が

3 □□□□
い　じょう　き　しょう

4 ミーティングの □□
し　りょう

5 □かい □□
あたた　　へ　や

6 □い お□
あつ　　ちゃ

7 □□が □きます。
さい　がい　　お

8 □□の □□を □□します。
じ　ぶん　　こう　どう　　はん　せい

9 □□の □から □が □って きました。
はい　いろ　　そら　　ゆき　　ふ

10 □□の □□について □□します。
じん　るい　　き　げん　　けん　きゅう

200

1 다음 **예**와 같이 밑줄 친 한자 읽기가 다른 것을 하나 골라서 ○표 하세요.

> **예**　(学)校　・　大学　・　学生

1　街角　・　市街地　・　商店街

2　自然　・　当然　・　天然

3　底辺　・　近辺　・　辺境

4　調節　・　節穴　・　節目

5　現象　・　インド象　・　印象

6　省略　・　自省　・　文部科学省

도전! 한자 QUIZ

읽기에 따라 뜻이 달라진다? 배운 표현을 정리해 봅시다!

1　うちのⒶ大家さんのおくさんは、華道のⒷ大家だ。

　　Ⓐ 읽기 :　　　　　　　의미 :
　　Ⓑ 읽기 :　　　　　　　의미 :

2　工事がおくれている。Ⓐ工夫の数が足りない。みんなのⒷ工夫も足りない。

　　Ⓐ 읽기 :　　　　　　　의미 :
　　Ⓑ 읽기 :　　　　　　　의미 :

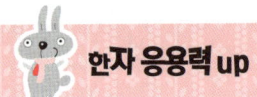

2 다음 ❶와 같이 □ 안에 공통으로 들어갈 한자를 보기에서 고른 후, (   )에 한자 읽기를 써 보세요.

> ❶ 入 学 = 学校に 入 る こと
>   (Ⓐ にゅうがく)   (Ⓑ はい)

> 보기 六 · 城 · 異 · 境 · 潮 · 省 · 芽

1 国□ = 国の□
 (Ⓐ   ) (Ⓑ   )

2 □門 = お□の 門
 (Ⓐ   ) (Ⓑ   )

3 □流 = □の 流れ
 (Ⓐ   ) (Ⓑ   )

4 発□ = □が 出る こと
 (Ⓐ   ) (Ⓑ   )

5 □常 = 通常とは □なる こと
 (Ⓐ   )   (Ⓑ   )

6 □略 = 簡単にするために 略したり □いたり すること
 (Ⓐ   )   (Ⓑ   )

3 다음 내용을 읽어 보세요.

[地球の環境問題]
かんきょう

項目・内容 こうもく　ないよう		主な原因 おも　げんいん	影響 えいきょう
地球温暖化	地球の表面の気温が上昇して、気候が変わってしまうこと。 じょうしょう	温室効果ガス こうか （主に二酸化炭素）	海面が上昇 じょうしょう 農業や生態系への影響 えいきょう
海面の上昇 じょうしょう	海水が膨張したり、氷河が溶けることで、水面が上がってしまうこと ぼうちょう　　と	温暖化	南極や北極の氷が溶ける と
酸性雨	強い酸性の雨が降ること	大気汚染 お せん	自然の生態系への影響 えいきょう 森林が枯れる か 歴史的な建造物への影響など れきしてき　　　えいきょう
オゾン層の破壊 は かい	地上から10〜50kmにあるオゾンの層が破壊されること は かい	フロンガス	紫外線が増えて、 し がいせん ガンやウィルス性の病気にかかりやすくなる せい

그 밖에 여러분이 알고 있는 것을 일본어로 이야기해 봅시다.

項目(こうもく) 항목 ┃ 内容(ないよう) 내용 ┃ 影響(えいきょう) 영향 ┃ 上昇(じょうしょう) 상승 ┃ 効果(こうか) 효과 ┃
汚染(おせん) 오염 ┃ 枯(か)れる (초목이) 시들다 ┃ 歴史(れきし) 역사 ┃ 破壊(はかい) 파괴 ┃ 紫外線(しがいせん) 자외선 ┃
ガン 암 ┃ ウィルス性(せい) 바이러스성

한자 이모저모

일본 주재의 외국인이 뽑은 「すきな日本のことわざ10」

1. 「出るくいは打たれる」　모난 돌이 정맞는다
   で　　　　　　　う

2. 「石橋をたたいて渡る」　돌다리도 두드리고 건넌다
   いしばし　　　　　わた

3. 「郷に入っては郷に従え」　로마에 가면 로마법을 따르라
   ごう　い　　　ごう　したが

4. 「一期一会」　일생에 한번 만나는 기회, 일기일회
   いちごいちえ

5. 「サルも木から落ちる」　원숭이도 나무에서 떨어진다
   き　お

6. 「燈台下暗し」　등잔 밑이 어둡다
   とうだいもとくら

7. 「負けるが勝ち」　지는 것이 이기는 것이다
   ま　　　か

8. 「情けは人のためならず」　인정을 베푸는 것은 남을 위해서 하는 것이 아니다
   なさ　　ひと

9. 「能あるタカは爪を隠す」
   のう　　　　　つめ　かく

   재주있는 매는 발톱을 감춘다(재능이 있는 자는 그것을 남 앞에 과시하지 않는다)

10. 「けがの功名」
    こうみょう

    뜻밖의 공명(실패했다고 생각하거나 무심코 한 일이 뜻밖에 좋은 결과를 낳게 됨)

11 한자의 音

학습 목표 : 한국어와 일본어의 한자 읽기를 연결시킨 학습전략을 알 수 있다.

11-1 음(音)기호 적용하기

QUIZ 다음 **예**와 같이 한자의 공통된 부분과 밑줄 친 부분의 한자 읽기를 써 보세요.

> **예** 記・起・紀 ⇒ 〔 己：日<u>記</u> ／ <u>起</u>立 ／ 21世<u>紀</u> 〕
>   （キ）   （キ）   （キ）

1 複・復・腹 ⇒ 〔　　　：<u>複</u>雑 ／ <u>復</u>習 ／ <u>腹</u>痛 〕
                       （　）   （　）   （　）

2 晴・精・清 ⇒ 〔　　　：<u>晴</u>天 ／ <u>精</u>神 ／ <u>清</u>潔 〕
                       （　）   （　）   （　）

3 生・星・性 ⇒ 〔　　　：先<u>生</u> ／ 火<u>星</u> ／ 女<u>性</u> 〕
                       （　）   （　）   （　）

4 官・館・管 ⇒ 〔　　　：警<u>官</u> ／ 図書<u>館</u> ／ <u>管</u>理 〕
                       （　）   （　） （　）

미니 칼럼

한자의 음記号에는 「青」과 「官」처럼 하나의 한자가 그대로 음기호가 되는 것과, 이와는 달리 「复」처럼 한자의 일부분이 記号가 되는 것이 있다. 또한, 「占」과 같이 1字로는 「セン」이나, 音記号로는 「点, 店 (テン)」과 같이 음이 변하거나 하나의 기호가 여러 가지로 읽히는 경우도 있다.

401 管 주관할 관 획수 14	부수 대죽머리 たけかんむり (竹)	음	カン 管理(かんり) 관리, 血管(けっかん) 혈관, 保管(ほかん) 보관
		훈	くだ ガスの管(くだ)を引(ひ)く 가스관을 끌어들이다
		필순	管 管 管 管 管 管 管 管 管 管 管 管 管 管

402 仲 버금 중 획수 6	부수 사람인변 にんべん (イ)	음	チュウ 仲秋(ちゅうしゅう)の名月(めいげつ) 중추명월
		훈	なか 仲間(なかま) 동료, 不仲(ふなか) 불화, 仲直(なかなお)り 화해
		필순	仲 仲 仲 仲 仲 仲

403 性 성품 성 획수 8	부수 마음심변 りっしんべん (忄)	음	セイ 性格(せいかく) 성격, 異性(いせい) 이성 女性(じょせい) 여성, 性別(せいべつ) 성별
			ショウ
		훈	さが
		필순	性 性 性 性 性 性 性 性

404 救 구원할 구 획수 11	부수 등글월문방 のぶん ぼくづくり (攵)	음	キュウ 救急(きゅうきゅう) 구급, 救助(きゅうじょ) 구조 救出(きゅうしゅつ) 구출
		훈	すく(う) 命(いのち)を救(すく)う 생명을 구하다
		필순	救 救 救 救 救 救 救 救 救 救 救

405 固 굳을 고 획수 8	부수 큰입구몸 くにがまえ (囗)	음	コ 固定(こてい) 고정, 強固(きょうこ) 강고
		훈	かた(める) 土(つち)を固(かた)める 땅을 다지다
			かた(まる) 方針(ほうしん)が固(かた)まる 방침이 굳어지다
			かた(い) 固(かた)い石(いし) 단단한 돌
		필순	固 固 固 固 固 固 固

406 個 낱 개 획수 10	부수 사람인변 にんべん (イ)	음 コ 個人(こじん) 개인, 個室(こしつ) 독방, 個性(こせい) 개성
		필순 個 個 個 個 個 個 個 個 個 個

407 故 연고 고 획수 9	부수 등글월문방 のぶん ぼくづくり (攵)	음 コ 事故(じこ) 사고, 故郷(こきょう) 고향, 故障(こしょう) 고장 훈 ゆえ
		필순 故 故 故 故 故 故 故 故 故

408 鉱 쇳덩이 광 획수 13 鑛	부수 쇠금변 かねへん (金)	음 コウ 鉱山(こうざん) 광산, 鉱石(こうせき) 광석
		필순 鉱 鉱 鉱 鉱 鉱 鉱 鉱 鉱 鉱 鉱 鉱 鉱 鉱

409 際 즈음 제 획수 14	부수 좌부변 언덕부변 こざとへん (阝)	음 サイ 交際(こうさい) 교제, 国際(こくさい) 국제, 実際(じっさい) 실제
		필순 際 際 際 際 際 際 際 際 際 際 際 際 際 際

410 謝 사례할 사 획수 17	부수 말씀언변 ごんべん (言)	음 シャ 謝罪(しゃざい) 사죄, 感謝(かんしゃ) 감사 훈 あやま(る) 無礼(ぶれい)を謝(あやま)る 무례를 빌다, 사과하다
		필순 謝 謝 謝 謝 謝 謝 謝 謝 謝 謝 謝 謝 謝 謝 謝

411 障 막을 장 획수 14	부수 좌부변 언덕부변 こざとへん (阝)	음 ショウ 障害(しょうがい) 장해, 保障(ほしょう) 보장 훈 さわ(る) 仕事(しごと)に障(さわ)る 일에 지장이 있다 필순 障 障 障 障 障 障 障 障 障 障 障 障 障 障
412 制 지을 제 획수 8	부수 선칼도방 りっとう (刂)	음 セイ 制作(せいさく) 제작, 強制(きょうせい) 강제, 制限(せいげん) 제한 制度(せいど) 제도, 制服(せいふく) 교복, 제복, 体制(たいせい) 체제 필순 制 制 制 制 制 制 制 制
413 銅 구리 동 획수 14	부수 쇠금변 かねへん (金)	음 ドウ 銅像(どうぞう) 동상, 青銅(せいどう) 청동 필순 銅 銅 銅 銅 銅 銅 銅 銅 銅 銅 銅 銅 銅 銅
414 像 모양 상 획수 14	부수 사람인변 にんべん (亻)	음 ゾウ 想像(そうぞう) 상상, 現像(げんぞう) 현상 필순 像 像 像 像 像 像 像 像 像 像 像
415 群 무리 군 획수 13	부수 양양방 ひつじ (羊)	음 グン 群集(ぐんしゅう) 군집, 大群(たいぐん) 대군 훈 む(れ) 羊(ひつじ)の群(む)れ 양 떼 む(れる)/むら 필순 群 群 群 群 群 群 群 群 群 群 群 群 群

416 **郡** 고을 **군** 획수 10	**부수** 우부방 고을읍방 **おおざと** (阝)	**음** グン　郡部(ぐんぶ) 郡(군)에 속하는 지역 **필순** 郡 郡 郡 郡 郡 君 君 君 君 郡
417 **識** 알 **식** 기록할 **지** 획수 19	**부수** 말씀언변 **ごんべん** (言)	**음** シキ　知識(ちしき) 지식, 識別(しきべつ) 식별, 意識(いしき) 의식 　　　常識(じょうしき) 상식, 認識(にんしき) 인식 **필순** 識 識 識 識 識 識 識 識 識 識 識 識 識 識 識 識 識 識 識
418 **織** 짤 **직** 획수 18	**부수** 실사변 **いとへん** (糸)	**음** シキ　　組織(そしき) 조직 　　　ショク **훈** お(る)　布(ぬの)を織(お)る 천을 짜다 **필순** 織 織 織 織 織 織 織 織 織 織 織 織 織 織 織 織 織 織
419 **比** 견줄 **비** 획수 4	**부수** 견줄비 **ならびひ** **くらべる** (比)	**음** ヒ　　　比重(ひじゅう) 비중, 比率(ひりつ) 비율, 比例(ひれい) 비례 　　　対比(たいひ) 대비　**주의** 反比例(はんぴれい) 반비례 **훈** くら(べる)　AとBを比(くら)べる A와 B를 비교하다 **필순** 比 比 比 比
420 **批** 비평할 **비** 획수 7	**부수** 재방변 **てへん** (扌)	**음** ヒ　批判(ひはん) 비판, 批評(ひひょう) 비평 **필순** 批 批 批 批 批 批 批

한자 기초력 up

1 다음 한자를 어떻게 읽는지 밑줄 아래에 히라가나로 써 보세요.

1 高校の 制服 **2** ハチの 大群 **3** 警備保障会社

4 論文の 批評を します。 **5** 家族の 健康を 管理します。

6 彼とは 高校からの 仲間です。

7 個性を 生かす 教育が 大切です。

8 彼の 業績を 記念して 銅像が 建てられました。

9 ただ 見ているのと 実際に やるのとでは 全く 違います。
　　　　　　　　　　　　　　　　　　　　　　　　　ちが

10 私の 村は 3年前、4つの 郡が いっしょに なって、市に

なりました。

11 けがを した 足首を ギプスで 固定したら 関節が 固く

なってしました。

12 認識が 不足して いた ことを 謝りました。

13 鉱山で 事故が 起こりました。現在、救出作業が 進んで います。

14 人と 自分を 比べないで、自分らしく 生きましょう。

ハチ 벌 | ただ 그냥, 단지 | やる 하다 | 違(ちが)う 다르다 | けが 부상 | ギプス 깁스 | ~らしく ~답게 |

2 다음 □ 안에 들어갈 알맞은 한자를 써 보세요.

1 □□
　じょ　せい

2 □□ タクシー
　こ　じん

3 □□□
きゅう　きゅう　しゃ

4 □□□□
こく　さい　こう　りゅう

5 □□を □めます。
　ち　しき　　ふか

6 □□を □□します。
　しょ　るい　　ほ　かん

7 エアコンが □□しました。
　　　　　こ　しょう

8 □から □□します。
こころ　　かん　しゃ

9 □□に □□を □□されました。
　い　しゃ　　いん　しゅ　　せい　げん

10 yは xに □□します。
　　　　　ひ　れい

 다음 **예** 와 같이 밑줄 친 부분의 읽기를 한국어와 일본어로 써 보세요.

예 　　教育　・　国内　・　出席

　　(육 · いく)(국 · こく)(석 · せき)

1　　旅行　　・　　公園　　・　　当然　　・　　忘年会

　　(　·　　)(　·　　)(　·　　)(　·　　)

2　　試験　　・　　感謝　　・　　参加　　・　　店員

　　(　·　　)(　·　　)(　·　　)(　·　　)

3　　反対　　・　　先生　　・　　国民　　・　　連休

　　(　·　　)(　·　　)(　·　　)(　·　　)

421 班 나눌 반 획수 10	부수 임금왕변 おうへん (王)	음 ハン 班長(はんちょう) 반장
		필순 班 班 班 班 班 班 班 班 班 班

422 奮 분낼 분 획수 16	부수 클대 だい (大)	음 フン 奮起(ふんき) 분발, 興奮(こうふん) 흥분, 奮発(ふんぱつ) 분발
		훈 ふる(う)
		필순 奮 奮 奮 奮 奮 奮 奮 奮 奮 奮 奮 奮 奮 奮 奮

423 輪 바퀴 륜 획수 15	부수 수레거변 くるまへん (車)	음 リン 輪唱(りんしょう) 돌림 노래, 五輪(ごりん) 오륜, 車輪(しゃりん) 차륜
		훈 わ 首輪(くびわ) 목걸이, 指輪(ゆびわ) 반지
		필순 輪 輪 輪 輪 輪 輪 輪 輪 輪 輪 輪 輪 輪 輪 輪

424 連 연할 련 획수 10	부수 책받침 しんにょう しんにゅう (辶)	음 レン 関連(かんれん) 관련, 連絡(れんらく) 연락 連休(れんきゅう) 연휴, 連結(れんけつ) 연결
		훈 つら(なる) 山々(やまやま)が連(つら)なる 산들이 늘어서다 つら(ねる) つ(れる) 子(こ)どもを連(つ)れて行(い)く 아이를 데리고 가다
		필순 連 連 連 連 連 連 連 連 連 連
	連	

425 狀 형상 상 문서 장 획수 7	부수 개견 いぬ (犬)	음 ジョウ 現状(げんじょう) 현상, 状況(じょうきょう) 상황 状態(じょうたい) 상태, 年賀状(ねんがじょう) 연하장
		필순 状 状 状 状 状 状 状
	狀	

426 蒸 찔 증 획수 13	부수 초두머리 くさかんむり (艹)	음 ジョウ 蒸気(じょうき) 증기, 蒸発(じょうはつ) 증발 훈 む(す) 蒸(む)し暑(あつ)い夜(よる) 무더운 밤 む(れる)/む(らす)
		필순 蒸蒸蒸蒸蒸蒸蒸蒸蒸蒸蒸蒸蒸

427 党 무리 당 획수 10	부수 어진사람인발 ひとあし にんにょう (儿)	음 トウ 党員(とういん) 당원, 政党(せいとう) 정당
		필순 党党党党党党党党党党
	黨	

428 棒 막대기 봉 획수 12	부수 나무목변 きへん (木)	음 ボウ 鉄棒(てつぼう) 철봉, 泥棒(どろぼう) 도둑
		필순 棒棒棒棒棒棒棒棒棒棒棒棒

429 殺 죽일 살 감할 쇄 획수 10	부수 갖은등글월문방 るまた ほこづくり (殳)	음 サツ 殺人(さつじん) 살인, 自殺(じさつ) 자살 주의 殺風景(さっぷうけい) 살풍경 サイ/セツ 훈 ころ(す) 息(いき)を殺(ころ)す 숨을 죽이다
		필순 殺殺殺殺殺殺殺殺殺殺
	殺	

430 折 꺾을 절 획수 7	부수 재방변 てへん (扌)	음 セツ 右折(うせつ) 우회전, 骨折(こっせつ) 골절 훈 お(る) 二(ふた)つに折(お)る 두 개로 접다 お(れる) 枝(えだ)が折(お)れる 가지가 꺾어지다 おり 時折(ときおり) 이따금
		필순 折折折折折折折

431 絶 끊을 절 획수 12	부수 실사변 いとへん (糸)	음 ゼツ 絶望(ぜつぼう) 절망 주의 絶対(ぜったい) 절대 훈 た(える) 絶(た)えず努力(どりょく)する 끊임없이 노력하다 　 た(やす)/た(つ) 필순 絶 絶 絶 絶 絶 絶 絶 絶 絶 絶 絶 絶

432 仏 부처 불 획수 4	부수 사람인변 にんべん (イ) 佛	음 ブツ 仏像(ぶつぞう) 불상 주의 仏教(ぶっきょう) 불교 훈 ほとけ 仏(ほとけ) 부처 필순 仏 仏 仏 仏

433 協 화할 협 획수 8	부수 열십변 じゅうへん (十)	음 キョウ 協会(きょうかい) 협회, 協調(きょうちょう) 협조 　 協同(きょうどう) 협동, 協力(きょうりょく) 협력, 農協(のうきょう) 농협 필순 協 協 協 協 協 協 協 協

434 納 드릴 납 획수 10	부수 실사변 いとへん (糸)	음 ノウ 納入(のうにゅう) 납입, 返納(へんのう) 반납 　 ナツ 주의 納得(なっとく) 납득, 納豆(なっとう) 메주콩 　 トウ/ナ/ナン 훈 おさ(める) 税金(ぜいきん)を納(おさ)める 세금을 납부하다 필순 納 納 納 納 納 納 納 納 納 納

435 圧 누를 압 획수 5	부수 흙토 つち (土) 壓	음 アツ 圧力(あつりょく) 압력, 気圧(きあつ) 기압 필순 圧 圧 圧 圧 圧

| 436 逆
거스를 역
획수 9 | 부수
책받침
しんにょう
しんにゅう
(辶) | 음 ギャク　逆流(ぎゃくりゅう) 역류, 反逆(はんぎゃく) 반역
주의 逆行(ぎゃっこう) 역행
훈 さか
　さか(らう) 親(おや)に逆(さか)らう 부모에게 거역하다
필순 逆逆逆逆逆逆逆逆逆 |
| | 逆 | |

| 437 録
기록할 록
획수 16 | 부수
쇠금변
かねへん
(金) | 음 ロク　録音(ろくおん) 녹음, 記録(きろく) 기록, 録画(ろくが) 녹화
　登録(とうろく) 등록
필순 録録録録録録録録録録録録録
録録 |
| | 録 | |

| 438 域
지경 역
획수 11 | 부수
흙토변
つちへん
(土) | 음 イキ　地域(ちいき) 지역, 流域(りゅういき) 유역, 区域(くいき) 구역
필순 域域域域域域域域域域域 |
| | | |

| 439 責
꾸짖을 책
획수 11 | 부수
조개패
かい
こがい
(貝) | 음 セキ　責任(せきにん) 책임, 自責(じせき) 자책
훈 せ(める) 失敗(しっぱい)を責(せ)める 실패를 꾸짖다
필순 責責責責責責責責責責責 |
| | | |

| 440 積
쌓을 적
획수 16 | 부수
벼화변
のぎへん
(禾) | 음 セキ　体積(たいせき) 체적, 面積(めんせき) 면적
주의 積極的(せっきょくてき) 적극적
훈 つ(む)　荷物(にもつ)を積(つ)む 짐을 싣다
　つ(もる) 雪(ゆき)が積(つ)もる 눈이 쌓이다
필순 積積積積積積積積積積積積
積積 |
| | | |

한자 이모저모

◆ 밑줄 친 한자의 음 읽기를 한국어와 일본어를 비교해서 써 보세요.

공통 받침	ㄴ	1 ( )	ㄹ	2 ( )	ㄱ
한자 (읽기)	班長 (はん)	年賀状 (じょう)	自殺 (さつ)	協会 (きょう)	反逆 (ぎゃく)
	3 奮起 ( )	4 蒸気 ( )	5 骨折 ( )	6 納入 ( )	7 登録 ( )
	8 車輪 ( )	9 政党 ( )	10 絶望 ( )	11 圧力 ( )	12 地域 ( )
	13 連結 ( )	14 泥棒 ( )	15 仏像 ( )	16 給料 ( )	17 責任 ( )
	18 階段 ( )	19 女性 ( )	20 七時 ( )	21 急行 ( )	22 体積 ( )

1 다음 한자를 어떻게 읽는지 밑줄 아래에 히라가나로 써 보세요.

1 水蒸気   2 犬の 首輪   3 鉄棒の 練習

4 会話を 録音します。

5 その 決定には 納得できません。

6 家では 父の 意見は 絶対です。

7 妹は 積極的な 性格です。

8 祖父は 自民党の 党員です。

9 ここは 立入禁止の 区域です。

10 今度の 連休に 子供を 連れて 遊びに 行きます。

11 今の 彼は 興奮状態で 落ち着いて 話が できません。

12 先日 起きた 殺人事件で 殺されたのは 小学生の 女の子でした。

13 日本の 南の 海上を 低気圧が 通過したため、雪が 積もり
ました。

14 両親の 言う ことに 逆らって、別の 道に 進みました。

15 班長を 中心に みんなで 協力して、がんばりましょう。

2 다음 □ 안에 들어갈 알맞은 한자를 써 보세요.

1 □□
のう　きょう

2 □□
ぶっ　きょう

3 □□
じ　さつ

4 川の □□
りゅう　いき

5 □□ の □□
と　ち　　めん　せき

6 □□ を □ めます。
ぜい　きん　　おさ

7 □ を　二つに　□ ります。
かみ　　　　　お

8 そんなに　□□ を　□ めないで　ください。
じ　ぶん　　せ

9 ＩＴ□□ の　□□ を　して　います。
かん　れん　　し　ごと

10 □□ は　□ し□ い　日が　□ きます。
つ　ゆ　　む　　あつ　　　　つづ

한자 응용력 up

1 다음 예와 같이 한자 음 부호와 음 읽기를 써 보세요.

	漢字	음 부호	음 읽기		漢字	음 부호	음 읽기
예	故	古	コ	6	際		
1	障			7	銅		
2	批			8	積		
3	管			9	像		
4	郡			10	紅		
5	救			11	訪		

2 다음 A와 B에 공통으로 들어가는 한자와 밑줄 친 부분의 한자 읽기를 써 보세요.

예　A　大☐に　入ります。 B　日本語を　☐びます。	学	A だいがく
		B まなび

1　A　冬季五☐が　開かれます。

　　B　誕生日に　指☐を　もらいました。

	A
	B

2 A どんな ことにも 感□する 気持ちが 大切です。

B 会議を 欠席した ことを □りました。

	A
	B

3 A 今日は □秋の 名月です。

B けんかした 友達と □直りしました。

	A
	B

4 A 海の 水は 絶えず □発して います。

B お昼に □しパンを 食べました。

	A
	B

5 A ずいぶん □風景な 部屋ですね。

B 息を □して 息子の 演奏を 見守りました。

	A
	B

3 다음 (　　)에 들어갈 알맞은 말을 보기에 골라 쓰세요.

보기　圧力　・　逆行　・　現状　・　比重　・　奮起　・　責任

1 (　　　　)を　かけます。　　2 (　　　　)を　うながします。

3 (　　　　)を　置きます。　　4 (　　　　)を　とります。

5 時代に　(　　　)します。　　6 (　　　　)を　打破します。

4 다음 **예**와 같이 밑줄 친 부분의 한자 읽기와 한국어를 써 보세요.

예 学校に　行きます。
　　(　がっこう　・　学校　)

1 足を　骨折しました。
　　(　　　　　・　　　　　)

2 川の　水が　逆流を　始めました。
　　(　　　　　・　　　　　)

3 男女の　比率は　半々です。
　　(　　　　　・　　　　　)

 낱말과 표현

うながす 촉구하다

4 管理会社に　連絡します。
　　らく

（　　　　　・　　　　　）（　　　　　・　　　　　）

5 あの子は　朗らかな　性格です。

（　　　　　・　　　　　）

6 個室を　予約します。

（　　　　　・　　　　　）（　　　　　・　　　　　）

7 知識を　吸収します。

（　　　　　・　　　　　）（　　　　　・　　　　　）

8 映画の　感想を　書きます。

（　　　　　・　　　　　）

도전! 한자 QUIZ

◆ 일본어와 한국어의 어순이 반대가 되는 단어를 정리해 보세요.

예　　　品物　　　　　草花　　　　　婚約　　　　　良妻賢母
　　　しなもの　　　くさばな　　　こんやく　　　りょうさいけんぼ

5 다음 글을 읽고 알맞은 한자를 골라서 ○표 하세요.

　2010年、南アメリカのチリの **1**（ 鉱山 ・ 鋼山 ）で大きな **2**（ 事古 ・ 事故 ）がありました。33人の作業員が69日間、中に閉じ込められました。生存は **3**（ 失望 ・ 絶望 ）的だと思われましたが、全員が **4**（ 救出 ・ 球出 ）されました。

　彼らは、どんなに苦しい **5**（ 状況 ・ 状党 ）になっても、**6**（ 固い ・ 個い ）意志とチームワークでがんばりました。このニュースは、**7**（ 国際 ・ 国祭 ）社会の関心を集め、世界の多くの国が彼らを助けるために **8**（ 共力 ・ 協力 ）しました。この事件の **9**（ 記緑 ・ 記録 ）は、映画や本にもなりました。

 낱말과 표현

作業員(さぎょういん) 인부 | 閉(と)じ込(こ)められる 갇히다 | 生存(せいぞん) 생존 | 思(おも)われる 생각되다 |
全員(ぜんいん) 전원 | 苦(くる)しい 힘들다 | 意志(いし) 의지 | 関心(かんしん)を集(あつ)める 관심을 모으다 |
助(たす)ける 돕다 | 事件(じけん) 사건

12 사회

학습 목표 : 현대 일본 사회에서 사용하는 용어와 관련된 한자를 구사할 수 있다.

12-1 과학 기술

QUIZ 다음 글을 읽어 봅시다.

　20世紀は、科学が最も発展した世紀だと言えます。海に空に人々の行動は広がりました。1969年にはアポロ11号が月に着陸し、各国の宇宙開発競争が始まりました。

　工学分野だけでなく、医学や理学分野も大きな発展を遂げました。新薬が開発され、人間の寿命も大きく伸びました。
このような科学の発展は産業の発展にもつながり、今日の情報化社会が形成されました。

Q1 : 「科学技術」 라는 말을 듣고 무엇을 떠올리나요?

Q2 : 21세기는 어떤 시대가 될까요?

 낱말과 표현

宇宙(うちゅう) 우주 ｜ 遂(と)げる 이루다 ｜ 寿命(じゅみょう) 수명 ｜ 情報(じょうほう) 정보

441 宇 집 우 획수 6	부수 갓머리 **うかんむり** (宀)	음 ウ 宇宙(うちゅう) 우주 필순 宇 宇 宇 宇 宇 宇

442 宙 집 주 획수 8	부수 갓머리 **うかんむり** (宀)	음 チュウ 宇宙(うちゅう) 우주, 宙返(ちゅうがえ)り 재주 넘기 필순 宙 宙 宙 宙 宙 宙 宙 宙

443 衛 호위할 위 획수 16	부수 다닐행 **ぎょうがまえ ゆきがまえ** (行)	음 エイ 衛生(えいせい) 위생, 守衛(しゅえい) 수위 衛星(えいせい) 위성, 防衛(ぼうえい) 방위 필순 衛 衛 衛 衛 衛 衛 衛 衛 衛 衛 衛 衛 衛 衛 衛 衛

444 観 볼 관 획수 18 觀	부수 볼견 **みる** (見)	음 カン 観光(かんこう) 관광, 観察(かんさつ) 관찰 主観(しゅかん) 주관, 客観的(きゃっかんてき) 객관적 훈 み(る) 필순 観 観 観 観 観 観 観 観 観 観 観 観 観 観 観 観 観 観

445 測 측량할 측 획수 12	부수 삼수변 **さんずい** (氵)	음 ソク 測量(そくりょう) 측량, 観測(かんそく) 관측 推測(すいそく) 추측, 予測(よそく) 예측 훈 はか(る) 距離(きょり)を測(はか)る 거리를 재다 필순 測 測 測 測 測 測 測 測 測 測 測 測

446 磁 자석 **자** 획수 14	부수 돌석변 いしへん (石)	음 ジ 磁石(じしゃく) 자석, 磁場(じば) 자장, 電磁波(でんじは) 전자파
		필순 磁 磁 磁 磁 磁 磁 磁 磁 磁 磁 磁 磁 磁 磁

447 基 터 **기** 획수 11	부수 흙토 つち (土)	음 キ 基本(きほん) 기본, 基地(きち) 기지, 基準(きじゅん) 기준, 基礎(きそ) 기초
		훈 もと 調査(ちょうさ)に基(もと)づいたデータ 조사에 의거한 데이터 もとい
		필순 基 基 基 基 基 基 基 其 其 其 基

448 情 뜻 **정** 획수 11	부수 마음심변 りっしんべん (忄)	음 ジョウ 愛情(あいじょう) 애정, 感情(かんじょう) 감정 事情(じじょう) 사정, 情熱(じょうねつ) 정열 セイ
		훈 なさ(け) 情(なさ)けない世(よ)の中(なか) 한심한 세상
		필순 情 情 情 情 情 情 情 情 情 情 情
	情	

449 報 갚을 **보** 획수 12	부수 흙토 つち (土)	음 ホウ 報告(ほうこく) 보고, 予報(よほう) 예보, 情報(じょうほう) 정보 報道(ほうどう) 보도 주의 電報(でんぽう) 전보
		훈 むく(いる)
		필순 報 報 報 報 報 報 報 報 報 報 報 報

450 機 기계 **기** 획수 16	부수 나무목변 きへん (木)	음 キ 機会(きかい) 기회, 機械(きかい) 기계 動機(どうき) 동기, 飛行機(ひこうき) 비행기
		훈 はた
		필순 機 機 機 機 機 機 機 機 機 機 機 機 機 機 機 機

451 機 기계 계 획수 11	부수 나무목변 きへん (木)	음 キ 機械(きかい) 기계, 器械(きかい) 기계, 기구
		필순 械 械 械 械 械 械 械 械 械 械 械

452 技 재주 기 획수 7	부수 재방변 てへん (扌)	음 ギ 国技(こくぎ) 국기, 技能(ぎのう) 기능, 技術(ぎじゅつ) 기술 競技(きょうぎ) 경기
		훈 わざ
		필순 技 技 技 技 技 技 技

453 検 검사할 검 획수 12	부수 나무목변 きへん (木)	음 ケン 点検(てんけん) 점검, 検査(けんさ) 검사, 検討(けんとう) 검토
		필순 検 検 検 検 検 検 検 検 検 検 検 検
	檢	

454 証 증거할 증 획수 12	부수 말씀언변 ごんべん (言)	음 ショウ 証明(しょうめい) 증명, 実証(じっしょう) 실증, 証拠(しょうこ) 증거 保証書(ほしょうしょ) 보증서, 免許証(めんきょしょう) 면허증
		필순 証 証 証 証 証 証 証 証 証 証 証 証
	證	

455 疑 의심할 의 획수 14	부수 짝필 ひき (疋)	음 ギ 疑問(ぎもん) 의문, 質疑(しつぎ) 질의
		훈 うたが(う) 疑(うたが)う余地(よち)がない 의심할 여지가 없다 疑(うたが)いがかけられる 혐의를 받다
		필순 疑 疑 疑 疑 疑 疑 疑 疑 疑 疑 疑 疑 疑 疑

456 順 순할 순 획수 12	부수 머리혈방 おおがい (頁)	음 ジュン 順位(じゅんい) 순위, 順調(じゅんちょう) 순조 順番(じゅんばん) 순번, 筆順(ひつじゅん) 필순
		필순 順 順 順 順 順 順 順 順 順 順 順 順

457 序 차례 서 획수 7	부수 엄호엄 まだれ (广)	음 ジョ 順序(じゅんじょ) 순서, 序列(じょれつ) 서열, 秩序(ちつじょ) 질서
		필순 序 序 序 序 序 序 序

458 秘 숨길 비 획수 10	부수 벼화변 のぎへん (禾)	음 ヒ 秘密(ひみつ) 비밀, 秘書(ひしょ) 비서 주의 神秘(しんぴ) 신비
		필순 秘 秘 秘 秘 秘 秘 秘 秘 秘 秘

459 密 빽빽할 밀 획수 11	부수 갓머리 うかんむり (宀)	음 ミツ 過密(かみつ) 과밀, 厳密(げんみつ) 엄밀, 親密(しんみつ) 친밀 密輸(みつゆ) 밀수 주의 密集(みっしゅう) 밀집, 密接(みっせつ) 밀접
		필순 密 密 密 密 密 密 密 密 密 密 密

460 賞 상줄 상 획수 15	부수 조개패 かい こがい (貝)	음 ショウ 賞金(しょうきん) 상금, 賞賛(しょうさん) 칭찬, 賞品(しょうひん) 상품 受賞(じゅしょう) 수상, ノーベル賞(しょう) 노벨상
		필순 賞 賞 賞 賞 賞 賞 賞 賞 賞 賞 賞 賞 賞 賞 賞

1 다음 한자를 어떻게 읽는지 밑줄 아래에 히라가나로 써 보세요.

1 ノーベル賞　　2 宇宙探査　　3 漢字の　筆順

4 上司に　報告します。　　5 人工衛星を　打ち上げます。

6 南極には　世界各国の　基地が　あります。

7 これまで　測った　データから　結果が　予測できます。

8 動物の　生態を　観察して、記録に　残します。

9 疑問を　感じた　部分に　ついて、仮説を　立て、検証しました。

10 スマートフォンの　電磁波で　飛行機が　誤作動を　起こす
　　可能性が　あります。

11 科学技術の　進歩は　人間を　幸せに　して　くれるの　でしょうか。

12 この　ことは　先生には　秘密に　して　ください。

13 彼の　演劇に　かける　情熱は　すごいです。

14 日本の　会社は　年功序列の　性格が　強いです。

15 部活で　器械体操を　して　います。

 낱말과 표현

～について ～에 대해서 | ～てくれる ～해 주다 | かける 걸다

2 다음 □ 안에 들어갈 알맞은 한자를 써 보세요.

1 □□
ひ　しょ

2 □□
じ　しゃく

3 アレルギー□□
けん　さ

4 □□□□
けん　せつ　き　かい

5 □ の □□
ほし　　かん　そく

6 □□ の □□
あん　ぜん　　き　じゅん

7 □□□□□
じょう　ほう　か　しゃ　かい

8 こちらから □□ よく □んで ください。
じゅん　じょ　　なら

9 □□□ を □ てては いけませんよ。
ほ　しょう　しょ　　す

10 □□ の □□□□ ついて □んで います。
しょく　ひん　　えい　せい　かん　り　　まな

 낱말과 표현

アレルギー 알레르기

 다음은 일본 행정 구조입니다. 보기에서 한자 읽기를 골라 써 보세요.

보기 さいばんしょ ・ ぎょうせいけん ・ さんぎいん ・
そうりだいじん ・ こくみん

[立法権（ りっぽうけん ）]
国会（ こっかい ）
衆議院（ しゅうぎいん ）
参議院（ 1   ）

国民
（ 2   ）

[司法権（ しほうけん ）]
裁判所（ 3   ）

[行政権（ 4   ）]
内閣（ ないかく ）
内閣総理大臣
（ 5   ）
国務大臣（ こくむだいじん ）

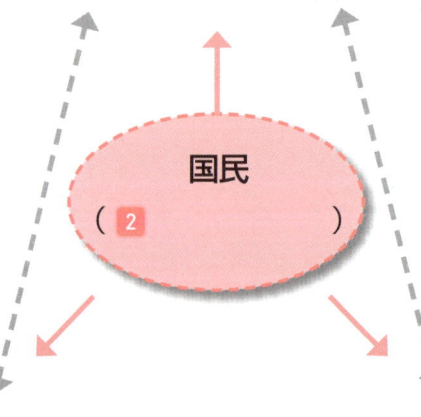

461 政 정사 정 획수 9	부수 둥글월문방 のぶん ぼくづくり (攵)	음 セイ 政治(せいじ) 정치, 財政(ざいせい) 재정, 政権(せいけん) 정권 政府(せいふ) 정부 ショウ 훈 まつりごと
		필순 政 政 政 政 政 政 政 政 政

462 治 다스릴 치 획수 8	부수 삼수변 さんずい (氵)	음 ジ 政治(せいじ) 정치, 明治(めいじ) 일본의 연호 1968년~1912년 チ 全治(ぜんち) 전치, 治療(ちりょう) 치료 훈 おさ(める) 国(くに)を治(おさ)める 나라를 다스리다 おさ(まる) 国(くに)が治(おさ)まる 나라가 평온해지다 なお(る) 病気(びょうき)が治(なお)る 병이 낫다 なお(す) 病気(びょうき)を治(なお)す 병을 낫게 하다
		필순 治 治 治 治 治 治 治 治

463 策 꾀 책 획수 12	부수 대죽머리 たけかんむり (竹)	음 サク 政策(せいさく) 정책, 対策(たいさく) 대책
		필순 策 策 策 策 策 策 策 策 策 策 策 策

464 選 가릴 선 획수 15	부수 책받침 しんにょう しんにゅう (辶)	음 セン 選手(せんしゅ) 선수, 選出(せんしゅつ) 선출, 当選(とうせん) 당선 予選(よせん) 예선 훈 えら(ぶ) よい物(もの)を選(えら)ぶ 좋은 물건을 고르다
		필순 選 選 選 選 選 選 選 選 選 選 選 選 選 選 選
	選	

465 挙 들 거 획수 10	부수 손수 て (手)	음 キョ　快挙(かいきょ) 쾌거, 選挙(せんきょ) 선거 훈 あ(げる)　手(て)を挙(あ)げる 손을 들다 　　あ(がる) 필순 挙 挙 挙 挙 挙 挙 挙 挙 挙 挙
	擧	
466 票 표 표 획수 11	부수 보일시 しめす (示)	음 ヒョウ　票決(ひょうけつ) 표결, 開票(かいひょう) 개표 　　　　得票(とくひょう) 득표, 投票(とうひょう) 투표 주의 伝票(でんぴょう) 전표 필순 票 票 票 票 票 票 票 票 票 票 票
467 憲 법 헌 획수 16	부수 마음심 こころ (心)	음 ケン　憲法(けんぽう) 헌법, 立憲(りっけん) 입헌 필순 憲 憲 憲 憲 憲 憲 憲 憲 憲 憲 憲 憲 憲 憲 憲 憲
468 法 법 법 획수 8	부수 삼수변 さんずい (氵)	음 ホウ　法案(ほうあん) 법안, 作法(さほう) 작법, 예법 　　　　方法(ほうほう) 방법, 法則(ほうそく) 법칙 주의 憲法(けんぽう) 헌법, 文法(ぶんぽう) 문법 ハツ/ホツ 필순 法 法 法 法 法 法 法 法
469 律 법률 률 획수 9	부수 두인변 ぎょうにんべん (彳)	음 リツ　法律(ほうりつ) 법률, 律動(りつどう) 율동 　　リチ 필순 律 律 律 律 律 律 律 律 律

470 改 고칠 개 획수 7	부수 등글월문방 のぶん ぼくづくり (攵)	음 カイ 改札(かいさつ) 개찰, 改正(かいせい) 개정 改善(かいぜん) 개선, 改良(かいりょう) 개량 훈 あらた(める) 行(おこな)いを改(あらた)める 행실을 고치다 あらた(まる) 心(こころ)が改(あらた)まる 마음이 새로워지다
		필순 改 改 改 改 改 改 改

471 革 가죽 혁 획수 9	부수 가죽혁 かくのかわ つくりがわ (革)	음 カク 皮革(ひかく) 피혁, 沿革(えんかく) 연혁 改革(かいかく) 개혁, 革命(かくめい) 혁명 훈 かわ 革(かわ) 가죽
		필순 革 革 革 革 革 革 革 革 革

472 閣 집 각 획수 14	부수 문문 もんがまえ (門)	음 カク 内閣(ないかく) 내각, 閣議(かくぎ) 각의
		필순 閣 閣 閣 閣 閣 閣 閣 閣 閣 閣 閣 閣 閣 閣

473 総 모을 총 획수 14	부수 실사변 いとへん (糸) 總	음 ソウ 総合(そうごう) 종합, 総額(そうがく) 총액 総理大臣(そうりだいじん) 총리
		필순 総 総 総 総 総 総 総 総 総 総 総 総 総 総

474 臣 신하 신 획수 7	부수 신하신 しん (臣)	음 シン 臣下(しんか) 신하, 家臣(かしん) 가신 ジン 大臣(だいじん) 장관
		필순 臣 臣 臣 臣 臣 臣 臣

475 衆 무리 중 획수 12	부수 피혈 ち (血)	음 シュウ 群衆(ぐんしゅう) 군중, 大衆(たいしゅう) 대중 公衆電話(こうしゅうでんわ) 공중전화 衆議院(しゅうぎいん) 중의원(일본 국회 양원 가운데 하나. 미국의 하원에 해당) シュ
		필순 衆 衆 衆 衆 衆 衆 衆 衆 衆 衆 衆 衆

476 議 의논할 의 획수 20	부수 말씀언변 ごんべん (言)	음 ギ 議案(ぎあん) 의안, 議員(ぎいん) 의원, 会議(かいぎ) 회의 協議(きょうぎ) 협의, 議論(ぎろん) 의논, 不思議(ふしぎ) 불가사의
		필순 議

477 犯 범할 범 획수 5	부수 개사슴록변 けものへん (犭)	음 ハン 犯人(はんにん) 범인, 犯罪(はんざい) 범죄, 防犯(ぼうはん) 방범 훈 おか(す) 罪(つみ)を犯(おか)す 죄를 범하다
		필순 犯 犯 犯 犯 犯

478 罪 허물 죄 획수 13	부수 그물망 あみがしら あみめ よこめ (罒)	음 ザイ 有罪(ゆうざい) 유죄, 犯罪(はんざい) 범죄 훈 つみ 罪(つみ) 죄
		필순 罪 罪 罪 罪 罪 罪 罪 罪 罪 罪 罪 罪 罪

479 裁 마를 재 획수 12	부수 옷의 ころも (衣)	음 サイ 総裁(そうさい) 총재, 裁判(さいばん) 재판 훈 さば(く) 罪(つみ)を裁(さば)く 죄를 심판하다 た(つ)
		필순 裁 裁 裁 裁 裁 裁 裁 裁 裁 裁 裁 裁

480 判 판단할 **판** 획수 7	부수 선칼도방 **りっとう** (刂)	음 ハン　批判(ひはん) 비판, 判決(はんけつ) 판결, 判断(はんだん) 판단 バン　裁判(さいばん) 재판, 評判(ひょうばん) 평판 필순 判 判 判 判 判 判 判

도전! 한자 QUIZ

◆ 다음의 일본어와 한국어를 정리해 보세요.

1 일본어와 한국어 한자어 표현이 동일한 의미를 가지는 그룹

(대부분의 한자어가 여기에 속함)

예　初步　　　　　念願　　　　　永久
　　しょほ　　　　　ねんがん　　　　えいきゅう

2 일본어와 한국어 한자어 표현에 의미의 차이가 있는 그룹

예　単位　학점, 단위　　得意　장기, 득의
　　たんい　　　　　　とくい

3 한국에서 사용하지 않는 일본어 표현 그룹

예　残念　유감　　　文系　문과계　　　度胸　담력
　　ざんねん　　　　　ぶんけい　　　　どきょう

한자 기초력 up

1 다음 한자를 어떻게 읽는지 밑줄 아래에 히라가나로 써 보세요.

1 大衆文化　　2 内閣総理大臣　　3 フランス革命

4 災害の　対策を　立てます。　　5 五月三日は　憲法記念日です。

6 賛成の　人は　手を　挙げて　ください。

7 大きな　事件の　裁判の　判決が　出ました。

8 物価は　上がる　一方です。政府は　何を　して　いるの　でしょうか。

9 開票の　結果、田中氏が　衆議院議員に　当選しました。

10 毎週　土曜日　区役所では　無料の　法律相談を　して　います。

11 これ　以上、罪を　犯すなと　犯人を　説得しました。

12 聞けば　聞くほど　不思議な　話です。

13 オリンピックの　選手に　選ばれました。

14 改札を　出た　所で　会いましょう。

15 全治　3週間と　言われましたが、2週間で　治りました。

～ば～ほど ～면 ～ㄹ수록

2 다음 □ 안에 들어갈 알맞은 한자를 써 보세요.

1 □□
 　 はん　ざい

2 □□□
　 せい　じ　か

3 □□□□
　 がい　む　だい　じん

4 □□□□
　 こう　しゅう　でん　わ

5 □□ の □□
　 しょく じ　　 さ ほう

6 □□ の □□
　 せん きょ　　 とう ひょう

7 まだ □□ の □□ が あると 思います。
　　　 ぎ ろん　　 よ ち

8 □□□□ を □□ します。
　 ねん きん せい ど　 かい かく

9 その ぐらいは □□ で □□ して ください。
　　　　　　　　 じ ぶん　　 はん だん

10 金さんが □□ で 1□ に なりました。
　　　　　 そう ごう　　 い

1 同音漢字語(類・異義語)
동음한자어유 이의어

일본어 숙어 읽기는 같으나, 의미가 비슷하거나 다른 한자어를 알아봅시다.

いじょう	以上	30分**以上**待つ 30분 **이상** 기다리다	えいせい	衛星	**衛星**放送を受信する **위성**방송을 수신하다
	異常	この夏は**異常**に暑い 올 여름은 **이상**하게 덥다		衛生	**衛生**に気を配る **위생**에 신경을 쓰다
こうがい	公害	**公害**に悩む **공해**에 시달리다	じてん	辞典	韓日**辞典**を引く 한일 **사전**을 찾다
	郊外	**郊外**に家を建てる **교외**에 집을 짓다		事典	百科**事典**で調べる 백과 **사전**으로 알아보다
そうぞう	想像	**想像**上の動物 **상상** 속에 동물	ふくし	副詞	日本語の**副詞**を学ぶ 일본어 **부사**를 배우다
	創造	文化を**創造**する 문화를 **창조**하다		福祉	子供の**福祉**を考える 아이의 **복지**를 생각하다
ほけん	保険	**保険**に加入する **보험**에 가입하다	ほしょう	保証	品質を**保証**する 품질을 **보증**하다
	保健	**保健**室で休む **보건**실에서 쉬다		保障	安全を**保障**する 안전을 **보장**하다
きかい	機会	**機会**を得る **기회**를 얻다	きょうかい	教会	毎週**教会**に通う 매주 **교회**를 다니다
	機械	工作**機械**を使う 공작 **기계**를 다루다		協会	**協会**を結成する **협회**를 결성하다
	器械	測定**器械**を使う 측정 **기계**를 쓰다		境界	となりの家との**境界** 이웃과의 **경계**

 **同訓語**
동 훈 어

일본어 訓 읽기는 같으나, 의미가 다른 동사의 그룹을 알아봅시다.

あやまる	謝る	無礼を**謝る** 무례를 **사과하다**	おる	折る	紙を二つに**折る** 종이를 두개로 **접다**
	誤る	機械の操作を**誤る** 기계를 잘못 **작동하다**		織る	旗を**織る** 깃발을 **짜다**
たつ	立つ	人が**立つ** 사람이 **서다**	つくる	作る	料理を**作る** 요리를 **만들다**
	建つ	建物が**建つ** 건물이 **세워지다**		造る	船を**造る** 배를 **만들다**
なおる	直る	故障が**直る** 고장이 **수리되다**	あらわす	表す	言葉に**表す** 말로 **나타내다**
	治る	病気が**治る** 병이 **낫다**		現す	姿を**現す** 모습을 **나타내다**
はかる	計る	時間を**計る** 시간를 **재다**	うつる	移る	席を**移る** 자리를 **옮기다**
	測る	面積を**測る** 면적을 **재다**		写る	写真に**写る** 사진에 **찍히다**
	図る	合理化を**図る** 합리화을 **꾀하다**		映る	鏡に**映る** 거울에 **비치다**

한자 응용력 up

1 다음 예와 같이 [A]와 [B]에서 하나씩 단어를 골라서 써 보세요.

예 <u>総理大臣</u>(そうりだいじん)

[A]

総理・宇宙・運転・閣議・
公衆・質疑・品種・秘密・
礼儀

[B]

大臣・応答・改良・決定・
厳守・作法・電話・飛行士・
免許証

1 _____ ( )

2 _____ ( )

3 _____ ( )

4 _____ ( )

5 _____ ( )

6 _____ ( )

7 _____ ( )

8 _____ ( )

2 다음 와 같이 (   )에 들어갈 말을 보기에서 골라 알맞게 써 보세요.

> 예 おふろに （ 入り ）ます。

> 보기 ~~はいる~~ ・ うたがう ・ えらぶ ・ おさめる ・
> はかる ・ ひめる   ・ もとづく

1. 確かな 情報に （   ） 話です。

2. 土地の 面積を （   ）ます。

3. あなたを （   ）ことを 許して ください。

4. 友人の 誕生日プレゼントを （   ）ます。

5. 武力だけでは 国は （   ）られません。

6. 胸に （   ） 思いは だれよりも 熱いです。

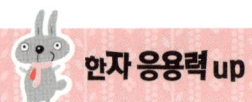

3 다음 🕲와 같이 밑줄 친 부분을 다르게 읽는 것에 ◯표 하세요.

[A]

> 🕲 ⟨学⟩校 ・ 大<u>学</u> ・<u>学</u>生

1 秘密 ・ 秘書 ・ 神秘   2 明治 ・ 治療 ・ 政治

3 批判 ・ 評判 ・ 判断   4 伝票 ・ 投票 ・ 票決

5 文法 ・ 憲法 ・ 方法   6 密接 ・ 厳密 ・ 密輸

[B]

> 🕲 学<u>校</u> ・ ⟨教⟩室 ・<u>交</u>通

1 宇宙 ・ 住所 ・ 注意   2 国技 ・ 疑問 ・ 動機

3 法案 ・ 防衛 ・ 情報   4 磁場 ・ 姉妹 ・ 自己

5 検証 ・ 受賞 ・ 大衆   6 看板 ・ 犯人 ・ 判決

4 다음 보기에서 단어를 골라 써서 [A]와 [B]의 글을 완성하세요.

[A]

> **보기**　最高　・　三権　・　首相　・　衆議院　・　内閣

　日本の政治は、**1**（　　　　　　）分立といって、国家の権力を立法、行政、司法の３つに分立しています。立法権は国会、行政権は**2**（

　　　）、司法権は裁判所が持っています。

　内閣は、首長である内閣総理大臣と、他の国務大臣で組織されています。内閣総理大臣のことを**3**（　　　　　　）とも言います。日本の国会は、**4**（　　　　　　）と参議院の両院制です。日本の**5**（　　　　　　）裁判所は、韓国の大法院に当たります。

分立(ぶんりつ) 분립 ┃ 首長(しゅちょう) 수장 ┃ 参議院(さんぎいん) 참의원(일본의 상원) ┃ 両院制(りょういんせい) 양원제 ┃
大法院(だいほういん) 대법원

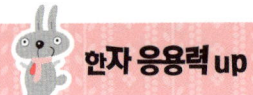

[B]

| 보기 | 宇宙 ・ 衛星 ・ 基地 ・ 疑問 ・ 検証 ・ 情報 |

　20世紀の科学の発展は、目覚しいものでした。では、21世紀はどんな時代になるでしょうか。人工 **1** (　　　　　　　　)の開発が進んで、今以上の **2** (　　　　　　　　)化社会になるでしょう。月や火星への旅行はもちろん、地球の以外の星に **3** (　　　　　　)が造られて、移住する人がいるかもしれません。もしかしたら、**4** (　　　　　　)人と交流ができるかもしれません。今は、不思議に思われることも、科学的に **5** (　　　　　　)されて、**6** (　　　　　　)が解明されるかもしれません。

目覚(めざま)しい 놀랍다 | **では** 그럼 | **進**(すす)む 나아가다 | **移住**(いじゅう) 이주 | **解明**(かいめい) 해명

13-1 어휘의 네트워크

QUIZ 빈칸에 알맞은 한자를 넣어 숙어를 만들어 보세요.

1
□ 技 芸
能

2
戰 競 □
争

3
出 欠 座
○

4
○
賞 業 作用

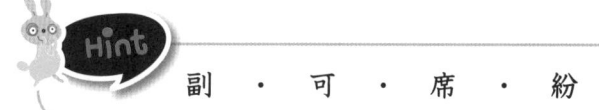

Hint
副 · 可 · 席 · 紛

481 模 본뜰 **모** 획수 14	**부수** 나무목변 **きへん** (木)	**음** モ 模範(もはん) 모범, 模様(もよう) 모양 ボ 規模(きぼ) 규모
		필순 模 模 模 模 模 模 模 模 模 模 模 模 模 模
482 容 얼굴 **용** 획수 10	**부수** 갓머리 **うかんむり** (宀)	**음** ヨウ 内容(ないよう) 내용, 容器(ようき) 용기, 容易(ようい) 용이 美容院(びよういん) 미용실, 容態(ようだい) 병세
		필순 容 容 容 容 容 容 容 容 容 容
483 存 있을 **존** 획수 6	**부수** 아들자 **こ** (子)	**음** ソン 存在(そんざい) 존재 ゾン 保存(ほぞん) 보존, 生存(せいぞん) 생존
		필순 存 存 存 存 存 存
484 副 버금 **부** 획수 11	**부수** 선칼도방 **りっとう** (刂)	**음** フク 副賞(ふくしょう) 부상, 副作用(ふくさよう) 부작용 副会長(ふくかいちょう) 부회장, 副都心(ふくとしん) 부도심 副業(ふくぎょう) 부업
		필순 副 副 副 副 副 副 副 副 副 副 副
485 再 두번 **재** 획수 6	**부수** 멀경 **どうがまえ** **けいがまえ** **まきがまえ** (冂)	**음** サイ 再会(さいかい) 재회, 再開(さいかい) 재개, 再生(さいせい) 재생 サ 再来年(さらいねん) 내후년 **훈** ふたた(び) 再(ふたた)び 재차
		필순 再 再 再 再 再 再

486 量 헤아릴 **량** 획수 12	**부수** 마을리 さと (里)	**음** リョウ	計量(けいりょう) 계량, 力量(りきりょう) 역량 推量(すいりょう) 추량, 多量(たりょう) 다량
		훈 はか(る)	体重(たいじゅう)を量(はか)る 체중을 달다
		필순	量 量 量 量 量 量 量 量 量 量 量 量

487 延 늘일 **연** 획수 8	**부수** 민책받침 えんにょう (廴)	**음** エン	延期(えんき) 연기, 延長(えんちょう) 연장
		훈 の(びる)	会議(かいぎ)が延(の)びる 회의가 길어지다
		の(べる)	
		の(ばす)	二・三日(にさんにち)延(の)ばす 이삼일 연기하다
		필순	延 延 延 延 延 延 延 延

488 欠 缺 이지러질 **결** 하품 **흠** 획수 4	**부수** 하품흠 あくび かける (欠)	**음** ケツ	欠員(けついん) 결원, 不可欠(ふかけつ) 불가결 **주의** 欠席(けっせき) 결석, 欠点(けってん) 결점
		훈 か(ける)	月(つき)が欠(か)ける 달이 이지러지다
		か(く)	礼儀(れいぎ)を欠(か)く 예의가 없다
		필순	ノ ク 欠 欠

489 座 자리 **좌** 획수 10	**부수** 엄호엄 まだれ (广)	**음** ザ	星座(せいざ) 성좌, 座席(ざせき) 좌석
		훈 すわ(る)	席(せき)に座(すわ)る 자리에 앉다
		필순	座 座 座 座 座 座 座 座 座 座

490 粉 가루 **분** 획수 10	**부수** 쌀미변 こめへん (米)	**음** フン	粉争(ふんそう) 분쟁, 粉末(ふんまつ) 분말, 花粉(かふん) 꽃가루
		훈 こ	小麦粉(こむぎこ) 밀가루
		こな	粉薬(こなぐすり) 가루약, 粉雪(こなゆき) 가루눈
		필순	粉 粉 粉 粉 粉 粉 粉 粉 粉 粉

491 競 다툴 경 획수 20	부수 설립 たつ (立)	음 キョウ 競泳(きょうえい) 수영경기, 競争(きょうそう) 경쟁 ケイ 競馬(けいば) 경마 훈 きそ(う) 先(さき)を競(きそ)う 앞을 다투다 필순 競

492 提 끌 제 획수 12	부수 재방변 てへん (扌)	음 テイ 提案(ていあん) 제안, 提出(ていしゅつ) 제출 提示(ていじ) 제시, 前提(ぜんてい) 전제 훈 さ(げる) 필순 提 提 提 提 提 提 提 提 提 提 提 提

493 供 이바지할 공 획수 8	부수 사람인변 にんべん (亻)	음 キョウ 供給(きょうきゅう) 공급, 提供(ていきょう) 제공 ク 훈 そな(える) 供(そな)え物(もの) 공물 とも 주의 子供(こども) 아이 필순 供 供 供 供 供 供 供 供

494 暴 드러낼 폭, 사나울 포 획수 15	부수 날일 ひ (日)	음 ボウ 暴風雨(ぼうふうう) 폭풍우, 暴力(ぼうりょく) 폭력 バク 훈 あば(れる) 馬(うま)が暴(あば)れる 말이 날뛰다 あば(く) 필순 暴 暴 暴 暴 暴 暴 暴 暴 暴 暴 暴 暴 暴 暴 暴

495 担 맡을 담 획수 8	부수 재방변 てへん (扌)	음 タン 担任(たんにん) 담임, 分担(ぶんたん) 분담, 担当(たんとう) 담당 負担(ふたん) 부담 훈 かつ(ぐ) 荷物(にもつ)を担(かつ)ぐ 짐을 지다 にな(う) 필순 担 担 担 担 担 担 担 担
	擔	

496 任 맡길 **임** 획수 6	부수 사람인변 **にんべん** (亻)	음	ニン	責任(せき**にん**) 책임, 主任(しゅ**にん**) 주임
		훈	**まか**(せる) **まか**(す)	運(うん)を天(てん)に任(**まか**)せる 운을 하늘에 맡기다
		필순	任 任 任 任 任 任	

| 497

軍

군사 **군**
획수 9 | 부수
수레거
くるま
(車) | 음 | グン | 軍医(**ぐん**い) 군의, 軍人(**ぐん**じん) 군인
軍手(**ぐん**て) 목장갑, 軍隊(**ぐん**たい) 군대 |
| | | 필순 | 軍 軍 軍 軍 軍 軍 軍 軍 軍 | |

| 498

隊

무리 **대**
획수 12 | 부수
좌부변
언덕부변
こざとへん
(阝) | 음 | タイ | 隊員(**たい**いん) 대원, 隊長(**たい**ちょう) 대장, 軍隊(ぐん**たい**) 군대
部隊(ぶ**たい**) 부대, 兵隊(へい**たい**) 병대 |
| | | 필순 | 隊 隊 隊 隊 隊 隊 隊 隊 隊 隊 隊 隊 | |

| 499

兵

병사 **병**
획수 7 | 부수
여덟팔
はち
(八) | 음 | ヘイ

ヒョウ | 兵器(**へい**き) 병기, 兵士(**へい**し) 병사, 兵役(**へい**えき) 병역
주의 出兵(しゅっ**ぺい**) 출병 |
| | | 필순 | 兵 兵 兵 兵 兵 兵 兵 | |

500 除 제할 **제** 획수 10	부수 좌부변 언덕부변 **こざとへん** (阝)	음	ジョ ジ	除外(**じょ**がい) 제외, 解除(かい**じょ**) 해제, 削除(さく**じょ**) 삭제 除隊(**じょ**たい) 제대 掃除機(そう**じ**き) 청소기
		훈	**のぞ**(く)	不安(ふあん)を除(**のぞ**)く 불안을 제거하다 未成年者(みせいねんしゃ)を除(**のぞ**)く 미성년자를 제외하다
		필순	除 除 除 除 除 除 除 除 除	

한자 기초력 up

1 다음 한자를 어떻게 읽는지 밑줄 아래에 히라가나로 써 보세요.

1 小麦粉　　2 美容院　　3 競泳の　選手

4 試合は　延長に　入りました。

5 昨日、大規模な　デモが　ありました。

6 お墓に　花を　供えます。

7 この　仕事は　田中主任に　任せます。

8 金曜日の　授業の　時間に　レポートを　提出して　ください。

9 兵役で　軍隊に　いる　兄は　来月　除隊します。

10 計量スプーンで　正確に　分量を　量ります。

11 薬の　副作用に　注意して　ください。

12 指定された　座席には　ほかの　人が　座って　いました。

13 担任の　先生に　暴力を　ふるって　退学に　なりました。

14 再来年、東京で　再び　会おうと　約束して　別れました。

15 欠席した　山下さんを　除く　19人　全員から　同意を　得ました。

 낱말과 표현

デモ 시위 ┃ ほかの 다른 ┃ ふるう (폭력을) 휘두르다

252

2 다음 □ 안에 들어갈 알맞은 한자를 써 보세요.

1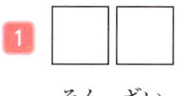
そん　ざい

2
けっ　てん

3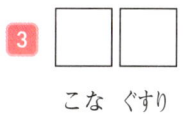
こな ぐすり

4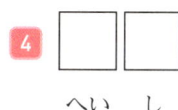
へい　し

5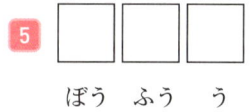
ぼう　ふう　う

6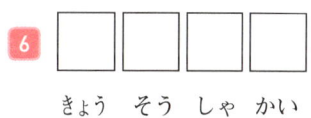
きょう そう しゃ かい

7 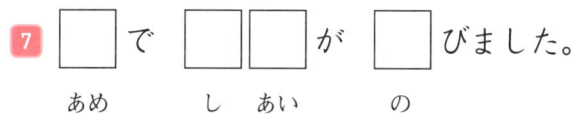 で □□ が □びました。
あめ　　し あい　　の

8 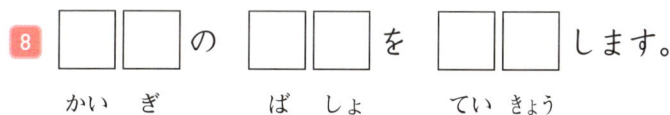 の □□ を □□ します。
かい ぎ　　ば しょ　　てい きょう

9 私の 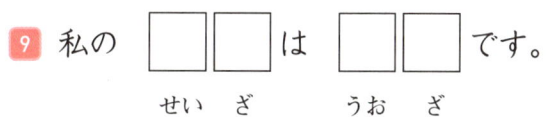 は □□ です。
せい ざ　　うお ざ

10 10分前に　JRは □□ を □□ しました。
うん てん　　さい かい

QUIZ 다음 예와 같이 단어를 연결해 숙어를 만들고 한자 읽기를 추측해 보세요.

예	1	2	3	4
運転	反対	南北	世界	飛行
統一	免許	訓練	勢力	遺産

한자 정리

예 　うんてんめんきょ

1 _____ 　　2 _____

3 _____ 　　4 _____

501 我 나 **아** 획수 7	**부수** 창과 **ほこづくり ほこがまえ** (戈)	**음** ガ 自我(じが) 자아 **훈** われ 我々(われわれ) 우리 わ 我(わ)が家(や) 우리집 **필순** 我 我 我 我 我 我 我
502 旗 기 **기** 획수 14	**부수** 모방변 **ほうへん かたへん** (方)	**음** キ 旗手(きしゅ) 기수, 国旗(こっき) 국기 **훈** はた 旗色(はたいろ) 깃발색, 旗日(はたび) 국경일 **필순** 旗 旗 旗 旗 旗 旗 旗 旗 旗 旗 旗 旗 旗 旗
503 郷 시골 향 획수 11 郷	**부수** 우부방 고을읍방 **おおざと** (阝)	**음** キョウ 郷土(きょうど) 향토, 故郷(こきょう) 고향 ゴウ **필순** 郷 郷 郷 郷 郷 郷 郷 郷 郷 郷 郷
504 興 일 **흥** 획수 16	**부수** 절구구 **うす** (臼)	**음** コウ 興行(こうぎょう) 흥행, 興奮(こうふん) 흥분 キョウ 興味(きょうみ) 흥미 **훈** おこ(る)/おこ(す) **필순** 興 興 興 興 興 興 興 興 興 興 興 興 興 興 興
505 訓 가르칠 **훈** 획수 10	**부수** 말씀언변 **ごんべん** (言)	**음** クン 訓練(くんれん) 훈련, 教訓(きょうくん) 교훈 **필순** 訓 訓 訓 訓 訓 訓 訓 訓 訓 訓

506 倉 곳집 창 획수 10	부수 사람인 ひとやね (人)	음 ソウ 倉庫(そうこ) 창고 훈 くら 倉(くら)に入(い)れる 곳간에 넣다 주의 米倉(こめぐら) 곡창
		필순 倉 倉 倉 倉 倉 倉 倉 倉 倉 倉

507 差 다를 차 획수 10	부수 장인공 えたくみ (工)	음 サ 差別(さべつ) 차별, 交差(こうさ) 교차, 時差(じさ) 시차, 大差(たいさ) 대차 훈 さ(す) かさを差(さ)す 우산을 쓰다
		필순 差 差 差 差 差 差 差 差 差 差

508 支 지탱할 지 획수 4	부수 지탱할지 し (支)	음 シ 支店(してん) 지점, 支持(しじ) 지지, 支出(ししゅつ) 지출 支配(しはい) 지배 훈 ささ(える) 一家(いっか)を支(ささ)える 한 집안을 지탱하다
		필순 支 支 支 支

509 熟 익을 숙 획수 15	부수 연화발 れんが れっか (灬)	음 ジュク 熟練(じゅくれん) 숙련, 成熟(せいじゅく) 성숙 未熟(みじゅく) 미숙, 熟語(じゅくご) 숙어 훈 う(れる)
		필순 熟 熟 熟 熟 熟 熟 熟 熟 熟 熟 熟 熟 熟 熟 熟

510 針 바늘 침 획수 10	부수 쇠금변 かねへん (金)	음 シン 方針(ほうしん) 방침 훈 はり 針(はり) 바늘, 針金(はりがね) 철사
		필순 針 針 針 針 針 針 針 針 針 針

511 垂 드리울 수 획수 8	부수 흙토 つち (土)	음 スイ 垂直(すいちょく) 수직
		훈 た(れる) 水(みず)が垂(た)れる 물이 떨어지다
		た(らす) よだれを垂(た)らす 침을 흘리다
		필순 垂 垂 垂 垂 垂 垂 垂 垂

512 宣 베풀 선 획수 9	부수 갓머리 うかんむり (宀)	음 セン 宣言(せんげん) 선언, 宣伝(せんでん) 선전, 宣告(せんこく) 선고
		필순 宣 宣 宣 宣 宣 宣 宣 宣 宣

513 勢 형세 세 획수 13	부수 힘력 ちから (力)	음 セイ 勢力(せいりょく) 세력, 姿勢(しせい) 자세
		情勢(じょうせい) 정세, 大勢(たいせい) 대세
		주의 大勢(おおぜい) 많은 사람, 여럿
		훈 いきお(い) 勢(いきお)い 기세
		필순 勢 勢 勢 勢 勢 勢 勢 勢 勢 勢 勢 勢 勢

514 程 길 정 획수 12	부수 벼화변 のぎへん (禾)	음 テイ 日程(にってい) 일정, 課程(かてい) 과정, 過程(かてい) 과정
		程度(ていど) 정도
		훈 ほど 五分程(ごふんほど) 5분 정도
		필순 程 程 程 程 程 程 程 程 程 程 程 程

515 典 법 전 획수 8	부수 여덟팔 はち (八)	음 テン 典型(てんけい) 전형, 祭典(さいてん) 제전
		辞典(じてん) 사전, 式典(しきてん) 식전
		百科事典(ひゃっかじてん) 백과사전
		필순 典 典 典 典 典 典 典 典

516 統 거느릴 **통** 획수 12	**부수** 실사변 いとへん (糸)	**음** トウ　統一(とういつ) 통일, 統計(とうけい) 통계 　　　　　伝統(でんとう) 전통, 大統領(だいとうりょう) 대통령 **훈** す(べる)
		필순 統 統 統 統 統 統 統 統 統 統 統 統

517 燃 불사를 **연** 획수 16	**부수** 불화변 ひへん (火)	**음** ネン　燃料(ねんりょう) 연료, 再燃(さいねん) 재연 **훈** も(える)　火(ひ)が燃(も)える 불이 타다 　　も(やす)　ごみを燃(も)やす 쓰레기를 불태우다 　　も(す)
		필순 燃 燃 燃 燃 燃 燃 燃 燃 燃 燃 燃 燃 燃 燃 燃 燃

518 非 아닐 **비** 획수 8	**부수** 아닐비 あらず ひ (非)	**음** ひ　非常(ひじょう)に 상당히, 非番(ひばん) 비번 　　非難(ひなん) 비난, 非常口(ひじょうぐち) 비상구 　　非常識(ひじょうしき) 비상식
		필순 非 非 非 非 非 非 非 非

519 遺 끼칠 **유** 획수 15	**부수** 책받침 しんにょう しんにゅう (⻌)	**음** イ　遺伝(いでん) 유전, 遺族(いぞく) 유족, 遺産(いさん) 유산 　　ユイ　遺言(ゆいごん) 유언
		필순 遺 遺 遺 遺 遺 遺 遺 遺 遺 遺 遺 遺 遺 遺
	遺	

520 臨	부수 신하신 しん (臣)	음 リン　臨海(りんかい) 임해, 臨時(りんじ) 임시
임할 **림** 임할 **임** 획수 18		훈 のぞ(む)　開会式(かいかいしき)に臨(のぞ)む 개회식에 임하다

필순 臨 臨 臨 臨 臨 臨 臨 臨 臨 臨 臨 臨 臨 臨 臨 臨 臨 臨

◆ 한국에서 사용하지 않는 일본어 표현 그룹

以降(いこう)	이후, 이래	洗面所(せんめんじょ)	화장실
清書(せいしょ)	정서	度胸(どきょう)	담력
承知(しょうち)	승낙	芸人(げいにん)	연예인
暗唱(あんしょう)	암송	歴訪(れきほう)	순방
無残(むざん)	무참	残暑(ざんしょ)	남은 더위
残念(ざんねん)	유감	余計(よけい)	여분
油断(ゆだん)	방심	文系(ぶんけい)	문과계
係官(かかりかん)	담당관	易者(えきしゃ)	점쟁이
領収書(りょうしゅうしょ)	영수증	札束(さつたば)	돈다발
荷札(にふだ)	짐꼬리표	天候(てんこう)	날씨
個室(こしつ)	독방	奮起(ふんき)	분발
泥棒(どろぼう)	도둑	右折(うせつ)	우회전
左折(させつ)	좌회전	賞賛(しょうさん)	칭찬
銭湯(せんとう)	공중목욕탕	花粉(かふん)	꽃가루
採寸(さいすん)	치수재기	粉薬(こなぐすり)	가루약
容姿(ようし)	외모	寸法(すんぽう)	치수
招集(しょうしゅう)	소집	土俵(どひょう)	씨름판
格好(かっこう)	모습	盟友(めいゆう)	동지

※ 野菜(やさい)　채소 (야채는 일본어임)

한자 기초력 up

1 다음 한자를 어떻게 읽는지 밑줄 아래에 히라가나로 써 보세요.

1. 倉庫　　　2. 支配階級　　　3. 大統領の　方針演説

4. 15分程で　終わります。

5. 夏休みなので　臨時便が　あります。

6. ガンの　宣告を　受けました。

7. 彼女は　典型的な　現代っ子です。

8. 韓国と　イギリスの　時差は　9時間です。

9. この　失敗を　教訓に　がんばります。

10. きのうの　サッカーの　試合は　とても　興奮しました。

11. まだまだ　未熟ですが、よろしく　お願いします。

12. 月曜日と　木曜日は　燃えない　ゴミの　日です。

13. 高校卒業と　同時に　故郷を　離れました。
    　　　　　　　　　　　　　　　　　はな

14. 父の　遺言に　従って、遺産を　分けました。

15. 我が　チームの　勢いは　止まらず、決勝戦まで　進みました。

まだまだ 아직 ┃ 離(はな)れる 떠나다

260

2 다음 □ 안에 들어갈 알맞은 한자를 써 보세요.

1. □□
   はり　がね

2. アメリカの □□
   こっ　き

3. □□□
   こう　さ　てん

4. □□□
   ひ　じょう　ぐち

5. □□□□
   でん　とう　ぶん　か

6. □□□□
   ひ　こう　くん　れん

7. □□□□ を □ る。
   きょう　しょく　か　てい　　　と

8. □□ に □ を □ いて　ください。
   すい　ちょく　　せん　　ひ

9. 明日の □ には □□ が □□ します。
   あさ　　　たい　せい　　はん　めい

10. アルバイトを　しながら □□ を □ えて　きました。
    か　けい　　ささ

1 다음 예와 같이 반대가 되도록 보기에서 한자를 골라 쓰세요.

보기 平 · 欠 · 差 · 未 · 支 · 副 · 少 · 除 · 非

예 戦争 ⇔ (平)和

1 出席 ⇔ (　　　)席　　　2 入隊 ⇔ (　　　)隊

3 多量 ⇔ (　　　)量　　　4 収入 ⇔ (　　　)出

5 平等 ⇔ (　　　)別　　　6 常識 ⇔ (　　　)常識

7 本業 ⇔ (　　　)業　　　8 成熟 ⇔ (　　　)熟

2 다음 예와 같이 한자와 동사를 알맞게 연결해 보세요.

예 経験を　　　　　　　　　· 測る

1 責任を　·　　　　　　　· 積む

2 日程を　·　　　　　　　· かける

3 宣告を　·　　　　　　　· 受ける

4 力量を　·　　　　　　　· とる

5 負担を　·　　　　　　　· 組む

3 다음 문장을 읽고 올바른 것에 ◯표 하세요.

1 アクセント（辞典 ・ 事典）で 発音を 確認します。

2 人間の （幸副 ・ 幸福）は、物質の 豊かさだけでは 決まりません。

3 自分では 何も しないで 人を （批難 ・ 非難）するのは 感心 しません。

4 友人との （再会 ・ 再開）を 喜びました。

5 その 問題は （容易 ・ 用意）には 解決しません。

6 売れなかった 時代は 地方を 回って （興業 ・ 興行）しました。

7 グループで 発表するまでの （過程 ・ 課程）には、いろいろ ありました。

8 万一の 災害に （備えて ・ 供えて ） 準備して おきます。

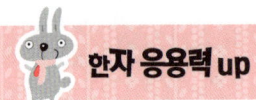

4 다음 예와 같이 〔非・再・不・無〕중 알맞은 한자를 써 보세요.(단, 두 번 이상 쓰는 한자도 있습니다.)

> **예** 会議を （ 再 ）開します。

1　動画を　（　　　）生します。

2　彼は　（　　　）口な　人です。

3　職場の　（　　　）満を　口に　します。

4　そんな　（　　　）科学的な　ことを　信じて　いるんですか。

5　1学期も　（　　　）事に　終わりました。

6　成功の　ためには　（　　　）可決な　条件です。

7　休みには　（　　　）日常的な　空間の　中で　過ごして　みたいです。

5 다음 □ 안에 공통으로 들어갈 한자를 보기에서 골라 써 보세요.

보기　校　・　旗　・　支　・　勢　・　隊　・　紛　・　容

예（　校　）　学□　・　高□　・　□則

1　（　　　）　□配　・　□店　・　□持

2　（　　　）　□態　・　内□　・　□易

3　（　　　）　総□　・　情□　・　大□

4　（　　　）　□手　・　□日　・　国□

5　（　　　）　□末　・　□薬　・　花□

6　（　　　）　□員　・　□長　・　軍□

일상 생활에서 자주 사용하는 「日本のことわざ」는?

1. 「運は天にまかせる」 하늘의 뜻에 맡기다
   うん　てん

2. 「好きこそものの上手なれ」 좋아하는 것이야말로 잘하게 된다
   す　　　　　　　じょうず

3. 「言うはやすく行うはかたし」 말하기는 쉽고 행하기는 어렵다
   い　　　　　おこな

4. 「絵にかいたもち」 그림의 떡
   え

5. 「光陰矢のごとし」 세월은 화살과 같다
   こういんや

6. 「口はわざわいの門」 입은 재앙의 문
   くち　　　　　　かど

7. 「猫に小判」 돼지 목에 진주 개발에 편자
   ねこ　こばん

8. 「ちりも積もれば山となる」 티끌모아 태산
   つ　　　　やま

9. 「失敗は成功のもと」 실패는 성공의 어머니
   しっぱい　せいこう

10. 「花よりだんご」 금강산도 식후경
    はな

11. 「急がば廻れ」 급할수록 돌아가라
    いそ　　まわ

12. 「病は気から」 병은 마음으로부터
    やまい　き

13. 「雨降って地かたまる」 비 온 후에 땅 굳는다
    あめふ　　ち

14. 「残り物に福あり」 남는 것에 복이 있다
    のこ　もの　ふく

15. 「案ずるより産むがやすし」 시작이 반이다
    あん　　　う

16. 「どんぐりの背くらべ」 도토리 키재기
    せ

17. 「楽あれば苦あり」 고생 끝에 낙이 온다
    らく　　く

18. 「石の上にも三年」 대 끝에서도 3년
    いし　うえ　　さんねん

19. 「百聞は一見にしかず」 백문이 불여일견이라
    ひゃくぶん　いっけん

20. 「一を聞いて十を知る」 하나를 들으면 100을 안다
    いち　き　　とお　し

일본 문화 및 역사 탐방

학습 목표 : 일본 문화 및 역사 속에 보이는 한자를 이해할 수 있다.

14-1 일본 역사 탐방

QUIZ 다음 그림이 무엇인지 생각해 봅시다.

1

2

3

4

5

521 歷 지낼 **력** 획수 14	부수 그칠지 とめる (止) 歷	음 レキ　歴史(れきし) 역사, 歴然(れきぜん) 분명함 　　　　学歴(がくれき) 학력, 経歴(けいれき) 경력 필순 歷 歷 歷 歷 歷 歷 歷 歷 歷 歷 歷 歷 歷 歷
522 史 사기 **사** 획수 5	부수 입구 くち (口)	음 シ　史学(しがく) 사학, 史実(しじつ) 사실 　　　日本史(にほんし) 일본사, 歴史(れきし) 역사 필순 史 史 史 史 史
523 武 호반 **무** 획수 8	부수 그칠지 とめる (止)	음 ブ　武士(ぶし) 무사, 武器(ぶき) 무기, 武家(ぶけ) 무가 　　ム 필순 武 武 武 武 武 武 武 武
524 貴 귀할 **귀** 획수 12	부수 조개패 かい こがい (貝)	음 キ　貴族(きぞく) 귀족, 貴重(きちょう) 귀중 훈 たっと(い)/たっと(ぶ)/とうと(い)/とうと(ぶ) 필순 貴 貴 貴 貴 貴 貴 貴 貴 貴 貴 貴 貴
525 幕 장막 **막** 획수 13	부수 수건건 はば (巾)	음 マク　天幕(てんまく) 천막, 開幕(かいまく) 개막 　　バク　幕府(ばくふ) 막부 필순 幕 幕 幕 幕 幕 幕 幕 幕 幕 幕 幕 幕 幕

526 宗 마루 종 획수 8	**부수** 갓머리 うかんむり (宀)	**음** シュウ 宗教(しゅうきょう) 종교, 改宗(かいしゅう) 개종 ソウ **필순** 宗 宗 宗 宗 宗 宗 宗 宗					
527 拝 절 배 획수 8	**부수** 재방변 てへん (扌)	**음** ハイ 拝見(はいけん) 배견, 삼가 봄 **주의** 参拝(さんぱい) 참배 **훈** おが(む) 日(ひ)の出(で)を拝(おが)む 해돋이를 보다 **필순** 拝 拝 拝 拝 拝 拝 拝 拝					
	拝						
528 皇 임금 황 획수 9	**부수** 흰백 しろ (白)	**음** コウ 皇居(こうきょ) 황궁 オウ 皇子(おうじ) 황태자 **주의** 天皇(てんのう) 천황 **필순** 皇 皇 皇 皇 皇 皇 皇 皇 皇					
529 后 뒤, 임금 후 획수 6	**부수** 입구 くち (口)	**음** コウ **주의** 皇后(こうごう) 황후 **필순** 后 后 后 后 后 后					
530 陛 대궐 섬돌 폐 획수 10	**부수** 좌부변 언덕부변 こざとへん (阝)	**음** ヘイ 陛下(へいか) 폐하, 女王陛下(じょおうへいか) 여왕 폐하 **필순** 陛 陛 陛 陛 陛 陛 陛 陛 陛 陛					

531 **句** 글 **구** 획수 5	**부수** 입구 **くち** (口)	**음** ク 語句(ご**く**) 어구, 句点(**く**てん) 구점, 종지부, 文句(もん**く**) 문구 俳句(はい**く**) 일본의 5·7·5의 3句, 17음으로 된 단형시(短型詩)
		필순 句 句 句 句 句

532 **銭** 돈 **전** 획수 14	**부수** 쇠금변 **かねへん** (金)	**음** セン 金銭(きん**せん**) 금전, 銭湯(**せん**とう) 공중 목욕탕 **훈** ぜに
		필순 銭 銭 銭 銭 銭 銭 銭 銭 銭 銭 銭 銭 銭 銭
	銭	

533 **尺** 자 **척** 획수 4	**부수** 주검시엄 **しかばね** **かばね** (尸)	**음** シャク 尺度(**しゃく**ど) 척도, 縮尺(しゅく**しゃく**) 축척
		필순 尺 尺 尺 尺

534 **寸** 마디 **촌** 획수 3	**부수** 마디촌 **すん** (寸)	**음** スン 寸法(**すん**ぽう) 치수, 採寸(さい**すん**) 치수 재기
		필순 寸 寸 寸

535 **俵** 나누어줄 **표** 획수 10	**부수** 사람인변 **にんべん** (イ)	**음** ヒョウ 土俵(ど**ひょう**) 씨름판 **훈** たわら 주의 米俵(こめ**だわら**) 쌀가마니
		필순 俵 俵 俵 俵 俵 俵 俵 俵 俵 俵

536 耕 밭갈 **경** **획수** 10	**부수** 쟁기뢰 **すきへん** **らいすき** (耒)	**음** コウ 耕作(こうさく) 경작, 農耕(のうこう) 농경 **훈** たがや(す) 畑(はたけ)を耕(たがや)す 밭을 갈다
		필순 耕 耕 耕 耕 耕 耕 耕 耕 耕 耕

537 衣 옷 **의** **획수** 6	**부수** 옷의 **ころも** (衣)	**음** イ 衣服(いふく) 의복, 衣類(いるい) 의류, 衣食住(いしょくじゅう) 의식주 **훈** ころも 衣(ころも)がえ 계절 따라 옷을 갈아입음
		필순 衣 衣 衣 衣 衣 衣

538 装 꾸밀 **장** **획수** 12	**부수** 옷의 **ころも** (衣)	**음** ソウ 装備(そうび) 장비, 服装(ふくそう) 복장 装置(そうち) 장치, 包装(ほうそう) 포장 ショウ 衣装(いしょう) 의상 **훈** よそお(う)
		필순 装 装 装 装 装 装 装 装 装 装 装 装
	裝	

539 綿 솜 **면** **획수** 14	**부수** 실사변 **いとへん** (糸)	**음** メン 綿花(めんか) 면화, 목화 **훈** わた 綿雲(わたぐも) 뭉게구름
		필순 綿 綿 綿 綿 綿 綿 綿 綿 綿 綿 綿 綿 綿 綿

540 蚕 누에 **잠** **획수** 10	**부수** 벌레충 **むし** (虫)	**음** サン 蚕糸(さんし) 명주실, 養蚕(ようさん) 양잠 **훈** かいこ 蚕(かいこ) 누에
		필순 蚕 蚕 蚕 蚕 蚕 蚕 蚕 蚕 蚕 蚕
	蠶 蚕	

1 다음 한자를 어떻게 읽는지 밑줄 아래에 히라가나로 써 보세요.

1 開幕式　　2 女王陛下　　3 農耕民族

4 奈良時代の　貴重な　資料が　見つかりました。
　　なら

5 俳句は　５・７・５文字から　成る　世界で　最も　短い　詩です。
　はい

6 力士が　土俵に　上がりました。

7 貧しい　民衆が　武器を　手に　立ち上がりました。

8 江戸幕府は　キリスト教を　禁止し　強制的に　改宗させました。
　えど

9 明治時代は　養蚕業や　綿花の　栽培が　盛んでした。
　　　　　　　　　　　　　　　　さいばい　　さか

10 1円 ＝ 100銭、1尺 ≒ 30センチ、1寸 ≒ 3センチです。

11 富士山の　頂上から　初日の　出を　拝みました。

12 この　小説は　史実に　忠実に　書かれて　います。

13 結婚式の　衣装を　見に　行きました。
　こん

14 天皇が　住む　皇居の　周辺は　都内有数の　ジョギングコースです。

15 学歴で　人間の　価値は　決まりません。

見(み)つかる 발견되다 ┃ 立(た)ち上(あ)がる 일어서다 ┃ 栽培(さいばい) 재배 ┃ 盛ん(さかん)だ 성하다

2 다음 ☐ 안에 들어갈 알맞은 한자를 써 보세요.

1 ☐☐
　　ぶ　し

2 ☐☐
　　しゅう　きょう

3 ☐☐
　　れき　し

4 ☐☐
　　き　ぞく

5 ☐を☐します。
　はたけ　たがや

6 ☐がえの☐☐です。
　ころも　　き　せつ

7 プレゼントを きれいに ☐☐します。
　　　　　　　　　　ほう　そう

8 ☐の サービスに ☐☐ 言いました。
　みせ　　　　　　　もん　く

9 家の お風呂が ☐☐ して ☐☐ に 行きました。
　　　　　　　ふろ　こ しょう　せん　とう

10 お☐☐には ☐☐の人が ☐☐や お☐に
　　しょう がつ　おお ぜい　じん じゃ　てら

☐☐します。
さん ぱい

 **낱말과 표현**

お風呂 (ふろ) 목욕, 목욕탕

QUIZ 다음 예와 같이 조합해서 하나의 한자를 만들어 보세요.

예   炭 [タン]

1 _____ [ジ]   2 _____ [ヨク]

3 _____ [コウ]   4 _____ [リャク]

5 _____ [ハイ]

屮	灰	辛
舌	市	月 立
	各	王
田		白
羽		

541 賀 하례할 하 획수 12	부수 조개패 かい こがい (貝)	음 ガ 年賀状(ねんがじょう) 연하장, 賀正(がしょう) 하정(연하장에 쓰는 말) 謹賀新年(きんがしんねん) 근하신년
		필순 賀 賀 賀 賀 賀 賀 賀 賀 賀 賀 賀 賀

542 姿 모양 자 획수 9	부수 계집녀 おんな (女)	음 シ 姿勢(しせい) 자세, 容姿(ようし) 외모 훈 すがた 姿(すがた) 모습
		필순 姿 姿 姿 姿 姿 姿 姿 姿 姿

543 聖 성인 성 획수 13	부수 귀이 みみ (耳)	음 セイ 聖火(せいか) 성화, 神聖(しんせい) 신성, 聖書(せいしょ) 성서
		필순 聖 聖 聖 聖 聖 聖 聖 聖 聖 聖 聖 聖 聖

544 盛 성할 성 획수 11	부수 그릇명발 さら (皿)	음 セイ 盛大(せいだい) 성대, 全盛(ぜんせい) 전성 ジョウ 繁盛(はんじょう) 번성 훈 も(る) ごはんを盛(も)る 밥을 수북이 담다 さか(る)
		필순 盛 盛 盛 盛 盛 盛 盛 盛 盛 盛 盛

545 染 물들일 염 획수 9	부수 나무목 き (木)	음 セン 汚染(おせん) 오염, 伝染(でんせん) 전염 훈 そ(める) 髪(かみ)の毛(け)を染(そ)める 머리카락을 물들이다 そ(まる)/し(みる)/し(み)
		필순 染 染 染 染 染 染 染 染

546 努 힘쓸 노 획수 7	부수 힘력 ちから (力)	음 ド 努力(どりょく) 노력 훈 つと(める) 解決(かいけつ)に努(つと)める 해결에 힘쓰다 필순 努 努 努 努 努 努 努					
547 盟 맹세할 맹 획수 13	부수 그릇명발 さら (皿)	음 メイ 盟友(めいゆう) 동지, 連盟(れんめい) 연맹 加盟(かめい) 가맹, 同盟(どうめい) 동맹 필순 盟 盟 盟 盟 盟 盟 盟 盟 盟 盟 盟 盟 盟					
548 否 아니 부 막힐 비 획수 7	부수 입구 くち (口)	음 ヒ 否定(ひてい) 부정, 可否(かひ) 가부, 拒否(きょひ) 거부 훈 いな 필순 否 否 否 否 否 否 否					
549 勇 날랠 용 획수 9	부수 힘력 ちから (力)	음 ユウ 勇気(ゆうき) 용기, 勇士(ゆうし) 용사, 武勇(ぶゆう) 무용 훈 いさ(む) 勇(いさ)ましい姿(すがた) 씩씩한 모습 필순 勇 勇 勇 勇 勇 勇 勇 勇 勇					
550 翌 다음날 익 획수 11	부수 깃우 はね (羽) 翌	음 ヨク 翌日(よくじつ) 이튿날, 翌朝(よくあさ) 다음 날 아침 翌年(よくねん) 다음 해 필순 翌 翌 翌 翌 翌 翌 翌 翌 翌 翌 翌					

551 略 간략할 **략** 획수 11	**부수** 밭전 りゃく (田)	**음** リャク　省略(しょうりゃく) 생략, 略図(りゃくず) 약도, 前略(ぜんりゃく) 전략
		필순 略 略 略 略 略 略 略 略 略 略 略

552 移 옮길 **이** 획수 11	**부수** 벼화변 のぎへん (禾)	**음** イ　　　移動(いどう) 이동, 移民(いみん) 이민, 移転(いてん) 이전 **훈** うつ(る)　会社(かいしゃ)を移(うつ)る 회사를 옮기다 　　うつ(す)　席(せき)を移(うつ)す 자리를 옮기다
		필순 移 移 移 移 移 移 移 移 移 移 移

553 恩 은혜 **은** 획수 10	**부수** 마음심 こころ (心)	**음** オン　　恩人(おんじん) 은인, 謝恩会(しゃおんかい) 사은회 　　　　恩恵(おんけい) 은혜, 恩返(おんがえ)しする 보답하다
		필순 恩 恩 恩 恩 恩 恩 恩 恩 恩 恩

554 志 뜻 **지** 획수 7	**부수** 마음심 こころ (心)	**음** シ　　　　志願(しがん) 지원, 意志(いし) 의지 **훈** こころざし　志(こころざし)を立(た)てる 뜻을 세우다 　　こころざ(す)　学問(がくもん)を志(こころざ)す 학문에 뜻을 두다
		필순 志 志 志 志 志 志 志

555 絹 비단 **견** 획수 13	**부수** 실사변 いとへん (糸)	**음** ケン　　絹糸(けんし) 견사 **훈** きぬ　　絹糸(きぬいと) 견사, 絹織物(きぬおりもの) 견직물
		필순 絹 絹 絹 絹 絹 絹 絹 絹 絹 絹 絹 絹

556 似 닮을 **사** 획수 7	부수 사람인변 にんべん (イ)	음 ジ　類似(るいじ) 유사 훈 に(る)　親(おや)に似(に)る 부모를 닮다, 似合(にあ)う 어울리다 필순 似 似 似 似 似 似 似					

557 諸 모두 **제** 획수 15	부수 말씀언변 ごんべん (言)	음 ショ　諸国(しょこく) 제국, 諸君(しょくん) 제군 필순 諸 諸 諸 諸 諸 諸 諸 諸 諸 諸 諸 諸 諸 諸 諸					
	諸						

558 招 부를 **초** 획수 8	부수 재방변 てへん (扌)	음 ショウ　招集(しょうしゅう) 소집, 招待(しょうたい) 초대 훈 まね(く)　家(いえ)に招(まね)く 집으로 초대하다 필순 招 招 招 招 招 招 招 招					

559 照 비칠 **조** 획수 13	부수 연화발 れんが れっか (灬)	음 ショウ　照会(しょうかい) 조회, 照明(しょうめい) 조명 　　　　　参照(さんしょう) 참조, 対照(たいしょう) 대조 훈 て(る)　日(ひ)が照(て)る 해가 비치다 　　て(らす)　舞台(ぶたい)を照(て)らす 무대를 비추다 　　て(れる) 필순 照 照 照 照 照 照 照 照 照 照 照 照 照					

560 仁 어질 **인** 획수 4	부수 사람인변 にんべん (イ)	음 ジン　仁義(じんぎ) 인의 　　ニ 필순 仁 仁 仁 仁					

한자 기초력 up

1 다음 한자를 어떻게 읽는지 밑줄 아래에 히라가나로 써 보세요.

1 類似品

2 年賀状

3 聖書を 読みます。

4 身分を 照会します。

5 2002年、スイスは 国連に 加盟しました。

6 盛大な 謝恩会を 開きます。

7 彼の 努力は 否定しませんが……。

8 美容院で 髪を 染めたんですね。似合って いますね。
　　　　　　かみ

9 日本語は 文末が 省略される ことが 多いです。

10 医者を 志して いた 兄は 戦争が 始まると 軍隊に

志願しました。

11 来月、会社を 移る ことに なりました。

12 山田さんは 情に 厚く、仁義を 重んじる 人です。

13 彼の 勇ましい 姿に 勇気を もらいました。

 낱말과 표현

髪(かみ) 머리카락

2 다음 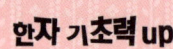와 같이 ☐ 안에 들어갈 알맞은 한자와 한자 읽기를 써 보세요.

예 [言] + [者] = 諸 ｜ ショ

1 [不] + [口] = ☐ ☐

2 [因] + [心] = ☐ ☐

3 [田] + [各] = ☐ ☐

4 [成] + [皿] = ☐ ☐

5 [士] + [心] = ☐ ☐

6 [耳] + [口] + [王] = ☐ ☐

7 [力] + [口] + [貝] = ☐ ☐

8 [糸] + [口] + [月] = ☐ ☐

9 [女] + [又] + [力] = ☐ ☐

1 다음 밑줄 친 부분의 쓰임이 틀린 것을 3개 골라 번호를 쓰세요.

1 神聖な　土地

2 盛大な　結婚式

3 努力な　人

4 貴重な　経験

5 汚染な　水

6 類似な　商品

_____ , _____ , _____

2 다음 예와 같이 빈칸에 들어갈 한자를 보기에서 골라 쓰세요.

예 习 （立）

보기　　並 · 王 · 止 · 士 · 土 · 次 · 皿

1 女（　　）　　2 耴（　　）　　3 明（　　）

4 麻（　　）　　5 阤（　　）　　6 裝（　　）

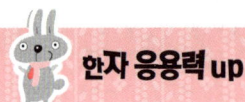
3 다음 예와 같이 보기에서 한자를 골라 送りがな와 같이 써 보세요.
_{おく}

> 예 おふろに （ 入り ）ます。

> **보기**　　入 ・ 拝 ・ 染 ・ 耕 ・ 努 ・ 志 ・ 照

1 シャツを　青く　（　　　　　）ます。

2 思わず　天を　（　　　　　）ました。

3 問題の　解決に　（　　　　　）ます。

4 弟は　建築家を　（　　　　　）て　います。

5 田畑を　（　　　　　）ます。

6 雨が　止んで　日が　（　　　　　）て　きました。

4 다음 한자를 읽어 보세요.

1

謹賀新年

本年もどうぞよろしく
お願い申し上げます

平成二十六年　元旦

2

全理連加盟店

3

超薄型バルブ

コンパクト

衣類
圧縮袋

圧縮袋サイズ 2枚
60 × 92cm 入

圧縮袋1枚で…
トレーナーを
約10枚収納できます！

4

事務所移転の
お知らせ

5

対象となるもの一例

紙箱類

紙缶・カップ類

台紙類

※内側に
アルミ箔が
貼られて
いるもの

酒やジュースの箱

包装紙類

紙袋類

ふた類

약자(略字) 표기 : 「상용한자표」에는 개개 한자의 자체(字体)를 明朝体活字 중 한 예를 사용하여 표기하고 있다. 활자의 설계상 표현의 차이, 즉 디자인의 차이를 字体上에서 문제 삼을 필요는 없다고 한다.

◆ 다음 빈칸에 알맞은 약자를 써 보세요.

1 약자(略字) 표기 4 : 小学校 4학년 대상의 교육한자 200字 중 '상용한자표'에 표기되어 있는 약자는 다음과 같다.

	약자			약자
1 에울 위(圍)		20 소금 염(鹽)		
2 깨달을 각(覺)		21 관계할 관(關)		
3 볼 관(觀)		22 그릇 기(器)		
4 들 거(擧)		23 지름길 경(徑)		
5 새주 예(藝)		24 이지러질 결(缺)		
6 시험할 험(驗)		25 죽일 살(殺)		
7 참여할 참(參)		26 쇠잔할 잔(殘)		
8 아이 아(兒)		27 말씀 사(辭)		
9 빌 축(祝)		28 불사를 소(燒)		
10 고요할 정(靜)		29 마디 절(節)		
11 얕을 천(淺)		30 싸움 전(戰)		
12 다툴 쟁(爭)		31 새집 소(巢)		
13 이을 속(續)		32 띠 대(帶)		
14 홑 단(單)		33 전할 전(傳)		
15 등불 등(燈)		34 매화나무 매(梅)		
16 가 변(邊)		35 변할 변(變)		
17 가득찰 만(滿)		36 같을 류(類)		
18 지낼 력(歷)		37 수고로울 로(勞)		
19 기록할 록(錄)		38 영화 영(榮)		

2 약자(略字) 표기 5 : 小学校 5학년 대상의 교육한자 185字 중 '상용한자표'에 표기되어 있는 약자는
   다음과 같다.

	약자			약자
1 누를 압(壓)			16 경영할 영(營)	
2 지킬 위(衛)			17 응할 응(應)	
3 앵두나무 앵(櫻)			18 거짓 가(假)	
4 값 가(價)			19 옛 구(舊)	
5 글 경(經)			20 험할 험(險)	
6 검사할 검(檢)			21 도울 찬(贊)	
7 섞일 잡(雜)			22 증거 증(證)	
8 조목 조(條)			23 돈 전(錢)	
9 형상 상(狀)			24 모을 총(總)	
10 조상 조(祖)			25 붙일 속(屬)	
11 더할 증(增)			26 끊을 단(斷)	
12 둥글 단(團)			27 홀로 독(獨)	
13 큰 덕(德)			28 말잘할 변(辯)	
14 부처 불(佛)			29 남을 여(餘)	
15 풍년 풍(豐)				

도전! 한자 QUIZ

3 약자(略字) 표기 6 : 小学校 6학년 대상의 교육한자 181字 중 '상용한자표'에 표기되어 있는 약자는
じょうがっこう
다음과 같다.

		약자			약자
1	넓힐 확(擴)		19	책 권(卷)	
2	시골 향(鄕)		20	부지런할 근(勤)	
3	권세 권(權)		21	엄할 엄(嚴)	
4	곡식 곡(穀)		22	건널 제(濟)	
5	누에 잠(蠶)		23	거둘 수(收)	
6	좇을 종(從)		24	세로 종(縱)	
7	곳 처(處)		25	마을 서(署)	
8	모두 제(諸)		26	장수 장(將)	
9	오로지 전(專)		27	꾸밀 장(裝)	
10	층 층(層)		28	감출 장(藏)	
11	오장 장(臟)		29	맡을 담(擔)	
12	지을 저(著)		30	집 청(廳)	
13	무리 당(黨)		31	신고할 계(屆)	
14	어려울 난(難)		32	머리골 뇌(腦)	
15	예배할 배(拜)		33	늦을 만(晩)	
16	아우를 병(竝)		34	보배 보(寶)	
17	번역할 역(譯)		35	어지러울 란(亂)	
18	관람할 람(覽)		36	맑을 랑(朗)	

한자 이모저모

일상 생활에서 자주 사용하는 '관용구 표현'에는?

1. 「頭が切れる」　머리가 명석하다
   あたま き

2. 「顔が広い」　발이 넓다
   かお ひろ

3. 「耳にたこができる」　귀에 못이 박히다
   みみ

4. 「鼻が高い」　콧대가 높다, 우쭐거리다
   はな たか

5. 「目が肥える」　안식이 높다
   め こ

6. 「口を出す」　말참견을 하다
   くち だ

7. 「後味が悪い」　뒷맛이 개운치 않다
   あとあじ わる

8. 「ほおが落ちそう」　둘이 먹다가 하나가 죽어도 모르겠다
   お

9. 「首を長くして待つ」　목이 빠지게 기다리다
   くび なが ま

10. 「喉から手が出る」　너무 갖고 싶다
    のど て で

11. 「尻をたたく」　격려하다, 재촉하다, 채찍질하다
    しり

12. 「肝に命じる」　명심하다
    きも めい

13. 「背を向ける」　등을 돌리다
    せ む

14. 「手がかかる」　손이 많이 가다
    て

15 「すねをかじる」　부모에게 손을 내밀다, 얹혀 살다

16 「猫も杓子も」　어중이 떠중이 모두 다, 너도 나도
　　ねこ　しゃくし

17 「猫を被ぶる」　내숭을 떨다
　　ねこ　か

18 「根掘り葉掘り」　꼬치꼬치, 미주알고주알 캐묻다
　　ねほ　はほ

19 「水に流す」　없었던 일로 하다
　　みず　なが

20 「出る幕がない」　나설 자리가 아니다
　　で　まく

21 「気を引く」　주의를 끌다
　　き　ひ

22 「心を鬼にする」　마음을 모질게 먹다
　　こころ　おに

23 「心を許す」　마음을 주다
　　こころ　ゆる

24 「力を落とす」　낙담하다
　　ちから　お

25 「名ごりを惜しむ」　작별을 아쉬워하다
　　な　お

26 「脚光を浴びる」　각광을 받다
　　きゃっこう　あ

27 「ピンからキリまで」　처음부터 끝까지, 천차만별

28 「めどがつく」　전망이 서다

일본어뱅크 테마 별로 배우는

New 스타일
일본어 한자 2

채경희, 이시이 나오미 지음

동양북스

일본어뱅크 테마로 배울 수 있는

New 스타일

일본어 ②
한자

채경희, 이시이 나오미 지음

별책 정답

동양북스

0과

도전! 한자 QUIZ 14쪽

1 ② 気 ③ 虫 ④ 学 ⑤ 糸

도전! 한자 QUIZ 15쪽

2 ① 読 ② 国 ③ 万 ④ 海 ⑥ 社 ⑦ 画 ⑨ 黒 ⑩ 来 ⑪ 広 ⑫ 楽 ⑬ 声 ⑭ 昼 ⑮ 数 ⑰ 毎 ⑱ 会 ⑲ 売 ⑳ 点 ㉑ 黄 ㉒ 当 ㉔ 体 ㉕ 絵

도전! 한자 QUIZ 16쪽

3 ① 悪 ② 駅 ③ 温 ⑤ 研 ⑥ 号 ⑦ 実 ⑧ 者 ⑨ 乗 ⑩ 真 ⑫ 都 ⑬ 福 ⑭ 薬 ⑯ 緑 ⑰ 練 ⑲ 横 ⑳ 漢 ㉑ 軽 ㉓ 歯 ㉔ 写 ㉕ 暑 ㉖ 神 ㉗ 対 ㉘ 転 ㉙ 発 ㉚ 勉 ㉜ 両 ㉝ 礼

0-2 18쪽

1 十 十　　　**2** 田 田 田 田　　　**3** 小 小 小

4 同 同 同 同 同 同　　　**5** 中 中 中 中

6 右 右 右 右 右　　　**7** 左 左 左 左 左

1과

1과 1-1 Quiz 19쪽

1 初, 願　　**2** 久, 元気　　**3** 例, 書　　**4** 明日, 大変　　**5** 昨日, 友達, 晩, 飯, 食

한자 기초력 UP 25-26쪽

1 ① べんきょうづくえ ② はつゆき ③ ぶんかざい ④ つぎ, えき, お ⑤ きって, まいすう, かぞ

⑥ ろうどうしゃ, まつ ⑦ がんしょ, まどぐち, ねが ⑧ はる, なつ, か

⑨ かね, か, しゃっきん, い ⑩ さくばん, こうこう, どうそうかい, ひさ, ともだち, あ

⑪ おお, いき, す, しんこきゅう ⑫ さむ, あたら, もうふ, か

⑬ いえ, りょうしん, ともばたら, ひとり, はん, た, おお

⑭ としょかん, ほん, さつ, か, だ, きかん, いっしゅうかん

2 ① 鏡　② 机　③ 窓　④ 昨年　⑤ 財布　⑥ 例文　⑦ 貸, 借　⑧ 時代, 変化　⑨ 朝, 晩, 働
⑩ 雨, 降　⑪ 初, 願

1과 1-2 Quiz　27쪽

① えいご, 英語　② えいが, 映画　③ こうちゃ, 紅茶　④ じしょ, 辞書　⑤ しんかんせん,
新幹線

한자 기초력 UP　32-33쪽

1 ① じこ　② こくみんねんきん, はい　③ へいきんてん, なんてん　④ えいご, じしょ, か
⑤ ともだち, あんない　⑥ じゅぎょう, しゅっせき　⑦ かいしゃ, ひんしつ, ゆうめい
⑧ みずうみ, こうよう, やま, うつ　⑨ きげんぜん, こだい, いし, もじ, きざ　⑩ たく
⑪ むり, おも, ぶじ, かえ

2 ① 住民　② 紅茶　③ 時刻　④ 世紀　⑤ 答案用紙　⑥ 司会者　⑦ 百円均一, 店　⑧ 目的, 持, 学
⑨ 新幹線, 席　⑩ 無料, 映画　⑪ 数学, 問題, 解

한자 응용력 UP　34-38쪽

1 ① 例　② 辞　③ 紅　④ 的　⑤ 変

2 ① 願い　② 解き　③ 降り　④ 貸し　⑤ 働き　⑥ 変わり

3 ① (無口)な　② (無理)な　③ (無料)の　④ (利己的)な　⑤ (大変)な　⑥ (的確)な
⑦ (初めて)の　⑧ (最初)の

4 ① 民　② 働　③ 己　④ 願　⑤ 英　⑥ 紀　⑦ 刻　⑧ 初

5 ① 英　② 降　③ 刻　④ 案　⑤ 例　⑥ 財　⑦ 映　⑧ 辞　⑨ 枚　⑩ 変

2과

2과 2-1 Quiz　39쪽

부동산 임대 광고

1 **1** しょめい **2** せいと **3** ふくしゅう **4** すこ, かんせい **5** たいふう, ていでん

 6 つくえ, うえ, いがい, お **7** いけ, まわ, かこ **8** あたら, じゅうきょ, ひろ, いま

 9 あぶ, はくせん, うちがわ, さ **10** ひがし, いち **11** わる, びょうき, ふせ, よぼう

 12 せつりつ, じゅんび, はな, あ, ば, もう **13** かたみち, うんちん, おうふく

 14 もっと, き, い, てん, こうつう, べん

2 **1** 地位 **2** 家賃 **3** 郵便局 **4** 消防署 **5** 兄, 親, 同居, 県庁, 働 **6** 停, 徒歩, 以内

 7 周囲, 部屋, 設備, 最高

1 **1** き **2** しょくよく **3** しず, よる **4** ひんけつ, お **5** せいけつかん, す **6** あたら, ほ

 7 としょかん, りよう **8** てきとう, き **9** つめ, かぜ, からだ, ひ **10** さいきん, しごと,

 わかもの, きゅうげき **11** りょうこう, かんけい **12** さいていきおん, ど, あつ, き, で

 13 こころよ, かぜ, ふ, ふかい, きぶん

2 **1** 低, 山 **2** 浅, 海 **3** 難, 問題 **4** 危, 道 **5** 激, 雨 **6** 度, 冷静, 考 **7** 便利

 8 好, 歌手 **9** 父, 母, 快適, 生活, 送

1 (**1**~**8**順不同)浅い ⇔ 深い, 厚い ⇔ うすい, 熱い ⇔ 冷たい, うるさい ⇔ 静かな,
 きらいな ⇔ 好きな, 高い ⇔ 低い, 不便な ⇔ 便利な, 良い ⇔ 悪い

2 **1** 航空便(ふべん / べんじょ / <u>こうくうびん</u>) **2** 側近(<u>そっきん</u> / うちがわ / みぎがわ)

 3 設計(せつりつ / <u>せっけい</u> / せつび) **4** 復活(かいふく / ふくしゅう / <u>ふっかつ</u>)

 5 潔白(せいけつ / かんけつ / <u>けっぱく</u>) **6** 欲求(<u>よっきゅう</u> / いよく / しょくよく)

3 **1** 천・淺・浅 **2** 위・圍・囲 **3** 청・廳・庁 **4** 정・靜・静

4

4

<JR山手線>
やまのてせん

新宿駅から　バスで　10分
しんじゅくえき　　　　　ぷん

マンション（6階　1LDK）
かい

家賃　6万円　（礼金　1ヶ月、敷金　なし）
や ちん　まんえん　れいきん　げつ しききん

築　1年
ちく　ねん

＊バス停まで徒歩10分。
てい　と ほ ぷん

交通は少し不便ですが、静かで快適なお部屋です。
こうつう すこ ふ べん　　　　しず　かいてき　へ や

新しいマンションです。若い方、学生さんにおすすめです。
あたら　　　　　　　　わか かた　がくせい

設備：エアコン、インターネット（WiFi）あります。
せつ び

<地下鉄　浅草線>
ち か てつ　あさくさせん

浅草駅　徒歩　3分　ワンルーム
あさくさえき と ほ ぷん

（2階　西側）
かい にしがわ

家賃　5.2万円　（礼金　2ヶ月、敷金　2ヶ月）
や ちん　まんえん　れいきん　げつ しききん　げつ

築　17年
ちく ねん

＊東口からすぐです。消防署のとなりです。
ひがしぐち　　　　　　しょうぼうしょ

駅の近くですから、危なくありません。安全です。
えき ちか　　　　　　あぶ　　　　　　　　あんぜん

古いですが、清潔なお部屋です。
ふる　　　　せいけつ　へ や

10月(がつ)1日(ついたち) 誕生(たんじょう)(10월1일 탄생),

3才(さい)(세)　幼稚園(ようちえん)入園(にゅうえん)(유치원 입학),

6才(さい)　小学校入学(しょうがっこうにゅうがく)(초등학교 입학),

18才(さい)　大学入学(だいがくにゅうがく)(대학교 입학),

大学(だいがく)3年(ねん)(대학교 3학년) 英国留学(えいこくりゅうがく)(영국 유학),

卒業(そつぎょう)(졸업) → 会社(かいしゃ)に就職(しゅうしょく)(회사에 취직),

28才(さい) 結婚(けっこん)(결혼) → 出産(しゅっさん)(출산),

57才(さい) 孫(まご)が生(う)まれる(손자가 태어남)

한자 기초력 UP   64-65쪽

1 ① たんじょうび ② さんぎょう ③ けっ ④ がんしょ, かきとめ ⑤ せんぞ, はか ⑥ そうたい

⑦ まご, よう, えん, かよ ⑧ さいきん, いくじ, ちちおや ⑨ ろうご, ふうふ ⑩ せんしゅう,

つま, おとこ, こ, う ⑪ むす ⑫ しんそつ, しゅうしょく

⑬ こども, ひとり, るすばん, きょう, はや, かえ ⑭ ちち, はは, おやこうこう

⑮ こうこうじだい, ゆうじん, びょうき, な

2 ① 留学 ② 卒業 ③ 退職 ⑤ 祖父母 ⑤ 産婦人科 ⑥ 小児科 ⑦ 夫妻 ⑧ 子孫

⑨ 結論, 言 ⑩ 老人, 海, 読 ⑪ 火事, 幼, 死亡

3과 3-2 Quiz   66쪽

① 飲み   ② 吸い   ③ 呼び   ④ 洗い   ⑤ 泣き

한자 기초력 UP   72-73쪽

1 ① や, にく ② ほうちょう ③ ぼうねんかい ④ あさ, お, かお, あら ⑤ しん ⑥ かみひこう, と

⑦ ともだち, よろこ ⑧ がんじつ, ねん, いわ, しゅくじつ ⑨ とち, く, しゅうかん, すこ, な

⑩ ねんかん, な, わら, こと ⑪ つよ, し, わ ⑫ おさない, とき, か, あいけん, し

⑬ かこ, す, わす, おお

2 ① 信号 ② 呼吸 ③ 洗面所 ④ 時間割 ⑤ 四捨五入 ⑥ 子供, 笑顔 ⑦ 紙 包 ⑧ 電車, 通過

⑨ 愛 ⑩ 夕焼 ⑪ 閉 ⑫ 荷物, 届

한자 응용력 UP   74-76쪽

1 【A】 ① 飛   ② 呼   ③ 忘   ④ 笑   ⑤ 閉   ⑥ 破   ⑦ 慣   ⑧ 割

【B】 ① 捨て   ② 結び   ③ 祝い   ④ 飼い   ⑤ 産み   ⑥ 焼き

2 ① × ② ○ ③ × ④ ○ ⑤ ○ ⑥ × ⑦ ○ ⑧ ○

3 ① 一生・いっしょう ② 書留・かきとめ ③ 小包み・こづつみ ④ 夫・おっと

　　⑤ 誕生日・たんじょうび ⑥ 就職・しゅうしょく

4 답: 卒業式

4과

4과 4-1 Quiz 77쪽

1 ① 学 ② 気 ③ 急 ④ 者 ⑤ 青 ⑥ 鉄

2 ② 浅 ③ 徳 ④ 変 ⑤ 独 ⑥ 応 ⑦ 巻

한자 기초력 UP 82-83쪽

1 ① ほうせき ② れいぞうこ ③ おうようもんだい ④ ちち, いけん, したが ⑤ まった, ごかい

　　⑥ あし, ほう, ま ⑦ しごと, しょり ⑧ せんろ, へいこう, みち, はし ⑨ じ, ふっきゅう

　　さぎょう, みっか ⑩ あぶ, はんけい, いない, はい ⑪ あらわ, ちょしゃ

　　⑫ しょっきう, ば, うつわ ⑬ どうとく, じんけん, なら

　　⑭ りっぱ, とくはいん, しごと, お ⑮ き, くすり, おも, つづ, の, こうか

2 ① 楽器 ② 仮面 ③ 有効期間 ④ 独立 ⑤ 旧式 ⑥ 精神力 ⑦ 世間, 反応 ⑧ 列, 並

　　⑨ 派手, 服, 着 ⑩ 誤, 皿, 割

4과 4-2 Quiz 84쪽

1 ① 土曜日 ② 南北 ③ 千円 ④ 名前 ⑤ 週末 ⑥ 氷

2 ① 未 vs 末 ② 土 vs 士 ③ 北 vs 兆

　　④ 千 vs 干 ⑤ 各 vs 名 ⑥ 氷 vs 永

한자 기초력 UP 89-90쪽

1 ① はくぶつかん ② しかん ③ ぜんちょう ④ よてい, みてい ⑤ いけん, の

　　⑥ えいえん, あい ⑦ さんにんきょうだい, すえ, こ ⑧ げんいん, しら

⑨しょくどう，しょっけん，か ⑩かわ，そ，なみきみち，つづ

⑪しめい，じゅうしょ，めいき，おく ⑫こども，おや，かんしょう

⑬かいすいよくじょう，あ ⑭せかいかっこく，み

⑮かいてい，うみ，そこ，とお ⑯あさ，め，さ，て，かんかく

2 ①一兆円 ②博士 ③入場券 ④各地，天気 ⑤古，因習 ⑥幸，結末 ⑦迷子

⑧生活，困 ⑨干 ⑩漢字，覚 ⑪永住 ⑫英語，専

한자 응용력 UP　91-94쪽

1 ①가・假・仮 ②보・寶・宝 ③구・舊・旧 ④권・權・権 ⑤처・處・処

2 ①専 ②券 ③効 ④名 ⑤氏

3 ①巻 ②並 ③干 ④従 ⑤困 ⑥覚 ⑦応 ⑧述

4 ①著・저자・ちょしゃ ②応・반응・はんのう ③独・독신・どくしん

④権・정권・せいけん ⑤宝・보석・ほうせき ⑥器・기구・きぐ

⑦述・기술・きじゅつ ⑧迷・미신・めいしん ⑨径・직경・ちょっけい

⑩蔵・저장・ちょぞう ⑪続・속행・ぞっこう

5 ①専門 ②武士 ③慣 ④困 ⑤迷子 ⑥誤解 ⑦大丈夫 ⑧休 ⑨続 ⑩並木道 ⑪沿

5과

5과 5-1 QUIZ　95쪽

1 ①あたま・頭 ②め・目 ③くち・口 ④て ⑤あし・足

2 ①폐 ②심장 ③소장 ④위

한자 정리　100쪽

①小腸・しょうちょう ②しんぞう・心臓 ③い・胃 ④むね・胸 ⑤こし・腰

한자 기초력 UP　101-102쪽

1 ①がんか ②えきたい ③さんみゃく ④ふくつう ⑤のうは，さ

⑥いもうと，けいてき，がた ⑦こうつうじ，じゅうしょう，お ⑧えき，ころ，こつ

⑨ あつ, の, した ⑩ さいきん, せぼね, ま, こ, おお ⑪ ふゆ, けわ, とざん, きけん

⑫ ほいくえん, せいけつ, たも ⑬ りか, しゅくだい, ぞうき, はたら, しら

⑭ す, はい, びょうき, ちゅうい

2 ① 筋肉 ② 視力 ③ 保険証 ④ 胃腸薬 ⑤ 血液型 ⑥ 度胸 ⑦ 脈 ⑧ 歯, 痛

⑨ 事件, 背景, 調 ⑩ 傷

5과 5-2 Quiz　103쪽

① くだもの・果物　② やさい・野菜　③ こくもつ・穀物

한자 기초력 UP　108-109쪽

1 ① ほけんしつ ② こくもつ ③ さ ④ きずぐち, しょうどく ⑤ きょうよう, み

⑥ かんこく, せかいじゅう, くるま, ゆしゅつ ⑦ かいだん, お, あし, いた

⑧ べんとう, つく, とうぶん, えんぶん, き, つ ⑨ じかん, ついや

⑩ こども, ひまん, しゃかいもんだい ⑪ あさ, たまご, ぎゅうにゅう, くだもの

⑫ さんさい, やま, な, はなばたけ ⑬ にんげん, ち, かね, き

2 ① 野菜 ② 生卵 ③ 輸入品 ④ 中毒 ⑤ 米, 値段 ⑥ 砂糖, 塩 ⑦ 学費 ⑧ 結果

⑨ 健康, 注意 ⑩ 食事, 栄養満点

한자 응용력 UP　110-113쪽

1 ① 塩水(しょくえん / <u>えんぶん</u> / しおみず) ② 出費(ひよう / <u>しゅっぴ</u> / かいひ)

③ 体型(<u>たいけい</u> / おおがた / しんがた) ④ 背景(<u>はいけい</u> / せすじ / せなか)

⑤ 砂漠(すなば / すなはま / <u>さばく</u>) ⑥ 眼鏡(<u>めがね</u> / ろうがん / きんがん)

⑦ 胸元(どきょう / <u>むなもと</u> / きょうい) ⑧ 果物(かじつ / <u>くだもの</u> / こうか)

2 ① 脈 ② 血液 ③ 胃 ④ 骨 ⑤ 腸 ⑥ 胸 ⑦ 脳 ⑧ 肺 ⑨ 内蔵 ⑩ 舌

3 ① 保健所 ② 往復 ③ 筋 ④ 液体 ⑤ 輸送 ⑥ 英語科

4 【A】 ① 小康 ② 手段 ③ 弁解 ④ 消費 ⑤ 未満

　【B】 ① 養っ ② 背き ③ 栄え ④ 痛み ⑤ 保ち

한자 이모저모 ▶ 114쪽

1 d 2 a 3 c 4 f 5 e 6 b 7 i 8 g 9 j 10 h

6과

6과 6-1 Quiz ▶ 115쪽

하기 집중 강의(여름 계절 학기 또는 특강)의 알림

한자 기초력 UP ▶ 120-121쪽

1 1 ほうかご 2 たんじょうび 3 やきゅう, しあい 4 へんしゅうしゃ 5 しゅくしゃ, きそく

6 あ 7 ぶっか, あ 8 はなし, きょうかん, おぼ 9 だいき, ちょうさ, おこな

10 あたら, けんしゅう, どうにゅう 11 つう, けん, じっせき

12 きょねん, とうろんかい, ひょう, よ 13 た, おぎな, りゅうがく, き

14 きゅうこう, ほこう 15 せいじんしき, はたち, いわ

2 1 成績 2 評価 3 期末考査 4 男女共学 5 編入試験 6 指導教授 7 言論, 自由

8 新, 校舎 9 修理, 出 10 講義, 課題, 多

6과 6-2 Quiz ▶ 122쪽

답: な형용사의 개수: 3(2, 5, 8)   する동사의 개수: 5(1, 3, 4, 7, 9)   이외의 개수: 2(6, 10)

한자 기초력 UP ▶ 127-128쪽

1 1 すこ, ちょきん 2 よやく 3 じゅんび 4 そうさ 5 ゆき, こうつう, こんらん

6 そんけい, じんぶつ 7 さんか, きぼう, どようび, い 8 としよ, ろうじん, きふ

9 かいしゃ, じゅうやく, じんじ, さっしん 10 けっそく, か 11 りょうしん, けっ, みと

12 しお, くわ 13 ちゅうもん, うけたまわ 14 かま

2 1 参考書 2 両面印刷 3 約束 4 予算, 承認 5 保険, 加入 6 風, 乱

7 帰, 寄, 道 8 論文, 構成, 討 9 受, 付, 食券 10 待望, 誕生

1 ① 準備　② 印刷　③ 成長, 成人　④ 希望, 待望, 失望

　　⑤ 定義　⑥ 評価, 批評　⑦ 反則　⑧ 講演, 講義

2 (예)① 物価 / 評価 / 価値 / 価格　② 入試 / 追試 / 試合 / 試験

　　③ 参加 / 増加 / 加工 / 加入　④ 承認 / 確認 / 認可 / 認識

3 ① 成　Aせいちょう　Bなり　② 導　Aしどう　Bみちびいて

　　③ 討　Aとうろん　Bうち　④ 操　Aしんたいそう　Bあやつり

　　⑤ 試　Aにゅうし　Bためして　⑥ 束　Aやくそく　Bはなたば

4 ① ついし・추시　② あかてん・낙제점　③ りょう・기숙사　④ たんい・학점

　　⑤ へんにゅう・편입　⑥ たんだい・전문대　⑦ こうき・2학기

7과

① 登山　② 映画　③ ボランティア　④ 読書　⑤ 美術　⑥ 演劇

1 ① えんそうかい　② し, ろうどく　③ しゅう, し　④ らん　⑤ たず　⑥ げきじょう, こんざつ

　　⑦ うた, かし　⑧ あね, しゅげい, す, あ　⑨ こんど, しゅやく, えん

　　⑩ わかもの, みらい, そうぞう, ちから　⑪ はは, まち, がっしょう, しょぞく

　　⑫ しょうらい, てんじかい, さくひん, しゅっぴん　⑬ びじゅつかん, せいき, かいがてん

　　⑭ ちず, あか, いろ, しめ, こうじちゅう

2 ① 雑誌　② 展覧会　③ 芸術家　④ 団, 公演　⑤ 朗, 人　⑥ 創立, 周年

　　⑦ 部屋, 探　⑧ 国, 急速, 発展　⑨ 木造, 校舎　⑩ 近所, 宅, 訪問

① ゆうめいな・有名　② せいじつな・誠実　③ じゅうような・重要　④ へいわな・平和

⑤ びょうどうに・平等に　⑥ せいかくに・正確

한자 기초력 UP　146-147쪽

1 ① かんたん　② ちゅうじつ，ぶか　③ わだい，ほうふ　④ じゅん　⑤ げんかく，かてい，そだ

⑥ ひつよう，くに　⑦ ほんとう，かのう　⑧ わか，とくてい

⑨ とうあんようし，だ，まえ，かくにん　⑩ ふくすう，つた　⑪ りょこう，きねん，か

⑫ ざんぎょう，のこ　⑬ がんしょ，ひっちゃく　⑭ あま，おく　⑮ ほんじつ，とお，まこと

2 ① 誠実，人　② 複雑，構造　③ 単調　④ 豊，才能　⑤ 主要，科目　⑥ 特別，日

⑦ 会，残念　⑧ 勝利，確実　⑨ 有名，作家，書簡，見　⑩ 宿題，必，出

한자 응용력 UP　148-150쪽

1 【A】① 能　② 自　③ 余　④ 朗　⑤ 派　⑥ 残

　【B】① 健・な　② 必・な　③ 念・の　④ 複・な　⑤ 確・に　⑥ 簡・に　⑦ 豊・な　⑧ 厳・に

2 ① B(きょうがく / <u>かくにん</u> / りかい)　② C(かし / ざっし / <u>じかい</u>)

③ B(きゅう<u>しゅう</u> / <u>しょう</u>ひん / ちょうき)　④ C(よけい / <u>りょうり</u> / <u>ようじ</u>)

⑤ C(<u>まど</u>ぐち / がっ<u>しょう</u> / えん<u>そう</u>)

3 (①~⑤順不同)　簡・団・念・忠・格

8과

8과 8-1 Quiz　151쪽

① 下　② 縦　③ 出　④ 対，賛

한자 정리　156쪽

① 表(おもて) ⇔ 裏(うら)　② 賛成(さんせい) ⇔ 反対(はんたい)

③ 善(ぜん) ⇔ 悪(あく)　④ 成功(せいこう) ⇔ 失敗(しっぱい)

⑤ 損(そん) ⇔ 得(とく)　⑥ 戦争(せんそう) ⇔ 平和(へいわ)

7 横断(おうだん)⇔ 縦断(じゅうだん)　8 増加(ぞうか)⇔ 減少(げんしょう)

9 敵(てき)⇔ 味方(みかた)　10 出席(しゅっせき)⇔ 欠席(けっせき)

11 拡張・拡大(かくちょう・かくだい)⇔ 縮小(しゅくしょう)

12 便利(べんり)⇔ 不便(ふべん)　13 許可(きょか)⇔ 禁止(きんし)

14 可能(かのう)⇔ 不可能(ふかのう)

한자 기초력 UP 157-158쪽

1 1 しんぜんたいし　2 きょうてき　3 たんしゅくじゅぎょう　4 かくだい

5 らいしゅう, しゅっちょう　6 たいふう, にほんれっとう, じゅうだん　7 うらぎ

8 さくせん, さいだい, こうろうしゃ　9 あら, ちぢ　10 いちど, しっぱい, すべ, うしな

11 じゅぎょうちゅう, しよう, きんし, さん, りょうろん

12 むら, じんこう, へ, とし, ふ　13 りょうしん, ゆる, え, い

2 1 成功　2 許可　3 禁　4 横断歩道　5 体重, 増減　6 戦争, 損失　7 必死, 説得

8과 8-2 Quiz 159쪽

1 気温(きおん)－温度(おんど)　2 学期(がっき)－期限(きげん)

3 理解(りかい)－解散(かいさん)

한자 기초력 UP 164-165쪽

1 1 きんか, かもつ, ぶっか　2 じんざい, ざいりょう, りょうり

3 こうこく, こくはく, はくば　4 かいさん, さんぽ, ほどう

5 しゅるい, るいすい, すいり　6 でんせつ, せつめい, めいあん

7 あたら, しゅうかんし, かんこう　8 ていきよきん, あず, きんがく, ふ

9 ちょくせつ, せっ, しごと　10 きげん, たいりょく, げんかい

11 げんざい, たい, じつげん, むずか　12 ぶきよう, つく, ふかのう, おも

13 むすこ, ぶんけい, すす, りけい, すす, まよ

2 ① 雲, 間, 太陽, 現 ② 荷物, 預 ③ 伝 ④ 不注意, 皿, 割 ⑤ 雨, 花, 散

⑥ 子, 限, 思 ⑦ 額, 庭, 花, 育

1 ① 敵 ② 禁, 許 ③ 賛成 ④ 戦, 平 ⑤ 失敗, 功 ⑥ 裏 ⑦ 損, 得 ⑧ 減, 増

2 ① 増え ② 戦い ③ 張り ④ 断り ⑤ 失い ⑥ 伝わり

3 ① 説, かいせつ－せっとく ② 陸, ちゃくりく－りくじょう

③ 種, かくしゅ－しゅるい ④ 態, じたい－たいど

⑤ 戦, さくせん－せんそう ⑥ (예) 期限－限界, 広告－告白, 許可―可能　등

① F ② C ③ E ④ B ⑤ D

1 ① けいびいん ② そつぎょうせいさく ③ けっか, こうさつ ④ ぎょぎょう, むら

⑤ ちち, べんごし, はは, きょうし ⑥ おとうと, けんせつがいしゃ

⑦ あね, かんちょう, はたら ⑧ せかいてき, ゆうめい, がくだん, しきしゃ

⑨ ゆめ, はんが, しゅっぱん ⑩ つう, てっこうぎょう, かんしん, も

⑪ しんちく, あそ ⑫ やさ, ほし, うみ, だいざい, すぐ, はい, のこ

⑬ もう, わけ, やく ⑭ やさ, まんてん, よう い

2 ① 俳優 ② 通訳 ③ 看護師 ④ 警察官 ⑤ 建築 ⑥ 航空 ⑦ 貿易

⑧ 電気製品, 売, 場, 回 ⑨ 夢中, 忘 ⑩ 大漁, 願, 祭, 開

<求人：パート・アルバイト>　　　　（株）ABC　カンパニー
きゅうじん　　　　　　　　　　　　　　　　　　　　かぶ

あなたに　合った　働き方が　選べます！
　　　　　あ　　　　はたら　かた　　えら

仕事の内容：① 事務　　② データ入力　　③ 営業
しごと　ないよう　　じむ　　　　　　　にゅうりょく　　えいぎょう

勤務時間：午前９時～午後6時(残業あり)
きんむ じかん　ごぜん　じ　　ごご　じ　ざんぎょう

時給：①, ② 750円～900円　　③ 800円～1,200円
じ きゅう　　　　えん　　えん　　　　　　えん　　　えん

休日：土・日・祝日
きゅうじつ　ど　にち　しゅくじつ

勤務地：都内（ 新宿 ・ 六本木 ・ 原宿 ）
きんむ ち　とない　しんじゅく　ろっぽん ぎ　はらじゅく

（株）ABCカンパニー
かぶ

人事部　03-6522-3019
じん じ ぶ

---

1 1 だい, りょう 2 かぶしきがいしゃ 3 きゅう 4 いもうと, せんこう, けいざいがく

5 ようけん, つた 6 むね, なふだ, つ 7 もくひょう, たか, も

8 りえき, ついきゅう, ところ 9 ぜいきん, こくみん, ぎむ 10 けいき, かいふく

11 あに, ぼうえきがいしゃ, つと, つうきん

12 えいぎょう, しっぱい, おくえん, あかじ, だ

13 しんせいひん, おさ, こ, かじ 14 そっちょく, い, がっか, しゅうしょくりつ, わる

15 こんねんど, さいよう, しんそつ, めい, と, よてい

2 1 領収書 2 勤務地 3 給食 4 経営学部 5 収集 6 虫, 標本 7 仕事, 能率

8 採点 9 労働条件, 求 10 美, 景色, 言葉, 出

---

1 1 りん 2 漁 3 けんせつ 4 うんゆ 5 製 6 版 7 てっこう 8 えいぎょう

9 事 10 せっけい 11 務

2 ①警官 ②医師 ③俳優 ④公務員 ⑤税理士 ⑥指揮者 ⑦易者 ⑧建築家 ⑨看護師

3 ①じきゅう× ②はっき×× ③ゆうしょう ④けいこく× ⑤ぎょせん× ⑥よっきゅう

4 ①優れ ②築き ③営ん ④済み ⑤建ち ⑥勤め ⑦求め ⑧率い

10과 10-1 QUIZ　187쪽

思い出
（おもで）

日本での1年が終わりました。来週、韓国に帰ります。
（にほん）（ねん）（お）　　　（らいしゅう）（かんこく）（かえ）

1年間、本当に楽しかった！
（ねんかん）（ほんとう）（たの）

3月　　大阪城公園にお花見に行きました。桜、きれいでした！
（がつ）　（おおさかじょうこうえん）（はなみ）（い）　　　（さくら）

7月　　海へ行きました。夜、海辺で花火をしました。
（がつ）　（うみ）（い）　　（よる）（うみべ）（はなび）

　　　　灯台へも行きました。
　　　　（とうだい）（い）

11月　　街路樹がきれいな黄色になりました。
（がつ）　（がいろじゅ）　　　　（きいろ）

1月　　スキーに行きました。スキー場では、夏に牛の放牧を
（がつ）　　　　（い）　　　　　　（じょう）　（なつ）（うし）（ほうぼく）

　　　　しているそうです。

한자 기초력 UP　192-193쪽

1 ①とり，す ②ゆうぼくみんぞく ③じゅもく ④えだまめ ⑤した，あな ⑥とうゆ，か

⑦め，で ⑧しょうがつ，もん，まえ，かどまつ，た

⑨げし，ひる，もっと，なが ⑩うめ，きせつ，お，さくら，はな，さ，はじ

⑪まんちょう，しお，み ⑫さんかくけい，ちょうてん，ていへん，せん，ひ

⑬あた，ふる，じょうかまち，てんねん，おんせん

⑭ばいうぜんせん，ほくじょう，はじ，つゆ，あ

2 ① 四季 ② 自然 ③ 木，枝 ④ 森，泉 ⑤ 街路樹 ⑥ 松竹梅 ⑦ 教会，牧師

　　⑧ 海辺，城 ⑨ 至急，頂 ⑩ 電気，節約

10과 10-1 QUIZ 194쪽

지구 온난화 : ちきゅうおんだんか，地球温暖化　　　산성비 : さんせいう，酸性雨

이상기상 : いじょうきしょう，異常気象　　　이산화탄소 : にさんかたんそ，二酸化炭素

오존층 : オゾンそう，オゾン層

한자 기초력 UP 199-200쪽

1 ① はいざら ② ぞう ③ ひじょうぐち ④ ねったいや，つづ ⑤ かぎ，しげん，たいせつ

　　⑥ ちきゅおんだんか，ぜんせかい，もんだい ⑦ てんこうふじゅん，こめ，ふさく

　　⑧ くるま，ふ，こうがい，しゃかいもんだい ⑨ ねんだい，さんせいう ⑩ せつやく，しょう

　　⑪ げんしりょくはつでんしょ，ほうしゃのう ⑫ きょくてき，はつげん

　　⑬ こうそう，た，なら，しんじゅく，かさい，はっせい

　　⑭ ろうご，しっそ，せいかつ，こころ ⑮ さんみゃく，わ，しぜん，こっきょう

2 ① 酸素 ② 南極，氷河 ③ 異常気象 ④ 資料 ⑤ 暖，部屋 ⑥ 熱，茶 ⑦ 災害，起

　　⑧ 自分，行動，反省 ⑨ 灰色，空，雪，降 ⑩ 人類，起源，研究

한자 응용력 UP 201쪽

1 ① 街角(まちかど / しがいち / しょうてんがい) ② 天然(しぜん / とうぜん / てんねん)

　　③ 近辺(ていへん / きんぺん / へんきょう) ④ 調節(ちょうせつ / ふしあな / ふしめ)

　　⑤ インド象(げんしょう / インドぞう / いんしょう)

　　⑥ 自省(しょうりゃく / じせい / もんぶかがくしょう)

도전! 한자 QUIZ 201쪽

① 　○ A　おおや，셋집 주인　　○ B たいか，대가(거장)

② 　○ A　こうふ，공사장의 인부　　○ B くふう，궁리함

2 ① 境, こっきょう, さかい　② 城, じょうもん, しろ

③ 潮, ちょうりゅう, しお　④ 芽, はつが, め

⑤ 異, いじょう, こと　⑥ 省, しょうりゃく, はぶ

3

[地球の環境問題]
ちきゅう　かんきょうもんだい

項目・内容 こうもく　ないよう		主な原因 おも　げんいん	影響 えいきょう
地球温暖化 ちきゅうおんだんか	地球の表面の気温 ちきゅう ひょうめん き おん が上昇して、気候が じょうしょう きこう 変わってしまうこと。 か	温室効果ガス おんしつこうか （主に二酸化炭素） おも にさんかたんそ	海面が上昇 かいめん じょうしょう 農業や生態系への影響 のうぎょう せいたいけい えいきょう
海面の上昇 かいめん　じょうしょう	海水が膨張したり、 かいすい ぼうちょう 氷河が溶けること ひょうが と で、水面が上がって すいめん あ しまうこと	温暖化 おんだんか	南極や北極の氷が溶ける なんきょく ほっきょく こおり と
酸性雨 さんせいう	強い酸性の雨が降る つよ さんせい あめ ふ こと	大気汚染 たいきおせん	自然の生態系への影響 しぜん せいたいけい えいきょう 森林が枯れる しんりん か 歴史的な建造物への影 れきしてき けんぞうぶつ えい 響など きょう
オゾン層の破壊 そう はかい	地上から10～50km ちじょう にあるオゾンの層が そう 破壊されること はかい	フロンガス	紫外線が増えて、ガンや しがいせん ふ ウィルス性の病気にかか せい びょうき りやすくなる

① 复, フク　② 青, セイ　③ 生, セイ　④ 官, カン

1 ① こうこう，せいふく ② たいぐん ③ けいびほしょうがいしゃ ④ ろんぶん，ひひょう ⑤ かぞく，けんこう，かんり ⑥ なかま ⑦ こせい，い，きょういく，たいせつ ⑧ ぎょうせき，きねん，どうぞう，た ⑨ じっさい，まった ⑩ むら，ぐん，し ⑪ あしくび，こてい，かんせつ，かた ⑫ にんしき，ふそく，あやま ⑬ こうざん，じこ，お，げんざい，きゅうしゅつさぎょう，すす ⑭ ひと，じぶん，くら，い

2 ① 女性 ② 個人 ③ 救急車 ④ 国際交流 ⑤ 知識，深 ⑥ 書類，保管 ⑦ 故障 ⑧ 心，感謝 ⑨ 医者，飲酒，制限 ⑩ 比例

1 ① 행・こう，공・こう，당・とう，망・ぼう ② 험・けん，감・かん，참・さん，점・てん ③ 반・はん，선・せん，민・みん，연・れん

① ○ ② ㅂ ③ ふん ④ じょう ⑤ せつ ⑥ のう ⑦ ろく ⑧ りん ⑨ とう ⑩ ぜつ ⑪ あつ ⑫ いき ⑬ れん ⑭ ぼう ⑮ ぶつ ⑯ きゅう ⑰ せき ⑱ だん ⑲ せい ⑳ しち ㉑ きゅう ㉒ せき

1 ① すいじょうき ② いぬ，くびわ ③ てつぼう，れんしゅう ④ かいわ，ろくおん ⑤ けってい，なっとく ⑥ ちち，いけん，ぜったい ⑦ いもうと，せっきょくてき，せいかく ⑧ そふ，じみんとう，とういん ⑨ たちいりきんし，くいき ⑩ こんど，れんきゅう，こども，つ，あそ ⑪ こうふんじょうたい，お，つ ⑫ せんじつ，お，さつじんじけん，ころ，しょうがくせい ⑬ みなみ，かいじょう，ていきあつ，つうか，ゆき，つ ⑭ りょうしん，さか，べつ，みち，すす ⑮ はんちょう，ちゅうしん，きょうりょく

2 ① 農協 ② 仏教 ③ 自殺 ④ 流域 ⑤ 土地，面積 ⑥ 税金，納 ⑦ 紙，折

⑧自分，貴　⑨関連，仕事　⑩梅雨，蒸，暑，続

한자 응용력 UP　220-223쪽

1 ①章，ショウ　②比，ヒ　③官，カン　④君，グン　⑤求，キュウ　⑥祭，サイ

　⑦同，ドウ　⑧責，セキ　⑨象，ゾウ　⑩工，コウ　⑪方，ホウ

2 ①輪，Aごりん　Bゆびわ　②謝，Aかんしゃ　Bあやまり　③仲，Aちゅうしゅう

　Bなかなおり　④蒸，Aじょうはつ　Bむし　⑤殺，Aさっぷうけい　Bころして

3 ①圧力　②奮起　③比重　④責任　⑤逆行　⑥現状

4 ①こっせつ・골절　②ぎゃくりゅう・역류　③ひりつ・비율

　④かんり・관리，れん(らく)・연락　⑤せいかく・성격

　⑥こしつ・독실，よやく・예약　⑦ちしき・지식，きゅうしゅう・흡수　⑧かんそう・감상

도전! 한자 QUIZ　223쪽

(예)白黒(しろくろ)，古今東西(ここんとうざい)，同上(どうじょう)　등

한자 응용력 UP　224쪽

5 ①鉱山　②事故　③絶望　④救出　⑤状況　⑥固い　⑦国際　⑦協力　⑧記録

12과

12과 12-1 QUIZ　225쪽

20世紀は、科学が最も発展した世紀だと言えます。海に空に人々の行動は広がりました。
　　せいき　　かがく　もっと　はってん　せいき　　い　　　　　　うみ　そら　ひとびと　こうどう　ひろ

1969年にはアポロ11号が月に着陸し、各国の宇宙開発競争が始まりました。
　　　ねん　　　　　　　　　ごう　つき　ちゃくりく　かっこく　うちゅうかいはつきょうそう　はじ

工学分野だけでなく、医学や理学分野も大きな発展を遂げました。新薬が開発され、人間の寿
こうがくぶんや　　　　　　　　いがく　りがくぶんや　おお　　はってん　と　　　　　　しんやく　かいはつ　　　にんげん　じゅ

命も大きく伸びました。
みょう　おお　　の

このような科学の発展は産業の発展にもつながり、今日の情報化社会が形成されました。
　　　　　かがく　はってん　さんぎょう　はってん　　　　　　　こんにち　じょうほうかしゃかい　けいせい

20

1 ①しょう ②うちゅうたんさ ③ひつじゅん ④じょうし,ほうこく ⑤じんこうえいせい,う,あ ⑥なんきょく,せかいかっこく,きち ⑦はか,けっか,よそく ⑧どうぶつ,せいたい,かんさつ,きろく,のこ ⑨ぎもん,かん,ぶぶん,かせつ,けんしょう ⑩でんじは,ひこうき,ごさどう,お,かのうせい ⑪かがくぎじゅつ,しんぽにんげん,しあわ ⑫ひみつ ⑬えんげき,じょうねつ ⑭ねんこうじょれつ,せいかく,つよい ⑮ぶかつ,きかいたいそう

2 ①秘書 ②磁石 ③検査 ④建設機械 ⑤星,観測 ⑥安全,基準 ⑦情報化社会 ⑧順序,並 ⑨保証書,捨 ⑩食品,衛生管理,学

①さんぎいん ②こくみん ③さいばんしょ ④ぎょうせいけん ⑤ないかくそうりだいじん

①学校, 収入, 許可, 往復 等 ②一生(일생, 평생) 等 ③以降, 芸人 等

1 ①たいしゅうぶんか ②ないかくそうりだいじん ③かくめい ④さいがい,たいさく,た ⑤ごがつみっか,けんぽうきねんび ⑥さんせい,て,あ ⑦じけん,さいばん,はんけつ ⑧ぶっか,あ,いっぽう,せいふ ⑨かいひょう,けっか,し,しゅうぎいんぎいん,とうせん ⑩くやくしょ,むりょう,ほうりつそうだん ⑪いじょう,つみ,おか,はんにん,せっとく ⑫ふしぎ ⑬せんしゅ,えら ⑭かいさつ,ところ ⑮ぜんち,なお

2 ①犯罪 ②政治家 ③外務大臣 ④公衆電話 ⑤食事,作法 ⑥選挙,投票 ⑦議論,余地 ⑧年金制度,改革 ⑨自分,判断 ⑩総合,位

1 (①~⑧ 順不同) 宇宙飛行士(うちゅうひこうし), 運転免許証(うんてんめんきょしょう), 閣議決定(かくぎけってい), 公衆電話(こうしゅうでんわ), 質疑応答(しつぎおうとう), 品種改良(ひんしゅかいりょう), 秘密厳守(ひみつげんしゅ), 礼儀作法(れいぎさほう)

2 ①基づく ②測り ③疑う ④選び ⑤治め ⑥秘めた

3【A】 ①神秘(ひみつ / ひしょ / <u>しんぴ</u>) ②治療(めいじ / <u>ちりょう</u> / せいじ)

  ③評判(ひはん / <u>ひょうばん</u> / はんだん) ④伝票(<u>でんぴょう</u> / とうひょう / ひょうけつ)

  ⑤方法(ぶんぽう / けんぽう / <u>ほうほう</u>) ⑥密接(<u>みっせつ</u> / げんみつ / みつゆ)

  【B】 ①住所(うちゅう / <u>じゅうしょ</u> / ちゅうい) ②動機(こくぎ / ぎもん / <u>どうき</u>)

  ④防衛(ほうあん / <u>ぼうえい</u> / じょうほう) ④姉妹(じば / <u>しまい</u> / じこ)

  ⑤大衆(けんしょう / じゅしょう / <u>たいしゅう</u>) ⑥看板(<u>かんばん</u> / はんにん / はんけつ)

4【A】①三権 ②内閣 ③首相 ④衆議院 ⑤最高 **【B】**①衛星 ②情報 ③基地 ④宇宙 ⑤検証 ⑥疑問

13과

13과 13-1 Quiz 247쪽

(예) ①可 ②紛 ③席 ④副

한자 기초력 UP 252-253쪽

1 ①こむぎこ ②びょういん ③きょうえい, せんしゅ ④しあい, えんちょう, はい

  ⑤きのう(또는 さくじつ), だいきぼ ⑥はか, そな ⑦しごと, しゅにん, まか

  ⑧じゅぎょう, ていしゅつ ⑨へいえき, ぐんたい, じょたい

  ⑩けいりょう, せいかく, ぶんりょう, はか ⑪くすり, ふくさよう, ちゅうい

  ⑫してい, ざせき, すわ ⑬たんにん, ぼうりょく, たいがく

  ⑭さらいねん, ふたた, やくそく, わか ⑮けっせき, のぞ, どうい, え

2 ①存在 ②欠点 ③粉薬 ④兵士 ⑤暴風雨 ⑥競争社会 ⑦雨, 試合, 延

  ⑧会議, 場所, 提供 ⑨星座, 魚座 ⑩運転, 再開

13과 13-2 Quiz 254쪽

  ①(反対)勢力・はんたいせいりょく ②(南北)統一・なんぼくとういつ

  ③(世界)遺産・せかいいさん ⑤(飛行)訓練・ひこうくんれん

1 ① そうこ ② しはいかいきゅう ③ だいとうりょう, ほうしんえんぜつ ④ ほど, お
⑤ なつやす, りんじびん ⑥ せんこく ⑦ てんけいてき, げんだい, こ ⑧ じさ
⑨ しっぱい, きょうくん ⑩ しあい, こうふん ⑪ みじゅく, ねが
⑫ げつようび, もくようび, も, ひ ⑬ こうこうそつぎょう, どうじ, こきょう
⑭ ちち, ゆいごん, したが, いさん, わ ⑮ わ, いきお, と, けっしょうせん, すす

2 ① 針金 ② 国旗 ③ 交差点 ④ 非常口 ⑤ 伝統文化 ⑥ 飛行訓練 ⑦ 教職課程, 取
⑧ 垂直, 線, 引 ⑨ 朝, 体勢, 判明 ⑩ 家計, 支

1 ① 欠 ② 除 ③ 少 ④ 支 ⑤ 差 ⑥ 非 ⑦ 副 ⑧ 未
2 ① とる ② 組む ③ 受ける ④ 測る ⑤ かける
3 ① 辞典 ② 幸福 ③ 非難 ④ 再会 ⑤ 容易 ⑥ 興行 ⑦ 過程 ⑧ 備えて
4 ① 再 ② 無 ③ 不 ④ 非 ⑤ 無 ⑥ 不 ⑦ 非
5 ① 支 ② 容 ③ 勢 ④ 旗 ⑤ 粉 ⑥ 隊

14과

① 귀족 ② 무사 ③ 성 ④ 쌀가마니 ⑤ 옛날 잔돈

1 ① かいまくしき ② じょおうへいか ③ のうこうみんぞく ④ じだい, きちょう, しりょう
⑤ く, もじ, な, せかい, もっと, みじか, し ⑥ りきし, どひょう, あ
⑦ まず, みんしゅう, ぶき, て ⑧ ばくふ, きょう, きんし, きょうせいてき, かいしゅう
⑨ めいじ,ようさんぎょう, めんか ⑩ せん, しゃく, すん
⑪ ふじさん, ちょうじょう, はつひ, で, おが ⑫ しょうせつ, しじつ, ちゅうじつ
⑬ けっ, しき, いしょう ⑭ てんのう, こうきょ, しゅうへん, とないゆうすう

15 がくれき，にんげん，かち，き

2 1 武士　2 宗教　3 歴史　4 貴族　5 畑，耕　6 衣，季節　7 包装　8 店，文句

9 故障，銭湯　10 正月,大勢，神社，寺，参拝

14과 14-2 Quiz　274쪽

1 辞　2 翌　3 皇　4 略　5 肺

한자 기초력 UP　279-280쪽

1 1 るいじひん　2 ねんがじょう　3 せいしょ　4 みぶん，しょうかい　5 こくれん，かめい

6 せいだい，しゃおんかい，ひら　7 どりょく，ひてい　8 びょういん，そ，にあ

9 ぶんまつ，しょうりゃく，おお　10 いしゃ，こころざ，せんそう，はじ，ぐんたい，しがん

11 うつ　12 じょう，あつ，じんぎ，おも　13 いさ，すがた，ゆうき

2 1 否・ヒ　2 恩・オン　3 略・リャク　4 盛・セイ　5 志・シ　6 聖・セイ　7 賀・ガ

8 絹・ケン　9 努・ド

한자 응용력 UP　281-283쪽

1 　3・5・6

2 1 次　2 王　3 皿　4 止　5 土　6 士

3 1 染め　2 拝み　3 努め　4 志し　5 耕し　6 照っ

4 1

| 謹賀新年 |
| きん が しんねん |
| 本年もどうぞよろしくお願い申し上げます。 |
| ほんねん　　　　　　　　　　　　　ねが　もう　あ |
| 平成二十六年　元旦 |
| へいせい に じゅうろくねん　がんたん |

2

| 全理連加盟店 |
| ぜん り れん か めいてん |

③

超薄型バルブ　衣類圧縮袋
ちょうすがた　　いるいあっしゅくぶくろ

圧縮袋1枚で・・・
あっしゅくぶくろ　まい

トレーナーを約10枚収納できます！
　　　　　　やく　　まいしゅうのう

圧縮袋サイズ　　2枚入り
あっしゅくぶくろ　　　まいいり

④

事務所移転のお知らせ
じ む しょいてん　　　し

⑤

対象となるもの一例
たいしょう　　　　　いちれい

紙箱類　　　紙缶・カップ類　　　台紙類
かみばこるい　　かみかん　　　るい　　　だいしるい

酒やジュースの箱　　包装紙類　　紙袋類　ふた類
さけ　　　　　はこ　　ほうそうしるい　　かみぶくろるい　るい

※　内側にアルミ箔が貼られているもの
　　うちがわ　　　　　はく　は

도전! 한자 QUIZ 284쪽

1 ①囲 ②覚 ③観 ④挙 ⑤芸 ⑥験 ⑦参 ⑧児 ⑨祝 ⑩静 ⑪浅 ⑫争 ⑬続 ⑭単 ⑮登
⑯辺 ⑰満 ⑱歴 ⑲録 ⑳塩 ㉑関 ㉒器 ㉓径 ㉔欠 ㉕殺 ㉖残 ㉗辞 ㉘焼 ㉙節
㉚戦 ㉛巣 ㉜帯 ㉝伝 ㉞梅 ㉟変 ㊱類 ㊲労 ㊳栄

도전! 한자 QUIZ 285

2 ①圧 ②衛 ③桜 ④価 ⑤経 ⑥検 ⑦雑 ⑧条 ⑨状 ⑩祖 ⑪増 ⑫団 ⑬徳 ⑭仏 ⑮豊
⑯営 ⑰応 ⑱仮 ⑲旧 ⑳険 ㉑賛 ㉒証 ㉓銭 ㉔総 ㉕属 ㉖断 ㉗独 ㉘弁 ㉙余

도전! 한자 QUIZ 286쪽

3 ①拡 ②郷 ③権 ④穀 ⑤蚕 ⑥従 ⑦処 ⑧諸 ⑨専 ⑩層 ⑪臓 ⑫著 ⑬党 ⑭難 ⑮拝
⑯並 ⑰訳 ⑱覧 ⑲巻 ⑳勤 ㉑厳 ㉒済 ㉓収 ㉔縦 ㉕署 ㉖将 ㉗装 ㉘蔵 ㉙担
㉚庁 ㉛届 ㉜脳 ㉝晩 ㉞宝 ㉟乱 ㊱朗

001 初 처음 초	음 ショ	初級 초급, 初心 초심, 最初 최초, 初歩 초보
	훈 はじ(め)	初めまして 처음 뵙겠습니다
	はじ(めて)	初めて 처음
	はつ	初恋 첫사랑, 初雪 첫눈

016 吸 마실 흡	음 キュウ	吸入 흡입, 呼吸 호흡
	훈 す(う)	たばこを吸う 담배를 피우다
		息を吸う 숨을 들이쉬다

002 願 원할 원	음 ガン	願書 원서, 願望 소원, 志願 지원, 念願 염원
	훈 ねが(う)	神に願う 신에게 빌다
		お願いする 부탁하다

017 働 일할 동	음 ドウ	労働 노동
	훈 はたら(く)	会社で働く 회사에서 일하다
	주의	共働き 맞벌이

| 003 久 오랠 구 | 음 キュウ | 永久 영구, 持久力 지구력 |
| | 훈 ひさ(しい) | お久しぶりです 오랜만입니다 |

018 降 내릴 강	음 コウ	下降 하강
	훈 お(りる)	汽車から降りる 기차에서 내리다
	お(ろす)	あげた手を降ろす 들었던 손을 내리다
	ふ(る)	雨が降る 비가 오다

004 変 변할 변	음 ヘン	変動 변동, 大変 큰일, 変化 변화, 変更 변경
	훈 か(わる)	季節が変わる 계절이 변하다
	か(える)	すがたを変える 모습을 바꾸다

| 019 枚 낱 매 | 음 マイ | 枚数 장수, 二枚目 두 장째, 미남 |

| 005 昨 어제 작 | 음 サク | 昨年 작년, 昨夜 어젯밤, 一昨日 그저께 |
| | 주의 | 昨今 작금 |

| 020 冊 책 책 | 음 サツ | 別冊 별책 |
| | 주의 | 冊数 책수 |

| 006 晩 늦을 만 | 음 バン | 今晩 오늘밤, 毎晩 매일 밤, 昨晩 어젯밤 |
| | | 晩年 만년, 노년 |

021 例 본보기 례	음 レイ	例示 예시, 例文 예문, 実例 실례
		比例 비례
	훈 たと(える)	例え話 비유, 花に例える 꽃에 비유하다

| 007 飯 밥 반 | 음 ハン | 赤飯 팥밥, 夕飯 저녁밥, 晩ご飯 저녁밥 |
| | 훈 めし | 朝飯 아침밥 |

| 022 案 초잡을 안 | 음 アン | 案内 안내, 答案 답안 |
| | | 母の病気を案じる 어머니의 병을 걱정하다 |

008 達 통달할 달	음 タツ	達人 달인, 伝達 전달
	훈 たっ	達観 달관
	たち	주의 友達 친구

| 023 英 꽃부리 영 | 음 エイ | 英語 영어, 英国 영국, 英才 영재, 英和 영일 |

| 009 机 책상 궤 | 훈 つくえ | 机 책상 |
| | 주의 | 勉強机 공부 책상 |

024 映 비칠 영	음 エイ	映画 영화, 反映 반영
	훈 うつ(す)	鏡に映す 거울에 비추다
	うつ(る)	鏡に映る 거울에 비치다

| 010 窓 창 창 | 음 ソウ | 車窓 차창, 同窓会 동창회 |
| | 훈 まど | 窓口 창구 |

| 025 解 풀 해 | 음 カイ | 解決 해결, 解説 해설, 理解 이해, 見解 견해 |
| | 훈 と(く) | 問題を解く 문제를 풀다 |

| 011 鏡 거울 경 | 음 キョウ | 鏡台 경대, 화장대, 望遠鏡 망원경 |
| | 훈 かがみ | 鏡 거울 |

| 026 幹 줄기 간 | 음 カン | 幹部 간부, 新幹線 신칸센 |
| | 훈 みき | 木の幹 나무줄기 |

| 012 財 재물 재 | 음 ザイ | 財産 재산, 文化財 문화재 |
| | サイ | 財布 지갑 |

| 027 紀 벼리 기 | 음 キ | 紀元 기원, 紀行 기행, 世紀 세기 |

| 013 布 베 포 | 음 フ | 毛布 담요, 財布 지갑 |
| | 훈 ぬの | 布地 천 |

| 028 均 고를 균 | 음 キン | 平均 평균, 均一 균일 |

| 014 貸 빌릴 대 | 음 タイ | 賃貸 임대 |
| | 훈 か(す) | 図書館の本を貸し出す 도서관의 책을 대출하다 |

| 029 己 몸 기 | 음 コ | 自己紹介 자기소개, 利己的 이기적 |

015 借 빌 차	음 シャク	借地 빌린 땅, 借用 차용
		주의 借金 빚
	훈 か(りる)	本を借りる 책을 빌리다

| 030 紅 붉을 홍 | 음 コウ | 紅白 홍백, 紅茶 홍차, 紅葉 단풍 |
| | 훈 べに | 口紅 입술연지 |

031 紀 벼리 기	음 キ	紀元 기원, 紀行 기행, 世紀 세기		036 席 자리 석	음 セキ	出席 출석, 欠席 결석, 着席 착석, 座席 좌석
032 均 고를 균	음 キン	平均 평균, 均一 균일		037 宅 집 택	음 タク	宅地 택지, 住宅 주택, 自宅 자택
033 辞 말씀 사	음 ジ 훈 や(める)	辞書 사전, 辞令 사령, お世辞 아첨 会社を辞める 회사를그만두다		038 的 적실할 적	음 テキ 훈 まと	目的 목적, 一方的 일방적 的確な質問 정확한 질문 的外れな質問 빗나간 질문
034 質 바탕 질	음 シツ	質問 질문, 品質 품질		039 民 백성 민	음 ミン	国民 국민, 住民 주민, 民主主義 민주주의
035 授 줄 수	음 ジュ	授業 수업, 教授 교수		040 無 없을 무	음 ム ブ 훈 な(い) な(くす) な(くなる)	無口 말수가 적음, 無理 무리, 無料 무료 無事 무사, 無礼 무례 自信が無い 자신이 없다 ノートを無くす 노트를 잃다 財布が無くなる 지갑이 없어지다

chapter 02 학습 한자 (041~080)

041 周 두루 주	음 シュウ 훈 まわ(り)	周期 주기, 周囲 주위, 周辺 주변 池の周り 연못 둘레		049 署 마을 서	음 ショ	部署 부서, 署名 서명, 消防署 소방서
042 囲 에울 위	음 イ 훈 かこ(む)	周囲 주위 線で囲む 선으로 둘러싸다		050 庁 집 청	음 チョウ	官庁 관청, 県庁 현청
043 位 자리 위	음 イ 훈 くらい	位置 위치, 順位 순위, 単位 단위, 학점 地位 지위 位が高い 지위가 높다		051 停 머무를 정	음 テイ	停学 정학, 停車 정차, 停電 정전 停年 정년, バス停 버스정류소
044 置 둘 치	음 チ 훈 お(く)	位置 위치, 配置 배치 ものを置く 물건을 두다 物置 헛간, 置物 장식품		052 徒 무리 도	음 ト	徒歩 도보, 生徒 학생(중, 고교)
045 居 살 거	음 キョ 훈 い(る)	住居 주거, 同居 동거 居間 거실, 居眠りする 졸다		053 以 써 이	음 イ	以下 이하, 以外 이외, 以上 이상 以内 이내, 以前 이전, 以降 이후
046 郵 역마 우	음 ユウ	郵便 우편, 郵送 우송, 郵便局 우체국		054 往 갈 왕	음 オウ	往復 왕복, 往来 왕래
047 便 오줌 변 편할 편	음 ベン ビン 훈 たよ(り)	便所 변소, 不便 불편, 交通の便 교통편 航空便 항공편 花の便り 꽃소식		055 復 다시 부 회복할 복	음 フク	回復 회복, 復習 복습, 주의 復活 부활
048 防 막을 방	음 ボウ 훈 ふせ(ぐ)	防寒 방한, 防火 방화, 防止 방지, 予防 예방 敵を防ぐ 적을 막다		056 片 조각 편	훈 かた	片方 한쪽, 片道 편도 部屋を片付ける 방을 치우다

057 賃 품삯 임	음 チン	賃金 임금, 運賃 운임, 家賃 집세		**069** 欲 욕심 욕	음 ヨク	意欲 의욕, 食欲 식욕 주의 欲求 욕구
					훈 ほ(しい)	水が欲しい 물을 마시고 싶다 カメラを欲しがる 카메라를 갖고 싶어하다
058 設 베풀 설	음 セツ	設立 설립, 設備 설비, 주의 設計 설계		**070** 貧 가난할 빈	음 ビン	貧乏 가난
	훈 もう(ける)	場を設ける 장을 마련하다			ヒン	貧血 빈혈
					훈 まず(しい)	貧しい暮らし 가난한 생활
059 備 갖출 비	음 ビ	準備 준비, 予備 예비		**071** 難 어려울 난	음 ナン	難問 난문, 災難 재난
	훈 そな(える)	万一に備える 만일에 대비하다			훈 むずか(しい)	難しい 어렵다
060 完 완전할 완	음 カン	完成 완성, 完全 완전, 完了 완료		**072** 良 어질 량	음 リョウ	良好 양호, 良心 양심
					훈 よ(い)	良い機会 좋은 기회, 仲良くする 사이좋게 지내다
061 最 가장 최	음 サイ	最悪 최악, 最後 최후, 最初 최초 最近 최근, 最高 최고		**073** 若 같을 약	훈 わか(い)	若い 젊다, 若者 젊은이
	훈 もっと(も)	最も高い山 가장 높은 산				
062 側 곁 측	음 ソク	側面 측면		**074** 静 고요할 정	음 セイ	平静 평정, 冷静 냉정
	훈 かわ	주의 側近 측근 주의 内側 내측, 両側 양측			훈 しず(か)	静かな寺 조용한 절
					しず(まる)	気が静まる 마음이 진정되다
					しず(める)	気を静める 마음을 가라앉히다
063 浅 얕을 천	훈 あさ(い)	日が浅い 시작한지 얼마 되지 않다 浅い海 얕은 바다		**075** 好 좋을 호	음 コウ	好意 호의, 友好 우호
					훈 この(む)	すてきな格好 멋진 모습 文学を好む 문학을 좋아하다
					す(く)	好き嫌い 편식, 선호
064 厚 두터울 후	훈 あつ(い)	厚い本 두꺼운 책, 厚着 옷을 많이 껴입음		**076** 利 이로울 리	음 リ	利子 이자, 利用 이용, 便利 편리, 有利 유리
					훈 き(く)	左利き 왼손잡이
065 危 위태로울 위	음 キ	危険 위험		**077** 清 맑을 청	음 セイ	清書 정서, 清潔 청결
	훈 あぶ(ない)	命が危ない 생명이 위태롭다			훈 きよ(い)	清い流れ 맑은 시내
066 冷 찰 냉	음 レイ	冷静 냉정, 冷房 냉방		**078** 潔 맑을 결	음 ケツ	清潔 청결, 簡潔 간결 주의 潔白 결백
	훈 つめ(たい)	冷たい風 쌀쌀한 바람				
	ひ(える)	体が冷える 몸이 얼다				
	ひ(やす)	ビールを冷やす 맥주를 차게 하다				
	さ(める)	湯が冷める 더운 물이 식다				
	さ(ます)	湯を冷ます 더운 물을 식히다				
067 激 격동할 격	음 ゲキ	急激 급격		**079** 快 쾌할 쾌	음 カイ	快適 쾌적, 不快 불쾌
	훈 はげ(しい)	激しい雨 폭우 人の出入りが激しい 사람의 출입이 빈번하다			훈 こころよ(い)	快い風 상쾌한 바람
068 低 낮을 저	음 テイ	最低 최저, 低下 저하		**080** 適 맞을 적	음 テキ	適当 적당, 適切 적절, 適応 적응
	훈 ひく(い)	体温が低い 체온이 낮다				
	ひく(める)	声を低める 목소리를 낮추다				

081 誕 태어남 탄		
음	タン	誕生 탄생, 誕生日 생일

096 幼 어릴 유		
음	ヨウ	幼児 유아, 幼稚園 유치원
훈	おさな(い)	幼いとき 어릴 때

082 留 머무를 류		
음	リュウ	留学 유학, 停留 정류장
	ル	留守 부재중, 留守番をする 집을 지키다
훈	と(める)	書留 등기

097 児 아이 아		
음	ジ	児童 아동, 育児 육아
	ニ	小児科 소아과

083 卒 군사 졸		
음	ソツ	卒業 졸업, 高卒 고졸, 新卒 신규 졸업자

098 老 늙을 로		
음	ロウ	老後 노후, 過労 과로, 老人 노인
훈	お(いる)	年老いた人 나이 든 사람

084 就 이를 취		
음	シュウ	就職 취직, 就任 취임

099 孝 효도 효		
음	コウ	孝行 효행, 親孝行する 부모님께 효도하다

085 職 벼슬 직		
음	ショク	職業 직업, 退職 퇴직, 職員 직원, 職場 직장

100 愛 사랑 애		
음	アイ	愛犬 애견, 友愛 우애, 恋愛 연애
		愛する 사랑하다

086 退 물러날 퇴		
음	タイ	退院 퇴원, 退学 퇴학, 早退 조퇴

101 洗 씻을 세		
음	セン	洗面所 화장실, 水洗式 수세식, 洗濯 세탁
훈	あら(う)	顔を洗う 세수를 하다, お手洗い 화장실

087 結 맺을 결		
음	ケツ	結論 결론, 結合 결합
	주의	結婚 결혼, 結局 결국
훈	むす(ぶ)	ひもを結ぶ 끈을 매다

102 祝 빌 축		
음	シュク	祝辞 축사, 祝日 축일
훈	いわ(う)	入学を祝う 입학을 축하하다

088 産 낳을 산		
음	サン	産業 산업, 生産 생산, 財産 재산, 出産 출산
훈	う(む)	子を産む 아이를 낳다
	う(まれる)	赤ちゃんが産まれる 아기가 태어나다

103 飼 기를 사		
음	シ	飼育 사육, 飼料 사료
훈	か(う)	犬を飼う 개를 기르다

089 亡 망할 망		
음	ボウ	亡命 망명, 死亡 사망
훈	な(い)	父親が亡くなる 아버지가 돌아가시다

104 暮 저물 모		
훈	く(れる)	日が暮れる 날이 저물다
	주의	夕暮れ 해질녘, 황혼
	く(らす)	平和に暮らす 평화롭게 지내다

090 墓 무덤 묘		
음	ボ	墓地 묘지
훈	はか	墓参りする 성묘하다

105 閉 닫을 폐		
음	ヘイ	開閉 개폐, 閉店 폐점
훈	と(じる)	門が閉じる 문이 닫히다
	し(める)	門を閉める 문을 닫다
	し(まる)	門が閉まる 문이 닫히다

091 妻 아내 처		
음	サイ	夫妻 부처, 부부
훈	つま	妻 아내

106 信 믿을 신		
음	シン	信念 신념, 自信 자신, 信号 신호
		通信 통신, 無罪を信じる 무죄를 믿다

092 夫 지아비 부		
음	フ	夫人 부인
	주의	丈夫 건강함, 튼튼함, 大丈夫 괜찮음
	フウ	工夫 궁리, 夫婦 부부
훈	おっと	夫 남편

107 過 지날 과		
음	カ	通過 통과, 過去 과거, 過労 과로
훈	す(ぎる)	3年が過ぎる 3년이 지나다
	す(ごす)	その日その日を過ごす 그날 그날을 보내다

093 婦 지어미 부		
음	フ	婦人 부인, 主婦 주부, 夫婦 부부
		産婦人科 산부인과

108 捨 버릴 사		
음	シャ	取捨選択 취사선택, 四捨五入 사사오입
훈	す(てる)	ごみを捨てる 쓰레기를 버리다

094 祖 조상 조		
음	ソ	祖先 조상, 祖父 조부, 祖母 조모
	주의	先祖 선조, 조상

109 包 쌀 포		
음	ホウ	包囲 포위, 包丁 부엌칼
훈	つつ(む)	お金を包む 돈을 싸다
	주의	小包み 소포

095 孫 손자 손		
음	ソン	子孫 자손
훈	まご	初孫 첫 손자

110 届 신고할 계		
훈	とど(ける)	手紙を届ける 편지를 보내다
		警察に届ける 경찰에 신고하다
	とど(く)	手紙が届く 편지가 도착하다

111	飛 날비	音	ヒ	飛行機(ひこうき) 비행기
		訓	と(ぶ)	鳥が飛ぶ(とり と) 새가 날다
			と(ばす)	風船を飛ばす(ふうせん と) 풍선을 날리다
112	泣 울음,급	訓	な(く)	大声で泣く(おおごえ な) 큰 소리로 울다, 泣き声(な ごえ) 우는 소리
113	慣 버릇관	音	カン	習慣(しゅうかん) 습관, 慣用句(かんようく) 관용구
		訓	な(れる)	外国の生活に慣れる(がいこく せいかつ な) 외국 생활에 익숙해지다
			な(らす)	体を慣らす(からだ な) 몸을 길들이다
114	焼 불사를	音	ショウ	焼失(しょうしつ) 소실, 燃焼(ねんしょう) 연소
		訓	や(く)	焼き肉(や にく) 불고기, 魚を焼く(さかな や) 생선을 굽다
			や(ける)	日焼け(ひや)け 햇빛에 그을림, 夕焼け(ゆうや)け 석양
115	破 개뜨릴파	音	ハ	破産(はさん) 파산
		訓	やぶ(る)	紙を破る(かみ やぶ) 종이를 찢다
			やぶ(れる)	くつしたが破れる(やぶ) 양말이 떨어지다
116	呼 부름호	音	コ	呼吸(こきゅう) 호흡
		訓	よ(ぶ)	医者を呼ぶ(いしゃ よ) 의사를 부르다
117	喜 기쁠희	音	キ	喜色(きしょく) 희색
		訓	よろこ(ぶ)	成功を喜ぶ(せいこう よろこ) 성공을 기뻐하다
				大喜び(おおよろこ) 크게 기뻐함
118	忘 잊을망	音	ボウ	忘年会(ぼうねんかい) 망년회
		訓	わす(れる)	ものを忘れる(わす) 물건을 잃어버리다
				忘れ物(わす もの) 분실물
119	笑 웃음소	音	ショウ	苦笑(くしょう) 고소, 쓴웃음
		訓	わら(う)	大声で笑う(おおごえ わら) 큰 소리로 웃다
			え(む)	笑顔(えがお) 웃는 얼굴
120	割 나눌할	訓	わ(る)	ガラスを割る(わ) 유리를 깨다, 時間割り(じかんわ)り 시간표
				割り算(わ ざん) 나눗셈, 学割(がくわ)り 학생 할인
			わり	役割(やくわり) 역할, 割合(わりあい) 비율
			わ(れる)	皿が割れる(さら わ) 접시가 깨지다

chapter 04 학습 한자 (121~160)

121	巻 책권	音	かん	巻頭(かんとう) 권두
		訓	ま(く)	包帯を巻く(ほうたい ま) 붕대를 감다
			まき	巻尺(まきじゃく) 줄자
122	器 그릇기	音	キ	食器(しょっき) 식기, 楽器(がっき) 악기
				器用な人(きよう ひと) 재주가 좋은 사람
		訓	うつわ	器に入れる(うつわ) 그릇에 담다
123	誤 그릇오	音	ゴ	誤解(ごかい) 오해, 正誤(せいご) 정오, 올바름과 그릇됨
		訓	あやま(る)	運転を誤る(うんてん あやま) 운전을 잘못하다
124	徳 큰덕	音	トク	道徳(どうとく) 도덕
125	著 지을저	音	チョ	著者(ちょしゃ) 저자, 著書(ちょしょ) 저서
		訓	あらわ(す)	本を著す(ほん あらわ) 책을 저술하다
			いちじる(しい)	著しい進歩(いちじる しんぽ) 현저한 진보
126	派 나눌파	音	ハ	特派員(とくはいん) 특파원, 派手な服(はで ふく) 화려한 옷
			주의	立派な態度(りっぱ たいど) 훌륭한 태도
127	径 지름길 경	音	ケイ	直径(ちょっけい) 직경, 半径(はんけい) 반경
128	効 본받을효	音	コウ	効果(こうか) 효과, 有効期間(ゆうこうきかん) 유효기간
		訓	き(く)	薬が効く(くすり き) 약이 잘 듣다
129	従 좇을종	音	ジュウ	従事(じゅうじ) 종사, 従来(じゅうらい) 종래
		訓	したが(う)	法に従う(ほう したが) 법을 따르다
130	精 정할정	音	セイ	精神(せいしん) 정신, 精算(せいさん) 정산
131	続 이을속	音	ゾク	接続(せつぞく) 접속, 連続(れんぞく) 연속
			주의	続行(ぞっこう) 속행
		訓	つづ(く)	道が続く(みち つづ) 길이 이어지다
			つづ(ける)	マラソンを続ける(つづ) 마라톤을 계속하다
132	蔵 감출장	音	ゾウ	貯蔵(ちょぞう) 저장, 冷蔵庫(れいぞうこ) 냉장고

133	独 홀로 독	음 ドク	独立 독립, 独身 독신
		훈 ひと(り)	独り言 혼잣말
134	応 응할 응	음 オウ	応答 응답, 応用 응용
			質問に応じる 질문에 응하다
			주의 反応 반응
135	仮 거짓 가	음 カ	仮定 가정, 仮面 가면
		훈 かり	仮に雨が降っても 만약 비가 오더라도
136	旧 옛 구	음 キュウ	新旧 신구, 復旧 복구, 旧式 구식
137	処 곳 처	음 ショ	処理 처리, 処分 처분
138	権 권세 권	음 ケン	権利 권리, 権力 권력, 人権 인권, 政権 정권
139	並 아우를 병	음 ヘイ	並行 병행
		훈 な(み)	人並み 보통 정도나 상태, 남 만큼, 並み木 가로수
		なら(ぶ)	二列に並ぶ 두 열로 서다
		なら(べる)	二列に並べる 두 열로 늘어놓다
140	宝 보배 보	음 ホウ	宝石 보석, 宝物 보물
		훈 たから	宝くじ 복권, 宝物 보물
141	末 끝 말	음 マツ	末日 말일, 結末 결말, 週末 주말, 年末 연말
		훈 すえ	末っ子 막내
142	未 아닐 미	음 ミ	未定 미정, 未来 미래, 未完成 미완성
143	士 선비 사	음 シ	士官 사관, 武士 무사, 주의 博士, 博士 박사
144	兆 일조 조	음 チョウ	兆候 징후, 前兆 전조, 一兆円 일조 엔
145	各 각 각	음 カク	各自 각자, 各地 각지, 주의 各国 각국
146	永 길 영	음 エイ	永遠 영원, 永住 영주
147	干 방패 간	음 カン	干渉 간섭
		훈 ほ(す)	洗濯物を干す 빨래를 말리다
148	氏 성씨 씨 / 이름 지	음 シ	氏名 씨명
149	底 밑 저	음 テイ	底辺 저변, 海底 해저
		훈 そこ	底力 저력 주의 川底 강 밑바다
150	沿 물따라 내려갈 연	음 エン	沿線 (철)길, 沿岸 연안
		훈 そ(う)	川に沿って歩く 강을 따라서 걷다
151	浴 목욕할 욕	음 ヨク	海水浴 해수욕
		훈 あ(びる)	水を浴びる 물을 끼얹다
152	述 펼 술	음 ジュツ	記述 기술, 述語 술어
		훈 の(べる)	意見を述べる 의견을 진술하다
153	迷 미혹할 미	음 メイ	迷信 미신
		훈 まよ(う)	道に迷う 길을 잃다 주의 迷子 미아
154	困 곤할 곤	음 コン	困難 곤란
		훈 こま(る)	生活に困る 생활이 곤란하다
155	因 인할 인	음 イン	原因 원인, 因習 인습
156	券 문서 권	음 ケン	食券 식권, 乗車券 승차권, 入場券 입장권
157	専 오르지 전	음 セン	専門 전문, 専攻 전공
158	博 넓을 박	음 ハク	博物館 박물관, 주의 博士, 博士 박사
159	堂 집 당	음 ドウ	食堂 식당, 国会議事堂 국회의사당, 正々堂々 정정당당
160	覚 깨달을 각	음 カク	感覚 감각, 味覚 미각
		훈 おぼ(える)	漢字を覚える 한자를 외우다
		さ(ます)	目を覚ます 잠을 깨다 주의 目覚まし時計 자명종 시계
		さ(める)	目が覚める 눈이 뜨이다, 잠이 깨다

161 胃 밥통 위	음 イ	胃弱 위약, 胃腸 위장	175 脈 핏줄기 맥	음 ミャク	静脈 정맥, 動脈 동맥, 山脈 산맥, 文脈 문맥
162 液 진 액	음 エキ	液体 액체, 血液 혈액	176 胸 가슴 흉	음 キョウ	胸囲 가슴둘레, 度胸 담력, 배짱
				훈 むね	胸 가슴
				むな	胸元をねらう 가슴을 겨누다
163 型 모양 형	음 ケイ	体型 체형, 典型 전형	177 眼 눈 안	음 ガン	肉眼 육안, 眼科 안과, 近眼 근안, 老眼 노안
	훈 かた	型紙 종이본		훈 まなこ/め	眼鏡 안경
		주의 大型 대형, 新型 신형, 血液型 혈액형			
164 傷 상할 상	음 ショウ	負傷 부상, 重傷 중상	178 保 보전할 보	음 ホ	確保 확보, 保健 보건, 保証 보증, 保育園 보육원
	훈 きず	無傷 흠이 없음		훈 たも(つ)	温度を一定に保つ 온도를 일정하게 유지하다
	いた(む)	りんごが傷む 사과가 상하다			
165 筋 힘줄 근	음 キン	筋肉 근육, 背筋 배근	179 険 험할 험	음 ケン	保険 보험, 危険 위험, 冒険 모험
	훈 すじ	背筋 등골, 筋を話す 줄거리를 이야기하다		훈 けわ(しい)	険しい山 험한 산
166 舌 혀 설	훈 した	舌先 혀끝	180 痛 아플 통	음 ツウ	苦痛 고통, 頭痛 두통
		주의 二枚舌 거짓말, 일구이언		훈 いた(い)	歯が痛い 이가 아프다
				いた(む)	傷が痛む 상처가 아프다
				いた(める)	足を痛める 발을 다치다
167 視 볼 시	음 シ	視線 시선, 近視 근시, 視力 시력, 無視 무시	181 健 굳셀 건	음 ケン	健全 건전, 保健室 보건실, 健康 건강
				훈 すこ(やか)	健やかに育つ 건강하게 자라다
168 背 등 배	음 ハイ	背景 배경	182 康 편안할 강	음 コウ	健康 건강, 小康状態 소강상태
	훈 せ/せい	背骨 등뼈, 背中 등			
	そむ(く)	命令に背く 명령을 어기다			
169 臓 오장 장	음 ゾウ	臓器 장기, 内臓 내장, 心臓 심장	183 栄 영화 영	음 エイ	栄光 영광, 栄養 영양
				훈 さか(える)	港町として栄える 항구 도시로서 번창하다
170 腸 창자 장	음 チョウ	胃腸 위장, 小腸 소장, 大腸 대장, 直腸 직장	184 養 기를 양	음 ヨウ	養育 양육, 養成 양성, 教養 교양, 栄養 영양
				훈 やしな(う)	子を養う 자식을 기르다
171 脳 머리골 뇌	음 ノウ	大脳 대뇌, 脳波 뇌파	185 肥 살찔 비	음 ヒ	肥満 비만, 肥料 비료
				훈 こ(える)	天高く馬肥ゆる秋 천고마비의 계절
172 肺 허파 폐	음 ハイ	肺臓 폐장, 肺呼吸 폐호흡	186 満 가득찰 만	음 マン	満開 만개, 満足 만족, 未満 미만, 満点 만점
				훈 み(ちる)	希望に満ちる 희망으로 가득차다
				み(たす)	水で満たす 물로 채우다
173 腹 배 복	음 フク	腹痛 복통	187 毒 독할 독	음 ドク	毒物 독물, 毒薬 독약
		주의 腹筋 복근			消毒 소독, 中毒 중독
	훈 はら	腹痛 복통			気の毒な人 딱한 사람
174 骨 뼈 골	음 コツ	人骨 인골, 사람 뼈	188 砂 모래 사	음 サ	砂糖 설탕, 砂漠 사막
		주의 骨折 골절		훈 すな	砂場 모래벌판, 砂浜 모래사장
	훈 ほね	骨身にこたえる 뼈에 사무치다			

189 糖 사탕 당	음 トウ	糖分 당분, 砂糖 설탕
190 塩 소금 염	음 エン	塩分 염분, 食塩 식염
	훈 しお	塩水 소금물
191 果 실과 과	음 カ	果実 과실, 結果 결과, 成果 성과, 効果 효과
		주의 果物 과일
	훈 は(たす)	目的を果たす 목적을 달성하다
192 菜 나물 채	음 サイ	菜園 채소밭, 山菜 산채, 白菜 배추, 野菜 채소
	훈 な	菜の花 유채
193 乳 젖 유	음 ニュウ	乳酸 유산, 牛乳 우유
	훈 ちち	牛の乳 소젖
194 卵 알 란	훈 たまご	卵焼き 달걀부침, 生卵 날달걀

195 穀 곡식 곡	음 コク	穀物 곡물, 五穀 오곡
196 弁 말잘할 변	음 ベン	弁護士 변호사, 弁解 변명, 弁当 도시락
		駅弁 철도역에서 파는 도시락
197 輸 실어낼 수	음 ユ	輸出 수출, 輸入 수입, 輸送 수송, 運輸 운수
198 値 값 치	음 チ	価値 가치
	훈 ね	値段 값, 値打ち 값어치
	あたい	人の値 사람의 값어치
199 段 층계 단	음 ダン	手段 수단, 階段 계단
		段階 단계, 段落 단락
200 費 허비할 비	음 ヒ	費用 비용, 会費 회비, 学費 학비, 消費 소비
		주의 出費 출비
	훈 つい(やす)	時間を費やす 시간을 낭비하다

chapter 06 **학습 한자** (201~240)

201 講 욀 강	음 コウ	講習 강습, 講演 강연, 休講 휴강, 講義 강의
		講堂 강당
202 義 옳을 의	음 ギ	意義 의의, 義理 의리, 義務 의무, 定義 정의
		民主主義 민주주의
203 補 기울 보	음 ホ	補給 보급, 候補 후보
	훈 おぎな(う)	赤字を補う 적자를 메우다
204 試 시험할 시	음 シ	試合 시합, 試練 시련
		入試 입시, 試験 시험
	훈 こころ(みる)	実験を試みる 실험을 시도하다
	ため(す)	能力を試す 능력을 시험하다
205 験 시험할 험	음 ケン	経験 경험, 試験 시험, 受験 수험, 体験 체험
206 査 조사할 사	음 サ	検査 검사, 調査 조사, 期末考査 기말고사
207 成 이룰 성	음 セイ	成人 성인, 成長 성장, 成立 성립, 形成 형성
	훈 な(る)	実が成る 열매가 열리다

208 績 길쌈 적	음 セキ	成績 성적, 業績 업적, 実績 실적
209 評 평론할 평	음 ヒョウ	評判 평판, 評価 평가, 批評 비평
210 価 값 가	음 カ	価格 가격, 価値 가치, 定価 정가, 物価 물가
211 討 칠 토	음 トウ	検討 검토, 討論 토론
	훈 う(つ)	首を討つ 목을 치다
212 論 의논할 론	음 ロン	言論 언론, 結論 결론, 議論 의논, 理論 이론
		論じる 논하다
213 課 구실 과	음 カ	課題 과제, 課長 과장, 放課後 방과후
214 編 엮을 편	음 ヘン	編集 편집, 編成 편성, 編入 편입
	훈 あ(む)	セーターを編む 스웨터를 뜨다

215 規 법 규	音 キ	規則 규칙, 規模 규모 주의 定規 정규

216 則 법칙 칙, 즉	音 ソク	規則 규칙, 原則 원칙, 反則 반칙, 法則 법칙

217 導 인도할 도	音 ドウ	指導 지도, 導入 도입
	訓 みちび(く)	学生を導く 학생을 지도하다

218 舎 집 사	音 シャ	宿舎 숙사, 숙소, 校舎 교사

219 共 한가지 공	音 キョウ	男女共学 남녀공학, 共感 공감, 共通 공통
	訓 とも	共に歩む 함께 걸어가다

220 修 닦을 수	音 シュウ	修理 수리, 研修 연수

221 印 도장 인	音 イン	印刷 인쇄, 印象 인상
	訓 しるし	주의 目印 표시, 矢印 화살표

222 刷 박을 쇄	音 サツ	印刷 인쇄 주의 刷新 쇄신

223 寄 부칠 기	音 キ	寄付 기부
	訓 よ(る)	お年寄り 노인 寄り道する 가는 길에 들르다
	よ(せる)	波が岸に寄せる 파도가 해안에 밀려오다

224 付 붙일 부	音 フ	付近 부근, 寄付 기부
	訓 つ(ける)	気を付ける 조심하다
	つ(く)	気が付く 정신이 들다, 受け付け 접수

225 希 바랄 희	音 キ	希少 희소, 希望 희망

226 望 바라볼 망	音 ボウ	望遠鏡 망원경, 失望 실망, 待望 대망, 欲望 욕망
	訓 のぞ(む)	平和を望む 평화를 바라다

227 構 얽을 구	音 コウ	構成 구성, 構造 구조
	訓 かま(える)	一家を構える 한가정을 꾸미다
	かま(う)	どうぞお構いなく 제 걱정은 마세요

228 混 썪일 혼	音 コン	混雑 혼잡, 混乱 혼란
	訓 こ(む)	混む 혼잡하다
	ま(じる)	漢字が混じる 한자가 섞이다

229 乱 어지러울 란	音 ラン	乱雑 난잡, 散乱 산란
	訓 みだ(れる)	髪が乱れる 머리카락이 흐트러지다
	みだ(す)	髪を乱す 머리카락을 흐트러뜨리다

230 参 참여할 참	音 サン	参加 참가, 参考 참고
	訓 まい(る)	お寺にお参りする 절에 참배하다 墓参りする 성묘가다

231 加 더할 가	音 カ	加工 가공, 加入 가입 参加 참가, 増加 증가
	訓 くわ(える)	塩を加える 소금을 넣다
	くわ(わる)	負担が加わる 부담이 더해지다

232 承 이을 승	音 ショウ	承知 승낙, 承認 승인
	訓 うけたまわ(る)	ご注文を承る 주문을 받잡다

233 認 인정할 인	音 ニン	確認 확인, 認識 인식
	訓 みと(める)	外出を認める 외출을 허가하다

234 準 준할 준	音 ジュン	水準 수준, 準備 준비, 基準 기준, 標準 표준

235 操 잡을 조	音 ソウ	体操 체조, 操作 조작
	訓 あやつ(る)	かげで人を操る 배후에서 사람을 조종하다

236 尊 높을 존	音 ソン	尊敬 존경, 尊重 존중
	訓 とうと(い)	尊い経験 귀중한 경험

237 敬 공경할 경	音 ケイ	尊敬 존경, 敬語 경어 敬具 경구, 편지 끝에 쓰는 말
	訓 うやま(う)	敬う心 공경심

238 貯 쌓을 저	音 チョ	貯金 저금, 貯水 저수, 貯蔵 저장

239 約 언약할 약	音 ヤク	約束 약속, 節約 절약, 予約 예약, 要約 요약 約一週間 약 일주일간

240 束 묶을 속	音 ソク	結束 결속, 約束 약속
	訓 たば	花束 꽃다발

241 演 펼 연	음 エン	演説 연설, 演劇 연극, 講演 강연, 公演 공연 演じる 연출하다
242 奏 생소할 주	음 ソウ	演奏 연주
243 芸 재주 예	음 ゲイ	芸術 예술, 芸人 예능인, 연예인, 芸能界 연예계 園芸 원예, 手芸 수예
244 術 꾀 술	음 ジュツ	芸術 예술, 手術 수술, 技術 기술, 美術 미술
245 劇 연극 극	음 ゲキ	演劇 연극, 悲劇 비극, 劇場 극장, 劇団 극단
246 団 둥글 단	음 ダン / トン	団結 단결, 集団 집단, 団体 단체, 団地 단지 布団 이불
247 雑 썪일 잡	음 ザツ / ゾウ	混雑 혼잡, 複雑 복잡, 雑誌 잡지(주의) 雑言 욕설
248 誌 기록할 지	음 シ	雑誌 잡지, 週刊誌 주간지
249 詞 말 사	음 シ	歌詞 가사, 動詞 동사, 作詞 작사
250 属 붙일 속	음 ゾク	所属 소속, 金属 금속, 付属 부속, 属する 속하다
251 唱 부를 창	음 ショウ 훈 とな(える)	暗唱 암송, 合唱 합창 念仏を唱える 염불을 외우다
252 将 장수 장	음 ショウ	将来 장래, 将軍 장군
253 創 비롯할 창	음 ソウ	創業 창업, 創立 창립, 創造 창조
254 造 지을 조	음 ゾウ 훈 つく(る)	製造 제조, 構造 구조, 木造 목조 船を造る 배를 만들다
255 探 찾을 탐	음 タン 훈 さが(す)	探検 탐험, 探求 탐구 人を探す 사람을 찾다
256 訪 찾을 방	음 ホウ 훈 たず(ねる) おとず(れる)	訪問 방문, 歴訪 순방 (주의) 探訪 탐방 会社を訪ねる 회사를 방문하다 兄の家を訪れる 형님댁을 방문하다
257 展 펼 전	음 テン	展開 전개, 発展 발전 展覧会 전람회, 展示 전시
258 示 보일 시	음 ジ 훈 しめ(す)	明示 명시, 暗示 암시, 掲示板 게시판 実物を示す 실물을 제시하다
259 覧 관람할 람	음 ラン	観覧 관람, 展覧会 전람회 ご覧ください 보세요 ご覧になる 보시다
260 朗 맑을 랑	음 ロウ 훈 ほが(らか)	朗読 낭독, 明朗 명랑 朗らかな性格 쾌활한 성격
261 可 옳을 가	음 カ	可能 가능, 許可 허가, 認可 인가
262 能 능할 능	음 ノウ	能率 능률, 才能 재능, 能力 능력, 有能 유능
263 確 확실할 확	음 カク 훈 たし(か) たし(かめる)	確実 확실, 正確 정확, 確認 확인, 確立 확립 確かな 확실한 答えを確かめる 답을 확인하다
264 簡 편지 간	음 カン	簡単 간단, 書簡 서간
265 単 홑 단	음 タン	単位 단위, 학점, 単語 단어, 単調 단조
266 厳 엄할 엄	음 ゲン 훈 きび(しい) おごそ(か)	厳重 엄중, 厳格 엄격 残暑が厳しい 늦더위가 심하다 厳かな態度 엄숙한 태도
267 格 격식 격	음 カク	合格 합격, 性格 성격, 価格 가격 (주의) 格好 모습
268 複 겹옷 복 / 거듭 부	음 フク	複数 복수, 複雑 복잡
269 残 쇠잔할 잔	음 ザン 훈 のこ(る) のこ(す)	残業 잔업, 残念 유감, 無残 무참, 残暑 늦더위 歴史に残る 역사에 남다 食事を残す 식사를 남기다
270 念 생각 념	음 ネン	念願 염원, 記念 기념, 信念 신념, 残念 유감

271 誠 정성 성	음 セイ	誠意 성의, 誠実 성실		276 必 반드시 필	음 ヒツ	必然 필연, 必要 필요
	훈 まこと	誠にありがたい 대단히 고맙다				주의 必着 필착, 必勝 필승
					훈 かなら(ず)	必ずしもそうとはかぎらない 반드시 그렇다고는 할 수 없다
272 純 순전할 순	음 ジュン	純真 순진, 単純 단순, 純粋 순수		277 要 요긴할 요	음 ヨウ	要約 요약, 主要 주요, 必要 필요, 重要 중요 要するに 요컨대
					훈 い(る)	費用が要る 비용이 들다
273 忠 충성 충	음 チュウ	忠告 충고, 忠実 충실		278 豊 풍년 풍	음 ホウ	豊富 풍부, 豊作 풍작
					훈 ゆた(か)	想像力の豊かな子供 상상력이 풍부한 아이
274 特 특별할 특	음 トク	特定 특정, 特別 특별, 特有 특유, 独特 독특 주의 特急 특급		279 富 부자 부	음 フ	豊富 풍부 주의 貧富 빈부
					훈 と(む)	才能に富む 재능이 풍부하다
275 別 다를 별	음 ベツ	差別 차별, 特別 특별, 区別 구별 性別 성별		280 余 남을 여	음 ヨ	余計 여분, 余裕 여유
	훈 わか(れる)	両親と別れる 부모와 헤어지다			훈 あま(る)	お米が余る 쌀이 남다

chapter 08 **학습 한자** (281~320)

281 裏 속 리	훈 うら	裏表 안팎, 裏門 뒷문 友達を裏切る 친구를 배신하다 カードを裏返す 카드를 뒤집다		287 敵 대적할 적	음 テキ	強敵 강적, 敵意 적의
282 善 착할 선	음 ゼン	改善 개선, 親善 친선		288 拡 넓힐 확	음 カク	拡張 확장, 拡大 확대, 拡散 확산
	훈 よ(い)	善い人柄 좋은 인품				
283 損 덜 손	음 ソン	損害 손해, 損失 손실, 損する 손해보다		289 張 베풀 장	음 チョウ	主張 주장, 出張 출장
	훈 そこ(なう)	イメージを損なう 이미지를 손상시키다			훈 は(る)	ロープを張る 로프를 치다
284 得 얻을 득	음 トク	習得 습득, 説得 설득, 納得 납득 得意 득의양양, 장기		290 縮 오그라질 축	음 シュク	縮小 축소, 短縮 단축
	훈 え(る)	協力を得る 협력을 얻다			훈 ちぢ(む)	寿命が縮む 수명이 줄다
					ちぢ(まる)	寿命が縮まる 수명이 줄다
					ちぢ(める)	寿命を縮める 수명을 단축시키다
285 縦 세로 종	음 ジュウ	操縦 조종, 縦断 종단		291 許 허락할 허	음 キョ	許可 허가, 特許 특허, 免許証 면허증
	훈 たて	縦と横 세로와 가로			훈 ゆる(す)	罪を許す 죄를 용서하다
286 断 끊을 단	음 ダン	油断 방심, 부주의, 横断 횡단, 診断 진단 中断 중단		292 禁 금할 금	음 キン	禁止 금지, 禁物 금물, 禁煙 금연, 禁酒 금주 禁じる 금하다
	훈 こと(わる)	招待を断る 초대를 거절하다				

293 賛 도울 찬	音 サン	賛成 찬성, 賛否 찬부

294 功 공공	音 コウ	功労者 공로자, 成功 성공

295 失 잃을 실	音 シツ	失望 실망, 失礼 실례
	주의	失敗, 失格 실격
	訓 うしな(う)	財産を失う 재산을 잃어버리다

296 敗 패할 패	音 ハイ	敗戦 패전, 勝敗 승패
	주의	失敗 실패
	訓 やぶ(れる)	戦いに敗れる 싸움에 패하다

297 戦 싸움 전	音 セン	戦後 전후, 作戦 작전, 戦争 전쟁, 挑戦 도전
	訓 たたか(う)	大国と戦う 대국과 싸우다

298 争 다툴 쟁	音 ソウ	競争 경쟁, 戦争 전쟁, 紛争 분쟁
	訓 あらそ(う)	相手と争う 상대방과 다투다

299 増 더할 증	音 ゾウ	急増 급증, 増加 증가, 増大 증대, 増減 증감
	訓 ま(す)	人口が増す 인구가 늘다
	ふ(える)	人口が増える 인구가 늘다
	ふ(やす)	人手を増やす 일손을 늘리다

300 減 덜 감	音 ゲン	減少 감소, 加減 가감, 増減 증감
	訓 へ(る)	人口が減る 인구가 줄다
	へ(らす)	予算を減らす 예산을 줄이다

301 貨 재물 화	音 カ	貨物 화물, 金貨 금화, 通貨 통화, 百貨店 백화점

302 刊 새길 간	音 カン	朝刊 조간, 週刊誌 주간지, 刊行 간행

303 限 한정할 한	音 ゲン	限界 한계, 期限 기한, 制限 제한, 限度 한도
	訓 かぎ(る)	申し込みはインターネットに限る 신청은 인터넷에 제한하다

304 告 고할 고	音 コク	告示 고시, 告白 고백, 広告 광고, 報告 보고
	訓 つ(げる)	時を告げる 때를 알리다

305 材 재목 재	音 ザイ	材木 목재, 材料 재료, 取材 취재, 人材 인재

306 接 붙일 접	音 セツ	直接 직접, 面接 면접, 接続 접속, 応接間 응접실
	주의	接近 접근, 接する 접하다

307 態 태도 태	音 タイ	状態 상태, 態度 태도, 事態 사태, 実態 실태

308 陸 뭍 륙	音 リク	陸上 육상, 大陸 대륙, 着陸 착륙, 陸軍 육군

309 散 헤칠 산	音 サン	散歩 산책, 解散 해산
	訓 ち(る)	花が散る 꽃이 지다
	ち(らかす)	部屋を散らかす 방을 어지럽히다

310 不 아닐 부, 불	音 フ	不便 불편, 不注意 부주의, 不可能 불가능, 不安 불안
	ブ	不器用 손재주가 없음

311 現 나타날 현	音 ゲン	表現 표현, 現金 현금, 現代 현대, 現実 현실
	訓 あらわ(す)	正体を現す 정체를 나타내다
	あらわ(れる)	あの家にはお化けが現れる 저 집에는 도깨비가 나타난다

312 在 있을 재	音 ザイ	現在 현재, 存在 존재, 滞在 체재, 不在 부재

313 預 맡길 예	音 ヨ	預金 예금
	訓 あず(ける)	荷物を預ける 짐을 맡기다
	あず(かる)	お金を預かる 돈을 맡다

314 額 이마 액	音 ガク	金額 금액, 額面 액면
	訓 ひたい	額 이마

315 伝 전할 전	音 デン	伝説 전설, 伝票 전표
	訓 つた(わる)	うわさが伝わる 소문이 전해지다
	つた(える)	ニュースを伝える 뉴스를 전하다

316 説 말씀 설, 달랠 세	音 セツ	小説 소설, 伝説 전설, 説明 설명, 解説 해설
	주의	説得 설득, 演説 연설
	訓 と(く)	人の道を説く 인간의 도리를 설명하다

317 種 씨 종	音 シュ	種子 종자, 種目 종목, 種類 종류, 人種 인종
	訓 たね	菜種 유채 씨앗

318 類 같을 류	音 ルイ	類型 유형, 衣類 의류, 書類 서류, 分類 분류, 人類 인류, 親類 친척

319 推 밀 추, 퇴	音 スイ	推進 추진, 類推 유추, 推測 추측

320 系 계통 계	音 ケイ	家系 가계, 体系 체계, 系列 계열, 文系 문과계

#	漢字	音/訓	용례
321	看 볼 간	음 カン	看護 간호, 看板 간판, 看病 간병
322	護 호위할 호	음 ゴ	養護 양호, 保護 보호, 看護師 간호사 / 弁護士 변호사
323	師 스승 사	음 シ	恩師 은사, 医師 의사, 技師 기사, 教師 교사
324	警 경계할 경	음 ケイ	警告 경고, 警察 경찰, 警官 경관, 警備 경비
325	察 살필 찰	음 サツ	観察 관찰, 考察 고찰, 視察 시찰, 診察 진찰 / 주의 察知 감지, 헤아려 앎
326	官 벼슬 관	음 カン	係官 담당관, 器官 기관, 警察官 경찰관 / 官庁 관청
327	訳 번역할 역	음 ヤク / 훈 わけ	通訳 통역, 訳す 번역하다 / 申し訳ない 죄송하다
328	俳 배우 배	음 ハイ	俳優 배우, 俳句 일본의 5·7·5의 3句, 17音으로 된 단형시(短形詩)
329	優 넉넉할 우	음 ユウ / 훈 やさ(しい) / すぐ(れる)	優勝 우승, 女優 여배우 / 優しい心 상냥한 마음 / 優れた作品 뛰어난 작품
330	揮 지휘할 휘	음 キ	発揮 발휘, 指揮 지휘
331	航 배 항	음 コウ	航海 항해, 就航 취항, 航空会社 항공회사
332	建 세울 건	음 ケン / 훈 た(てる) / た(つ)	建設 건설, 建国 건국 / 家を建てる 집을 짓다 / 本音と建て前 본심과 원칙, 겉과 속 / 家が建つ 집이 들어서다
333	築 쌓을 축	음 チク / 훈 きず(く)	建築 건축, 増築 증축, 新築 신축 / 幸せな家庭を築く 행복한 가정을 이루다
334	版 인쇄 판	음 ハン	版画 판화 / 주의 出版 출판
335	貿 무역할 무	음 ボウ	貿易 무역, 貿易港 무역항
336	易 바꿀 역 / 쉬울 이	음 エキ / イ / 훈 やさ(しい)	易者 점쟁이, 貿易 무역 / 容易 용이, 安易 안이 / 易しい 쉽다
337	漁 물고기 잡을 어	음 ギョ / リョウ	漁業 어업, 漁船 어선 / 大漁 대어, 풍어, 出漁 출어
338	鋼 강철 강	음 コウ	鋼材 강재, 鉄鋼 철강
339	製 지을 제	음 セイ	製品 제품, 手製 수제, 製作 제작, 製造 제조
340	夢 꿈 몽	음 ム / 훈 ゆめ	夢中 열중함 / 初夢 (새해의) 첫꿈
341	給 줄 급	음 キュウ	給食 급식, 給料 급료, 月給 월급, 供給 공급 / 時給 시간급료
342	求 구할 구	음 キュウ / 훈 もと(める)	求人 구인, 追求 추구, 要求 요구, 欲求 욕구 / 職を求める 일자리를 찾다 / 平和を求める 평화를 바라다
343	率 비율 률 / 거느릴 솔	음 リツ / ソツ / 훈 ひき(いる)	能率 능률, 確率 확률 / 軽率 경솔, 주의 率直 솔직 / 全軍を率いる 전군을 거느리다
344	株 그루 주	음 かぶ	株式 주식, 株主 주주, 切り株 그루터기
345	領 거느릴 령	음 リョウ	領土 영토, 大統領 대통령, 要領 요령 / 領収書 영수증
346	収 거둘 수	음 シュウ / 훈 おさ(める) / おさ(まる)	収入 수입, 回収 회수, 吸収 흡수, 収集 수집 / 製品を倉庫に収める 제품을 창고에 넣다 / 道具が箱の中に収まる 도구가 상자 속에 들어가다
347	採 캘 채	음 サイ / 훈 と(る)	採集 채집, 採点 채점, 採用 채용 / 新入社員を採る 신입사원을 채용하다
348	税 세금 세	음 ゼイ	税金 세금, 減税 감세, 税関 세관, 免税 면세

349 勤 부지런할 근	음 キン	通勤(つうきん) 통근, 勤勉(きんべん) 근면, 転勤(てんきん) 전근
	훈 つと(める)	会社に勤(つと)める 회사에 근무하다

350 務 힘쓸 무	음 ム	義務(ぎむ) 의무, 勤務(きんむ) 근무, 事務(じむ) 사무, 公務員(こうむいん) 공무원
	훈 つと(める)	議長(ぎちょう)を務(つと)める 의장직을 맡다

351 条 조목 조	음 ジョウ	条件(じょうけん) 조건, 条約(じょうやく) 조약

352 件 물건 건	음 ケン	事件(じけん) 사건, 用件(ようけん) 용건

353 経 글 경 / 지날 경	음 ケイ	経験(けいけん) 경험, 経営(けいえい) 경영, 経費(けいひ) 경비, 経歴(けいれき) 경력
	훈 へ(る)	年月(としつき)を経(へ)る 세월이 지나다

354 済 건널 제	음 サイ	救済(きゅうさい) 구제
		주의 経済(けいざい) 경제
	훈 す(む)	話(はなし)は済(す)んだ 이야기는 끝났다
	す(ます)	仕事(しごと)を済(す)ます 일을 마치다

355 営 경영할 영	음 エイ	営業(えいぎょう) 영업, 運営(うんえい) 운영
	훈 いとな(む)	社会生活(しゃかいせいかつ)を営(いとな)む 사회생활을 영위하다

356 景 경치 경	음 ケイ	景気(けいき) 경기, 景品(けいひん) 경품, 風景(ふうけい) 풍경, 背景(はいけい) 배경
		주의 景色(けしき) 경치

357 標 표할 표	음 ヒョウ	標高(ひょうこう) 표고, 標本(ひょうほん) 표본, 指標(しひょう) 지표, 目標(もくひょう) 목표

358 益 더할 익	음 エキ	利益(りえき) 이익, 有益(ゆうえき) 유익

359 億 억 억	음 オク	一億(いちおく) 일억

360 札 편지 찰	음 サツ	札束(さつたば) 돈다발, 改札(かいさつ) 개찰
	훈 ふだ	名札(なふだ) 명찰, 荷札(にふだ) 짐 꼬리표

chapter 10 학습 한자 (361~380)

361 季 계절 계	음 キ	季節(きせつ) 계절, 雨季(うき) 우기, 四季(しき) 사계절, 冬季(とうき) 동계

362 節 마디 절	음 セツ	節度(せつど) 절도, 節分(せつぶん) 절분, 입춘전날, 節約(せつやく) 절약
		調節(ちょうせつ) 조절
	훈 ふし	節目(ふしめ) 마디 부분

363 然 그럴 연	음 ゼン	自然(しぜん) 자연, 当然(とうぜん) 당연, 必然(ひつぜん) 필연, 全然(ぜんぜん) 전혀
	ネン	天然(てんねん) 천연

364 梅 매화나무 매	음 バイ	梅園(ばいえん) 매화나무 정원, 梅林(ばいりん) 매화나무 숲
	훈 うめ	梅酒(うめしゅ) 매실주, 梅干(うめぼ)し 매실장아찌
		주의 梅雨(つゆ)(= 梅雨(ばいう)) 장마

365 桜 앵두나무 앵	훈 さくら	桜色(さくらいろ) 연분홍색 주의 夜桜(よざくら) 밤(놀이의) 벚꽃

366 松 소나무 송	음 ショウ	松竹梅(しょうちくばい) 송죽매
	훈 まつ	松林(まつばやし) 송림, 門松(かどまつ) 새해에 문앞에 장식하는 나무

367 街 거리 가	음 ガイ	街頭(がいとう) 가두, 市街(しがい) 시가, 商店街(しょうてんがい) 상점가
	훈 まち	街角(まちかど) 거리

368 樹 나무 수	음 ジュ	樹木(じゅもく) 수목, 植樹(しょくじゅ) 식수, 街路樹(がいろじゅ) 가로수

369 枝 가지 지	훈 えだ	枝豆(えだまめ) 완두콩, 枝葉(えだは) 가지와 잎

370 芽 싹 아	음 ガ	麦芽(ばくが) 엿기름, 発芽(はつが) 발아
	훈 め	新芽(しんめ) 새싹, 芽生(めば)え 싹틈

371 巣 새집 소	훈 す	巣箱(すばこ) 새장, 古巣(ふるす) 옛 보금자리
		巣立(すだ)ち 보금자리를 떠남

372 穴 구멍 혈	훈 あな	穴場(あなば) 널리 알려지지 않은 좋은 장소
		節穴(ふしあな) 통찰력이 없는 눈

373 牧 칠 목	음 ボク	牧師(ぼくし) 목사, 牧草(ぼくそう) 목초, 放牧(ほうぼく) 방목, 遊牧(ゆうぼく) 유목
	훈 まき	牧場(まきば) 목장

374 辺 가 변	음 ヘン	底辺(ていへん) 저변, 주의 近辺(きんぺん) 부근
	훈 あたり	辺(あた)り一面(いちめん) 주위 일대
	べ	海辺(うみべ) 해변, 窓辺(まどべ) 창가

375 潮 밀물 조	音 チョウ		潮流 조류, 満潮 만조
	訓 しお		黒潮 흑조, 일본 해류
376 城 재 성	音 ジョウ		城門 성문, 城下町 시가지, 도읍지
	訓 しろ		城 성
377 頂 꼭대기 정	音 チョウ		頂点 정점, 頂上 정상
	訓 いただ(き)		頂き物 얻은 물건, 선물
	いただ(く)		おみやげを頂く 선물을 받다
378 灯 등불 등	音 トウ		灯台 등대, 灯油 등유
379 至 이를 지	音 シ		至急 지급, 夏至 하지
		주의	冬至 동지
	訓 いた(る)		山頂に至る 산정에 이르다
380 泉 샘 천	音 セン		源泉 원천, 温泉 온천
	訓 いずみ		泉がわく 샘이 솟다
381 異 다를 이	音 イ		異常 이상, 異性 이성
	訓 こと		意見が異なる 의견이 다르다
382 常 떳떳할 상	音 ジョウ		通常 통상, 非常口 비상구, 正常 정상
			日常 일상
	訓 つね		常に 항상
383 象 코끼리 상	音 ショウ		印象 인상, 気象 기상, 現象 현상, 対象 대상
	ゾウ		巨象 거상
384 候 날씨 후	音 コウ		気候 기후, 兆候 징후, 징조, 天候 날씨
385 熱 더울 열	音 ネツ		熱意 열의, 情熱 정열
		주의	熱帯 열대, 熱心 열심
	訓 あつ(い)		熱いコーヒー 뜨거운 커피
386 帯 띠 대	音 タイ		連帯 연대, 地帯 지대, 一帯 일대
	訓 お(びる)		青みを帯びる 푸른기를 띠다
	おび		ゆかたの帯 유카타 띠
387 暖 따뜻할 난	音 ダン		温暖 온난, 暖房 난방
	訓 あたた(か)		暖かな日 따뜻한 날
	あたた(かい)		暖かい部屋 따뜻한 방
388 極 극진할 극	音 キョク		積極的 적극적, 極度 극도, 南極 남극, 北極 북극
389 河 물 하	音 カ		河口 하구
		주의	運河 운하, 氷河 빙하
390 灰 재 회	訓 はい		灰皿 재떨이, 灰色 회색
391 層 층 층	音 ソウ		断層 단층, 高層 고층, 階層 계층
392 酸 실 산	音 サン		塩酸 염산, 酸性 산성
	訓 す(い)		酸っぱい 시다
393 素 본디 소	音 ソ		素質 소질, 酸素 산소, 水素 수소, 質素 질소
	ス		素早い動作 재빠른 동작
394 射 쏠 사	音 シャ		反射 반사, 発射 발사, 注射 주사, 放射能 방사능
	訓 い(る)		矢を射る 활을 쏘다
395 災 재앙 재	音 サイ		火災 화재, 災難 재난, 天災 천재, 災害 재해
396 害 해할 해	音 ガイ		害虫 해충, 公害 공해, 有害 유해, 利害 이해
			損害 손해, 被害 피해
397 境 지경 경	音 キョウ		国境 국경, 環境 환경
	訓 さかい		境 경계
398 省 살필 성 / 덜 생	音 セイ		内省 내성, 帰省 귀성, 反省 반성
	ショウ		省略 생략, 文部科学省 문부과학성
			省エネ 에너지 절약
	訓 はぶ(く)		手間を省く 수고를 줄이다
399 資 재물 자	音 シ		資産 자산, 資格 자격, 資料 자료, 物資 물자
			投資 투자
400 源 근원 원	音 ゲン		源流 원류, 資源 자원, 起源 기원

401 管 주관할 관	音 カン 訓 くだ	管理 관리, 血管 혈관, 保管 보관 ガスの管を引く 가스관을 끌어들이다
402 仲 버금 중	音 チュウ 訓 なか	仲秋の名月 중추명월 仲間 동료, 不仲 불화, 仲直り 화해
403 性 성품 성	音 セイ	性格 성격, 異性 이성, 女性 여성, 性別 성별
404 救 구원할 구	音 キュウ 訓 すく(う)	救急 구급, 救助 구조, 救出 구출 命を救う 생명을 구하다
405 固 굳을 고	音 コ 訓 かた(める) かた(まる) かた(い)	固定 고정, 強固 강고 土を固める 땅을 다지다 方針が固まる 방침이 굳어지다 固い石 단단한 돌
406 個 낱 개	音 コ	個人 개인, 個室 독방, 個性 개성
407 故 연고 고	音 コ	事故 사고, 故郷 고향, 故障 고장
408 鉱 쇳덩이 광	音 コウ	鉱山 광산, 鉱石 광석
409 際 즈음 제	音 サイ	交際 교제, 国際 국제, 実際 실제
410 謝 사례할 사	音 シャ 訓 あやま(る)	謝罪 사죄, 感謝 감사 無礼を謝る 무례를 빌다, 사과하다
411 障 막을 장	音 ショウ 訓 さわ(る)	障害 장해, 保障 보장 仕事に障る 일에 지장이 있다
412 制 지을 제	音 セイ	制作 제작, 強制 강제, 制限 제한, 制度 제도 制服 교복, 제복, 体制 체제
413 銅 구리 동	音 ドウ	銅像 동상, 青銅 청동
414 像 모양 상	音 ゾウ	想像 상상, 現像 현상
415 群 무리 군	音 グン 訓 む(れ)	群集 군집, 大群 대군 羊の群れ 양떼
416 郡 고을 군	音 グン	郡部 郡(군)에 속하는 지역
417 識 알 식 / 기록할 지	音 シキ	知識 지식, 識別 식별, 意識 의식, 常識 상식 認識 인식
418 織 짤 직	音 シキ 訓 お(る)	組織 조직 布を織る 천을 짜다
419 比 견줄 비	音 ヒ 訓 くら(べる)	比重 비중, 比率 비율, 比例 비례, 対比 대비 주의 反比例 반비례 AとBを比べる A와 B를 비교하다
420 批 비평할 비	音 ヒ	批判 비판, 批評 비평
421 班 나눌 반	音 ハン	班長 반장
422 奮 분낼 분	音 フン	奮起 분발, 興奮 흥분, 奮発 분발
423 輪 바퀴 륜	音 リン 訓 わ	輪唱 돌림 노래, 五輪 오륜, 車輪 차륜 首輪 목걸이, 指輪 반지
424 連 연할 련	音 レン 訓 つら(なる) つ(れる)	関連 관련, 連絡 연락, 連休 연휴, 連結 연결 山々が連なる 산들이 늘어서다 子どもを連れて行く 아이를 데리고 가다
425 状 형상 상 / 문서 장	音 ジョウ	現状 현상, 状況 상황, 状態 상태 年賀状 연하장
426 蒸 찔 증	音 ジョウ 訓 む(す)	蒸気 증기, 蒸発 증발 蒸し暑い夜 무더운 밤
427 党 무리 당	音 トウ	党員 당원, 政党 정당
428 棒 막대기 봉	音 ボウ	鉄棒 철봉, 泥棒 도둑

429 殺 죽일 살 감할 쇄	音 サツ	殺人 살인, 自殺 자살 주의 殺風景 살풍경	**435** 納 드릴 납	音 アツ	圧力 압력, 気圧 기압
	訓 ころ(す)	息を殺す 숨을 죽이다			
430 折 꺾을 절	音 セツ	右折 우회전, 骨折 골절	**436** 逆 거스를 역	音 ギャク	逆流 역류, 反逆 반역 주의 逆行 역행
	訓 お(る)	二つに折る 두개로 절다		訓 さか(らう)	親に逆らう 부모에게 거역하다
	おれ(る)	枝が折れる 가지가 꺾어지다			
	おり	時折 이따금			
431 絶 끊을 절	音 ゼツ	絶望 절망 주의 絶対 절대	**437** 録 기록할 록	音 ロク	録音 녹음, 記録 기록, 録画 녹화, 登録 등록
	訓 た(える)	絶えず努力する 끊임없이 노력하다			
432 仏 부처 불	音 ブツ	仏像 불상 주의 仏教 불교	**438** 域 지경 역	音 イキ	地域 지역, 流域 유역, 区域 구역
	訓 ほとけ	仏 부처			
433 協 화할 협	音 キョウ	協会 협회, 協調 협조, 協同 협동, 協力 협력 農協 농협	**439** 責 꾸짖을 책	音 セキ	責任 책임, 自責 자책
				訓 せ(める)	失敗を責める 실패를 꾸짖다
434 納 드릴 납	音 ノウ	納入 납입, 返納 반납	**440** 積 쌓을 적	音 セキ	体積 체적, 面積 면적 주의 積極的 적극적
	ナツ	주의 納得 납득, 納豆 메주콩		訓 つ(む)	荷物を積む 짐을 싣다
	訓 おさ(める)	税金を納める 세금을 납부하다		つ(もる)	雪が積もる 눈이 쌓이다

chapter 12 학습 한자 (441~480)

441 宇 집 우	音 ウ	宇宙 우주	**447** 基 터 기	音 キ	基本 기본, 基地 기지, 基準 기준, 基礎 기초
				訓 もと	調査に基づいたデータ 조사에 의거한 데이터
442 宙 집 주	音 チュウ	宇宙 우주, 宙返り 재주넘기	**448** 情 뜻 정	音 ジョウ	愛情 애정, 感情 감정, 事情 사정, 情熱 정열
				訓 なさ(け)	情けない世の中 한심한 세상
443 衛 호위할 위	音 エイ	衛生 위생, 守衛 수위, 衛星 위성, 防衛 방위	**449** 報 갚을 보	音 ホウ	報告 보고, 予報 예보, 情報 정보 報道 보도 주의 電報 전보
444 観 볼 관	音 カン	観光 관광, 観察 관찰, 主観 주관, 客観的 객관적	**450** 機 기계 기	音 キ	機会 기회, 機械 기계, 動機 동기, 飛行機 비행기
445 測 측량할 측	音 ソク	測量 측량, 観測 관측, 推測 추측, 予測 예측	**451** 械 기계 계	音 キ	機械 기계, 器械 기계, 기구
	訓 はか(る)	距離を測る 거리를 재다			
446 磁 자석 자	音 ジ	磁石 자석, 磁場 자장, 電磁波 전자파	**452** 技 재주 기	音 ギ	国技 국기, 技能 기능, 技術 기술, 競技 경기

No.	한자	음/훈	예시
453	検 검사할 검	音 ケン	点検 점검, 検査 검사, 検討 검토
454	証 증거할 증	音 ショウ	証明 증명, 実証 실증, 証拠 증거 保証書 보증서, 免許証 면허증
455	疑 의심할 의	音 ギ 訓 うたが(う)	疑問 의문, 質疑 질의 疑う余地がない 의심할 여지가 없다 疑いがかけられる 혐의를 받다
456	順 순할 순	音 ジュン	順位 순위, 順調 순조, 順番 순번, 筆順 필순
457	序 차례 서	音 ジョ	順序 순서, 序列 서열, 秩序 질서
458	秘 숨길 비	音 ヒ	秘密 비밀, 秘書 비서, 주의 神秘 신비
459	密 빽빽할 밀	音 ミツ	過密 과밀, 厳密 엄밀, 親密 친밀, 密輸 밀수 주의 密集 밀집, 密接 밀접
460	賞 상줄 상	音 ショウ	賞金 상금, 賞賛 칭찬, 賞品 상품, 受賞 수상 ノーベル賞 노벨상
461	政 정사 정	音 セイ	政治 정치, 財政 재정, 政権 정권, 政府 정부
462	治 다스릴 치	音 ジ チ 訓 おさ(める) おさ(まる) なお(る) なお(す)	政治 정치, 明治 일본의 연호 1968년-1912년 全治 전치, 治療 치료 国を治める 나라를 다스리다 国が治まる 나라가 평온해지다 病気が治る 병이 낫다 病気を治す 병을 낫게 하다
463	策 꾀 책	音 サク	政策 정책, 対策 대책
464	選 가릴 선	音 セン 訓 えら(ぶ)	選手 선수, 選出 선출, 当選 당선, 予選 예선 よい物を選ぶ 좋은 물건을 고르다
465	挙 들 거	音 キョ 訓 あ(げる)	快挙 쾌거, 選挙 선거 手を挙げる 손을 들다
466	票 표 표	音 ヒョウ	票決 표결, 開票 개표, 得票 득표, 投票 투표 주의 伝票 전표
467	憲 법 헌	音 ケン	憲法 헌법, 立憲 입헌
468	法 법 법	音 ホウ	法案 법안, 作法 작법, 예법, 方法 방법 法則 법칙, 주의 憲法 헌법, 文法 문법
469	律 법률 률	音 リツ	法律 법률, 律動 율동
470	改 고칠 개	音 カイ 訓 あらた(める) あらた(まる)	改札 개찰, 改正 개정, 改善 개선, 改良 개량 行いを改める 행실을 고치다 心が改まる 마음이 새로워지다
471	革 가죽 혁	音 カク 訓 かわ	皮革 피혁, 沿革 연혁, 改革 개혁, 革命 혁명 革 가죽
472	閣 집 각	音 カク	内閣 내각, 閣議 각의
473	総 모을 총	音 ソウ	総合 종합, 総額 총액, 総理大臣 총리
474	臣 신하 신	音 シン ジン	臣下 신하, 家臣 가신 大臣 장관
475	衆 무리 중	音 シュウ	群衆 군중, 大衆 대중, 公衆電話 공중전화 衆議院 중의원(일본 국회 양원 가운데 하나, 미국의 하원에 해당)
476	議 의논할 의	音 ギ	議案 의안, 議員 의원, 会議 회의, 協議 협의 議論 의논, 不思議 불가사의
477	犯 범할 범	音 ハン 訓 おか(す)	犯人 범인, 犯罪 범죄, 防犯 방범 罪を犯す 죄를 범하다
478	罪 허물 죄	音 ザイ 訓 つみ	有罪 유죄, 犯罪 범죄 罪 죄
479	裁 마를 재	音 サイ 訓 さば(く)	総裁 총재, 裁判 재판 罪を裁く 죄를 심판하다
480	判 판단할 판	音 ハン バン	批判 비판, 判決 판결, 判断 판단 裁判 재판, 評判 평판

481 模 본뜰 모	음 モ ボ	模範 모범, 模様 모양 規模 규모	495 担 맡을 담	음 タン 훈 かつ(ぐ)	担任 담임, 分担 분담, 担当 담당, 負担 부담 荷物を担ぐ 짐을 지다
482 容 얼굴 용	음 ヨウ	内容 내용, 容器 용기, 容易 용이 美容院 미용실, 容態 병세	496 任 맡길 임	음 ニン 훈 まか(せる)	責任 책임, 主任 주임 運を天に任せる 운을 하늘에 맡기다
483 存 있을 존	음 ソン ゾン	存在 존재 保存 보존, 生存 생존	497 軍 군사 군	음 グン	軍医 군의, 軍人 군인, 軍手 목장갑, 軍隊 군대
484 副 버금 부	음 フク	副賞 부상, 副作用 부작용, 副会長 부회장 副都心 부도심, 副業 부업	498 隊 무리 대	음 タイ	隊員 대원, 隊長 대장, 軍隊 군대, 部隊 부대, 兵隊 병대
485 再 두번 재	음 サイ サ 훈 ふたた(び)	再会 재회, 再開 재개, 再生 재생 再来年 내후년 再び 재차	499 兵 병사 병	음 ヘイ 주의 出兵 출병	
486 量 헤아릴 량	음 リョウ 훈 はか(る)	計量 계량, 力量 역량, 推量 추량, 多量 다량 体重を量る 체중을 달다	500 除 제할 제	음 ジョ ジ 훈 のぞ(く)	除外 제외, 解除 해제, 削除 삭제, 除隊 제대 掃除機 청소기 不安を除く 불안을 제거하다 未成年者を除く 미성년자를 제외하다
487 延 늘일 연	음 エン 훈 の(びる) の(ばす)	延期 연기, 延長 연장 会議が延びる 회의가 길어지다 二・三日延ばす 이삼일 연기하다	501 我 나 아	음 ガ 훈 われ わ	自我 자아 我々 우리 我が家 우리집
488 欠 이지러질 결 하품 흠	음 ケツ 주의 欠席 결석, 欠点 결점 훈 か(ける) か(く)	欠員 결원, 不可欠 불가결 月が欠ける 달이 이지러지다 礼儀を欠く 예의가 없다	502 旗 기 기	음 キ 훈 はた	旗手 기수, 国旗 국기 旗色 깃발색, 旗日 국경일
489 座 자리 좌	음 ザ 훈 すわ(る)	星座 성좌, 座席 좌석 席に座る 자리에 앉다	503 郷 시골 향	음 キョウ	郷土 향토, 故郷 고향
490 粉 가루 분	음 フン 훈 こ こな	粉争 분쟁, 粉末 분말, 花粉 꽃가루 小麦粉 밀가루 粉薬 가루약, 粉雪 가루눈	504 興 일 흥	음 コウ キョウ	興行 흥행, 興奮 흥분 興味 흥미
491 競 다툴 경	음 キョウ ケイ 훈 きそ(う)	競泳 수영경기, 競争 경쟁 競馬 경마 先を競う 앞을 다투다	505 興 일 흥	음 クン	訓練 훈련, 教訓 교훈
492 提 끌 제	음 テイ	提案 제안, 提出 제출, 提示 제시, 前提 전제	506 倉 곳집 창	음 ソウ 훈 くら	倉庫 창고 倉に入れる 곳간에 넣다　주의 米倉 곡창
493 供 이바지할 공	음 キョウ 훈 そな(える) とも	供給 공급, 提供 제공 供え物 공물 주의 子供 아이	507 差 다를 차	음 サ 훈 さ(す)	差別 차별, 交差 교차, 時差 시차, 大差 대차 かさを差す 우산을 쓰다
494 暴 드러낼 폭 사나울 포	음 ボウ 훈 あば(れる)	暴風雨 폭풍우, 暴力 폭력 馬が暴れる 말이 날뛰다	508 支 지탱할 지	음 シ 훈 ささ(える)	支店 지점, 支持 지지, 支出 지출, 支配 지배 一家を支える 한 집안을 지탱하다

509 熟 익을 숙	음 ジュク	熟練 숙련, 成熟 성숙, 未熟 미숙, 熟語 숙어	515 典 법 전	음 テン	典型 전형, 祭典 제전, 辞典 사전, 式典 식전 百科事典 백과사전
510 針 바늘 침	음 シン	方針 방침	516 統 거느릴 통	음 トウ	統一 통일, 統計 통계, 伝統 전통 大統領 대통령
	훈 はり	針 바늘, 針金 철사			
511 垂 드리울 수	음 スイ	垂直 수직	517 燃 불사를 연	음 ネン	燃料 연료, 再燃 재연
	훈 た(れる)	水が垂れる 물이 떨어지다		훈 も(える)	火が燃える 불이 타다
	た(らす)	よだれを垂らす 침을 흘리다		も(やす)	ごみを燃やす 쓰레기를 불태우다
512 宣 베풀 선	음 セン	宣言 선언, 宣伝 선전, 宣告 선고	518 非 아닐 비	음 ひ	非常に 상당히, 非番 비번, 非難 비난, 非常口 비상구, 非常識 비상식
513 勢 형세 세	음 セイ	勢力 세력, 姿勢 자세, 情勢 정세, 大勢 대세 주의 大勢 많은 사람, 여럿	519 遺 끼칠 유	음 イ	遺伝 유전, 遺族 유족, 遺産 유산
	훈 いきお(い)	勢い 기세		ユイ	遺言 유언
514 程 길 정	음 テイ	日程 일정, 課程 과정, 過程 과정, 程度 정도	520 臨 임할 림 임할 임	음 リン	臨海 임해, 臨時 임시
	훈 ほど	五分程 5분 정도		훈 のぞ(む)	開会式に臨む 개회식에 임하다

chapter 14 학습 한자 (521~560)

521 歷 지낼 력	음 レキ	歷史 역사, 歷然 분명함, 学歷 학력, 経歷 경력	528 皇 임금 황	음 コウ	皇居 황궁
				オウ	皇子 황태자 주의 天皇 천황
522 史 사기 사	음 シ	史学 사학, 史実 사실, 日本史 일본사 歷史 역사	529 后 뒤, 임금 후	음 コウ	주의 皇后 황후
523 武 호반 무	음 ブ	武士 무사, 武器 무기, 武家 무가	530 陛 대궐	음 ヘイ	陛下 폐하, 女王陛下 여왕 폐하
524 貴 귀할 귀	음 キ	貴族 귀족, 貴重 귀중	531 句 글 구	음 ク	語句 어구, 句点 구점, 종지부, 文句 문구 俳句 일본의 5·7·5의 3句, 17음으로 된 단형시(短型詩)
	훈 たっと(い)/たっと(ぶ)/とうと(い)/とうと(ぶ)				
525 幕 장막 막	음 マク	天幕 천막, 開幕 개막	532 銭 돈 전	음 セン	金銭 금전, 銭湯 공중 목욕탕
	バク	幕府 막부		훈 ぜに	
526 宗 마루 종	음 シュウ	宗教 종교, 改宗 개종	533 尺 자 척	음 シャク	尺度 척도, 縮尺 축척
527 拝 절 배	음 ハイ	拝見 배견, 삼가 봄 주의 参拝 참배	534 寸 마디 촌	음 スン	寸法 치수, 採寸 치수 재기
	훈 おが(む)	日の出を拝む 해돋이를 보다			

| 535 俵
나누어줄 표 | 音 ヒョウ | 土俵 씨름판 |
| | 훈 たわら | 米俵 쌀가마니 |

| 536 耕
발갈 경 | 音 コウ | 耕作 경작, 農耕 농경 |
| | 훈 たがや(す) | 畑を耕す 밭을 갈다 |

| 537 衣
옷 의 | 音 イ | 衣服 의복, 衣類 의류, 衣食住 의식주 |
| | 훈 ころも | 衣がえ 계절 따라 옷을 갈아입음 |

538 装 꾸밀 장	音 ソウ	装備 장비, 服装 복장, 装置 장치, 包装 포장
	音 ショウ	衣装 의상
	훈 よそお(う)	

| 539 綿
솜 면 | 音 メン | 綿花 면화, 목화 |
| | 훈 わた | 綿雲 뭉게구름 |

| 540 蚕
누에 잠 | 音 サン | 蚕糸 명주실, 養蚕 양잠 |
| | 훈 かいこ | 蚕 누에 |

| 541 賀
하례할 하 | 音 ガ | 年賀状 연하장, 賀正 하정(연하장에 쓰는 말), 謹賀新年 근하신년 |

| 542 姿
모양 자 | 音 シ | 姿勢 자세, 容姿 외모 |
| | 훈 すがた | 姿 모습 |

| 543 聖
성인 성 | 音 セイ | 聖火 성화, 神聖 신성, 聖書 성서 |

544 盛 성할 성	音 セイ	盛大 성대, 全盛 전성
	音 ジョウ	繁盛 번성
	훈 も(る)	ごはんを盛る 밥을 수북이 담다

| 545 染
물들일 염 | 音 セン | 汚染 오염, 伝染 전염 |
| | 훈 そ(める) | 髪の毛を染める 머리카락을 물들이다 |

| 546 努
힘쓸 노 | 音 ド | 努力 노력 |
| | 훈 つと(める) | 解決に努める 해결에 힘쓰다 |

| 547 盟
맹세할 맹 | 音 メイ | 盟友 동지, 連盟 연맹, 加盟 가맹, 同盟 동맹 |

| 548 否
아니 부, 막힐 비 | 音 ヒ | 否定 부정, 可否 가부, 拒否 거부 |
| | 훈 いな | |

| 549 勇
날랠 용 | 音 ユウ | 勇気 용기, 勇士 용사, 武勇 무용 |
| | 훈 いさ(む) | 勇ましい姿 씩씩한 모습 |

| 550 翌
다음날 익 | 音 ヨク | 翌日 이튿날, 翌朝 다음 날 아침, 翌年 다음 해 |

| 551 略
간략할 략 | 音 リャク | 省略 생략, 略図 약도, 前略 전략 |

552 移 옮길 이	音 イ	移動 이동, 移民 이민, 移転 이전
	훈 うつ(る)	会社を移る 회사를 옮기다
	훈 うつ(す)	席を移す 자리를 옮기다

| 553 恩
은혜 은 | 音 オン | 恩人 은인, 謝恩会 사은회, 恩恵 은혜, 恩返しする 보답하다 |

554 志 뜻 지	音 シ	志願 지원, 意志 의지
	훈 こころざし	志を立てる 뜻을 세우다
	훈 こころざ(す)	学問を志す 학문에 뜻을 두다

| 555 絹
비단 견 | 音 ケン | 絹糸 견사 |
| | 훈 きぬ | 絹糸 견사, 絹織物 견직물 |

| 556 似
닮을 사 | 音 ジ | 類似 유사 |
| | 훈 に(る) | 親に似る 부모를 닮다, 似合う 어울리다 |

| 557 諸
모두 제 | 音 ショ | 諸国 제국, 諸君 제군 |

| 558 招
부를 초 | 音 ショウ | 招集 소집, 招待 초대 |
| | 훈 まね(く) | 家に招く 집으로 초대하다 |

559 照 비칠 조	音 ショウ	照会 조회, 照明 조명, 参照 참조, 対照 대조
	훈 て(る)	日が照る 해가 비치다
	훈 て(らす)	舞台を照らす 무대를 비추다

| 560 仁
어질 인 | 音 ジン | 仁義 인의 |

숙어의 구성 I

1 2자 숙어 만들기

① 반대 대립의 의미자를 병렬한 것
「○↔○」형 : 大小　長短　前後　左右　勝敗

② 같은 의미자를 병렬한 것
「○＝○」형 : 出発(出る＝発する)　道路　河川　寒冷　温暖

③ 전자가 후자를 수식하는 것
「○→○」형 : 体力(体の力)　体重　海底　山頂　高山　低地

④ 전자가 동사로 후자가 목적어 또는 보어가 되어있는 것
　(후지에서 전자로 역으로 읽으면 의미를 잘 알 수 있는 것)
「○←○」형 : 登山(山に登る)　読書　作文　写真　有名

⑤ 부정의 의미를 나타내는 전자가 후자의 의미를 부정하는 것
「×→○」형 : 不足　無休　非常　否認　未知

⑥ 후자에 「化」,「的」,「性」이 오는 것
　　　　　: 強化　私的　病的　良性　悪性

⑦ 동일한자가 반복되는 것
「○　○」형 : やる気満々　年々　続々

숙어의 구성 2

1 3자 숙어 만들기

① 「1字 + 1字 + 1字」형 : 衣食住(衣 + 食 + 主)   松竹梅   上中下
② 「2字 + 1字」형 : 輸入品(輸入 + 品)   専門店   長期化   効果的   人間性
③ 「1字 + 2字」형 : 大都市(大 + 都市)   新発見   未完成   無意味   不完全

2 4자 숙어 만들기

① 「1字 + 1字 + 1字 + 1字」형 : 東西南北(東 + 西 + 南 + 北)   春夏秋冬
② 「2字 + 2字」형 : 多種多様(多種 + 多様)   一長一短   海外旅行   正々堂々
③ 「3字 + 1字」형 : 五十音図(五十音 + 図)   未成年者
④ 「1字 + 3字」형 : 七不思議(七 + 不思議)   副委員長   軽自動車

3 5자 숙어 만들기 등 : 国立競技場(国立 + 競技 + 場)

※ 2자 숙어의 위치이동
①   先祖 - 祖先, 材木 - 木材, 感情 - 情感, 女王 - 王女
②   相手 - 手相, 年中 - 中年, 本日 - 日本, 地下 - 下地, 火口 - 口火

숙어 읽기

숙어에는 2자숙어, 3자숙어, 4자숙어가 있다. 숙어읽기는 일반적으로 전자를 音으로 읽으면 후자도 음으로 읽는다. 또는 전자를 訓讀하면 후자도 훈독한다.

www.dongyangbooks.com
www.dongyangtv.com
m.dongyangbooks.com (모바일)

일본어뱅크 테마 별로 배우는

New 스타일

일본어 2
한자

본 책 + 정답 노트 포함   값 14,500원

14730
ISBN 978-89-98914-88-2
ISBN 978-89-98914-43-1 (세트)
9 788998 914882

외국어 출판 40년의 신뢰
외국어 전문 출판 그룹
동양북스가 만드는 책은 다릅니다.

40년의 쉼 없는 노력과 도전으로 책 만들기에 최선을 다해온 동양북스는
오늘도 미래의 가치에 투자하고 있습니다.
대한민국의 내일을 생각하는 도전 정신과 믿음으로 최선을 다하겠습니다.

동양북스

동양북스 추천 교재

일본어 교재의 최강자, 동양북스 추천 교재

회화 코스북

일본어뱅크 다이스키
STEP 1·2·3·4·5·6·7·8

일본어뱅크
좋아요 일본어 1·2·3·4·5·6

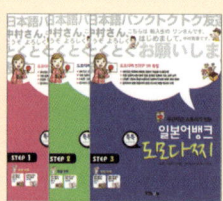

일본어뱅크 도모다찌
STEP 1·2·3

분야서

일본어뱅크
좋아요 일본어 독해 STEP 1·2

일본어뱅크
일본어 작문 초급

일본어뱅크
사진과 함께하는
일본 문화

일본어뱅크
항공 서비스 일본어

가장 쉬운 독학
일본어 현지회화

수험서

일취월장 JPT
독해·청해

일취월장 JPT
실전 모의고사 500·700

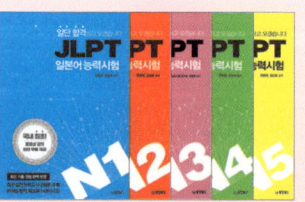

일단 합격하고 오겠습니다
JLPT 일본어능력시험
N1·N2·N3·N4·N5

일단 합격하고 오겠습니다
JLPT 일본어능력시험
실전모의고사 N1·N2·N3·N4/5

단어·한자

특허받은
일본어 한자 암기박사

일본어 상용한자 2136
이거 하나면 끝!

일본어뱅크
좋아요 일본어 한자

가장 쉬운 독학
일본어 단어장

일단 합격하고 오겠습니다
JLPT 일본어능력시험
단어장 N1·N2·N3

중국어 교재의 최강자, 동양북스 추천 교재

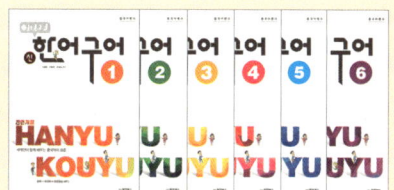

중국어뱅크 북경대학 신한어구어
1·2·3·4·5·6

중국어뱅크 스마트중국어
STEP 1·2·3·4

중국어뱅크 집중중국어
STEP 1·2·3·4

중국어뱅크
뉴! 버전업 사진으로
보고 배우는 중국문화

중국어뱅크
문화중국어 1·2

중국어뱅크
관광 중국어 1·2

중국어뱅크
여행실무 중국어

중국어뱅크
호텔 중국어

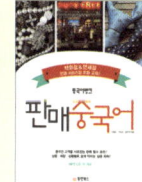

중국어뱅크
판매 중국어

중국어뱅크
항공 실무 중국어

정반합 新HSK
1급·2급·3급·4급·5급·6급

일단 합격 新HSK 한 권이면 끝
3급·4급·5급·6급

버전업! 新HSK
VOCA 5급·6급

가장 쉬운 독학
중국어 단어장

중국어뱅크
중국어 간체자 1000

특허받은
중국어 한자 암기박사

📖 동양북스 추천 교재

기타외국어 교재의 최강자, 동양북스 추천 교재

중고급학습

첫걸음 끝내고 보는
프랑스어
중고급의 모든 것

첫걸음 끝내고 보는
스페인어
중고급의 모든 것

첫걸음 끝내고 보는
독일어
중고급의 모든 것

첫걸음 끝내고 보는
태국어
중고급의 모든 것

첫걸음 끝내고 보는
베트남어
중고급의 모든 것

단어장

버전업! 가장 쉬운
프랑스어 단어장

버전업! 가장 쉬운
스페인어 단어장

버전업! 가장 쉬운
독일어 단어장

가장 쉬운 독학
베트남어 단어장

여행회화

NEW 후다닥
여행 중국어

NEW 후다닥
여행 일본어

NEW 후다닥
여행 영어

NEW 후다닥
여행 독일어

NEW 후다닥
여행 프랑스어

NEW 후다닥
여행 스페인어

NEW 후다닥
여행 베트남어

NEW 후다닥
여행 태국어

수험서 · 교재

한 권으로 끝내는 DELE
어휘·쓰기·관용구편 (B2~C1)

수능 기초 베트남어
한 권이면 끝!

버전업!
스마트 프랑스어

일단 합격하고 오겠습니다
독일어능력시험
A1 · A2 · B1 · B2